포스트 케인지언 경제학에의 초대

진인진

일러두기

역주는 각 페이지에 각주를 기본으로 하였으나,
그 내용이 긴 경우, 장 별로 미주로 표기함.

ADVANCED INTRODUCTION TO POST KEYNESIAN ECONOMICS

Copyright ⓒ J.E. King 2015

All rights reserved.

Korean translation copyright ⓒ 2022 by ZININZIN

Korean translation rights arranged with EDWARD ELGAR Publishing Ltd,

through EYA Co.,Ltd

이 책의 한국어판 저작권은 EYA Co.,Ltd를 통해 EDWARD ELGAR Publishing Ltd, 과

독점 계약한 (주)진인진이 소유합니다.

저작권법에 의하여 한국 내에서 보호를 받는 저작물이므로 무단 전재 및 복제를 금합니다.

목차

저자 및 역자 소개	6
거시 경제학 계보도(포스트 케인지언 대 주류 거시경제학)	9
감사의 말씀	11
역자 서문	13

1. 본서의 소개　　　　　　　　　　　　　　　　　　　　25

2. 포스트 케인지언 경제학의 핵심　　　　　　　　　　　　31
    - 2.1. 6개의 핵심 명제들　　　　　　　　　　　　　　　31
    - 2.2. 근본주의 케인지언　　　　　　　　　　　　　　　41
    - 2.3. 칼레츠키언　　　　　　　　　　　　　　　　　　46
    - 2.4. 하이만 민스키와 '금융불안정성가설'　　　　　　　50
    - 2.5. 같은 학파인가 아니면 서로 다른 세 개의 학파인가?　53

3. 포스트 케인지언 거시경제학이 아닌 거시 경제학들　　　61
    - 3.1. 케인즈 이전의 거시경제학　　　　　　　　　　　61
    - 3.2. 올드케인지언 거시경제학　　　　　　　　　　　63
    - 3.3. 통화주의　　　　　　　　　　　　　　　　　　67
    - 3.4. 뉴고전학파 경제학　　　　　　　　　　　　　　70
    - 3.5. 뉴케인지언 거시경제학　　　　　　　　　　　　72
    - 3.6. 뉴신고전학파종합　　　　　　　　　　　　　　76
    - 3.7. 포스트 케인지언에 대한 간략한 역사　　　　　　81

4. 네 가지 방법론적 문제들 93
   4.1. 왜 방법론이 중요한가 93
   4.2. 존재론의 문제 96
   4.3. '다원론'와 포스트 케인지언 101
   4.4. 수학과 계량경제학 103
   4.5. '미시적 기초'라는 망상 107

5. 포스트 케인지언의 미시경제학 115
   5.1. 방법론적인 전주곡 115
   5.2. 포스트 케인지언 기업 117
   5.3. 노동 시장 125
   5.4. 소비자와 가계 131
   5.5. 후생경제학 135
   5.6. 마지막 남은 질문 137

6. 경제 성장, 경제발전, 그리고 세계 경제 139
   6.1. 해로드의 성장 모형 139
   6.2. 몇 가지 혼란들 143
   6.3. 경제 발전 152
   6.4. 국제 경제 156
   6.5. 몇 가지 방법론 상의 결론 158

7. 왜 그것이 모두 중요한가?: 경제 정책 161
   7.1. 포스트 케인지언에 있어서 정치적인 것이 가지는 중요성 161
   7.2. 금융 정책(통화정책?) 164
   7.3. 재정 정책 169
   7.4. 가격 정책과 '소득정책' 174
   7.5. 국제 경제 정책 179

7.6.	환경 정책	182

8. 사례 연구: 글로벌 금융위기   187
8.1.	민스키에 대한 재고찰	187
8.2.	'금융화'의 실제와 이론	191
8.3.	세계적인 금융위기: '메이드 인 아메리카'	197
8.4.	우리는 무엇을 배웠는가 I: 긴축 재정에 반대하는 경제학자들	201
8.5.	우리는 무엇을 배웠는가 II - '탈금융화'의 필요성	208
8.6.	마지막 세 가지 교훈	211

9. 포스트 케인지언과 다른 비주류 경제학파   215
9.1.	주류와 비주류 경제학	215
9.2.	마르크스와 스라파의 정치 경제학	217
9.3.	제도주의와 진화경제학	222
9.4.	페미니스트경제학과 생태경제학(ecological economics)	227
9.5.	행동경제학, 복잡성 그리고 오스트리아경제학파	230
9.6.	'다원주의'에 대한 재고찰	235

10. 마지막 질문들   239

참고문헌	243
역자 참고문헌	268
찾아보기	
인명(한국어, 페이지)	273
주제어(한국어, 페이지)	276
인명(영어)	283
주제어(한글-영어) 및 연관어	285
주제어(영어-한국어)	298

저자 및 역자 소개

__저자

존 킹 John E. King

존 킹 교수는 영국 출신으로, 포스트 케인지언 경제학자 중 가장 저명하고 존경받는 학자 중의 한 사람이다. 옥스포드 대학을 졸업한 후, 1967년부터 영국 랑카스터 대학에서 경제학을 강의하였고, 1988년 이후에는 호주 멜버른에 위치한 라 트로우브 대학교(La Trobe University)로 옮겨서 경제학을 계속 강의하였으며, 현재는 은퇴하여 명예교수로서 지속적으로 학문 활동을 하고 있다. 저자는 최근까지 30권의 저서를 집필하였으며, 주요 저술로서는 *Post Keynesian Economics: an Annotated Bibliography*(1996), *A History of Post Keynesian Economics Since 1936*(2002), *The Rise of Neoliberalism in Advanced Capitalism: A Materialist Analysis*(2008), *Nicholas Kaldor*(2009), *The Microfoundations Delusion: Metaphor and Dogma in the History of Macroeconomics*(2012), *David Ricardo*(2013), *The Distribution of Wealth: Increasing Inequality?*(2016), *A History of Economic Thought in the United States*(2018) 등이 있고, 또한 포스트 케인지언에게 있어서 가장 많이 참고되고 있는 *The Elgar Companion to Post Keynesian Economics*(2012)를 편집하여 출판하였다. 그의 논문은 86편의 단행본에 수록되어 있고, 현재까지 110편의 논문을 학술 저널에 발표하였다. 또한 *History of Economics Review*의 편집인으로 활동하기도 하였다.

__역자

현동균

서울대학교 경제학과를 졸업한 후 영국 런던 정치경제대학 및 케임브리지대학의 메그나드 데사이 경, 로손 교수, 그리고 하코트 교수 문하에서 정치경제학 및 포스트 케인지언 경제학을 수학하였다. 포스트 케인지언 및 제도학파의 시각에서 투자이론, 화폐이론 등에 대한 다수의 논문이 있으며, 역서로는 현재 본 저서의 전 단계 필독서라고 할 수 있는『케인즈 경제학 입문』(마크 헤이스 저),『자본주의와 자발적 예종-스피노자의 철학과 마르크스의 욕망과 정념의 사회학』(프레드릭 로르동 저)이 있고, 현재 국가 화폐론의 창시자 Knapp의 제자인 Bernhard Laum의 고전 *Heiliges Geld*[*Sacred Money*](1924)를 영어로 공동 번역 중이다. 역자는 또한 현재 일본, 태국, 인도네시아 등에서 사무소를 운영하는 금융 자문회사 Emerging Asia Capital Partners의 파트너로 근무하고 있으며, 과거 약 30년간 해외 대형 투자은행에서 인프라, 에너지, 전력 및 자원 사업의 사업 개발 및 금융 자문에 종사하였다. 최근에는 러시아 및 동구권 최대 투자은행인 러시아 국영 대외무역은행(VTB Capital)의 싱가포르 지점에서 아시아 지역 투자은행 부문 대표를 역임하면서 아시아와 러시아/CIS 지역 간 인프라, 에너지, 자원 등의 합작 대형 사업의 개발금융, 프로젝트 금융 및 직접투자 등을 자문하였고, 그 이전에는 ABN AMRO 은행 홍콩지점에서 동북아시아 에너지 및 광물 자원 분야 대표 및 씨티그룹(Citigroup-Salomon Smith Barney) 홍콩의 아시아 지역 본부에서 투자은행 부문 부사장을 역임하며, 프로젝트 금융, 개발 금융, 기업인수합병, 직접투자 및 장기 자본조달 분야를 자문하였다. 또한 러시아 정부 소유 극동개발펀드의 고문과, 금융 이외의 실물 분야에서는 세계 최대의 철도 회사인 러시아국영철도(RZD)의 아시아 지역 철도 및 항만 개발사업의 고문을 역임한 바 있다.

박해선

현재 건국대학교 경제통상학 전공에서 교수로 재직중이다. 서울대학교 경제학과를 졸업한 이후 서울대학교 환경대학원을 수료하였으며 한국수출입은행에서 근무하였고 Texas A&M 대학의 농업경제학과에서 박사학위(Ph.D.)를 취득하였다. 주요 논문으로 "Price dynamics among U.S. electricity spot markets," *Energy Economics*(2006), with J. W. Mjelde, and D. A. Bessler, "Price interactions and discovery among natural gas spot markets in North America," *Energy Policy*(2008), with, J. W. Mjelde, and D. A. Bessler. 이외 다수 논문들이 있다.

거시 경제학 계보도(포스트 케인지언 대 주류 거시경제학)

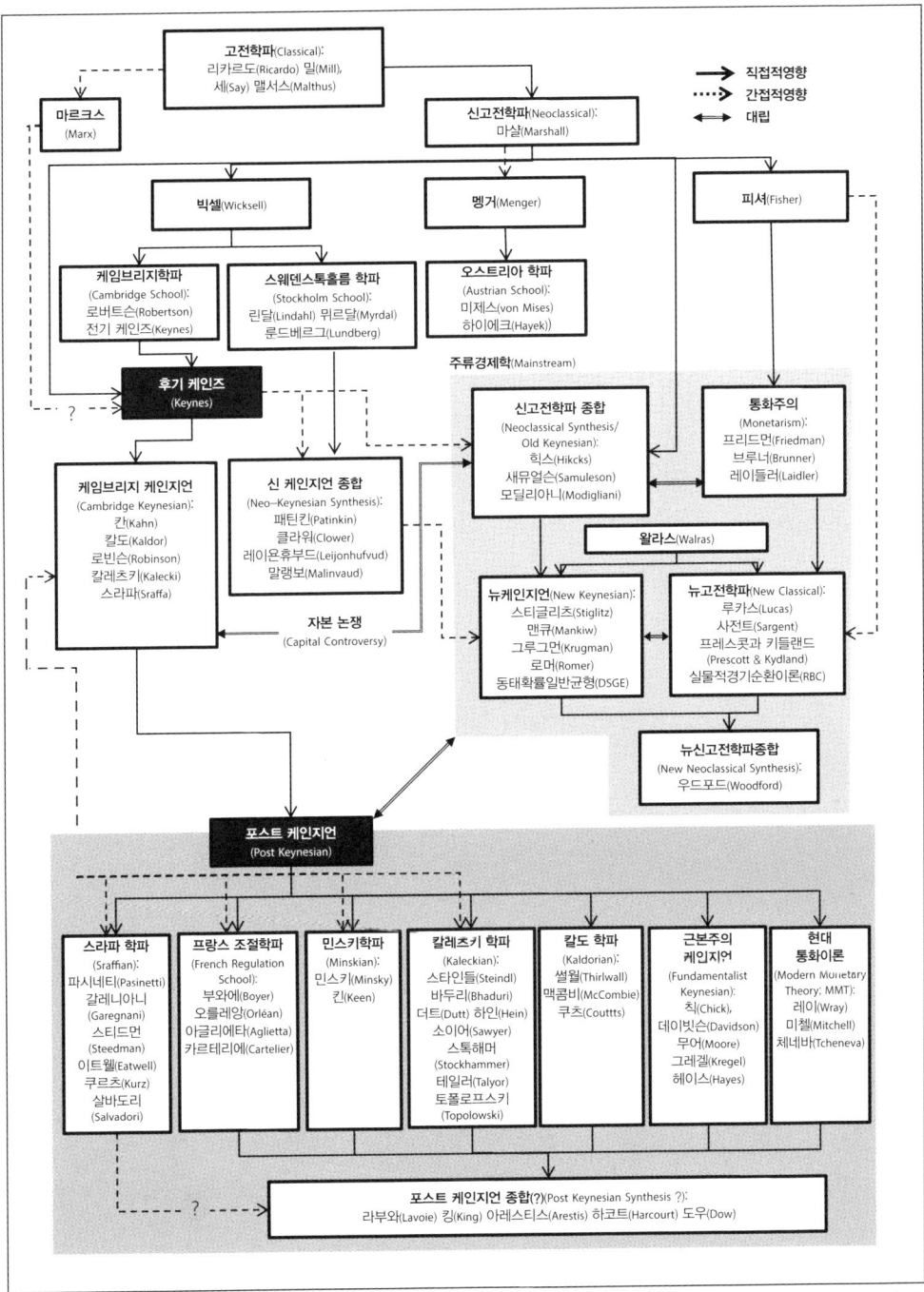

[참고] 본 계보도는 원저에 포함되어 있는 것이 아니고, 원 저자인 King교수와 상의를 거쳐서 역자가 독자들의 혼란을 피하기 위하여 정리한 것이다. 굵은 실선은 직접적 계보 관계, 점선은 영향 관계. 그리고 화살표가 있는 점선은 서로 반대되는 입장을 나타낸다.

감사의 말씀

본인이 편집한 《엘가 포스트 케인지언 경제학 지침(*the Elgar Companion to Post Keynesian Economics*)》 제2판의 2012년도 발행을 위하여 힘써준 111명의 기고자들 덕분에 본서에서 다루는 주제의 모든 면에 대하여 매우 많은 것을 배울 수 있었다. 따라서 누구보다도 그들 모두에게 감사드린다. 또한 2011년 8월에 베를린에서 개최된 《The Research Network Macroeconomics and Macroeconomic Policies》 제3회 국제 여름 학교와 2013년 9월에 비엔나 노동회의소에서 개최된 《위기속의 경제와 경제학의 위기》라는 주제에 대한 회의에 참여한 많은 학생들로부터 받은 여러 핵심적인 질문들에 감사드린다. 가장 최근 2014년에는 다음과 같은 세 학술 발표회에 참여하여 많은 것을 배웠기에 이에 또한 감사드린다: Federation University Australia와 Victoria University에서 개최된 본인의 정년 퇴임 세미나, Great Malvern에서 열린 정치 경제학 리뷰 25주년 기념 대회, 그리고 시드니에서 개최된 제13회 비주류경제학회 학술대회. 주최자인 Jerry Courvisanos, James Doughney, Stephen Parsons, Peter Kriesler 씨의 창의적이면서 깊은 노고에 대해 감사를 표한다.

역자 서문

본서 《포스트 케인지언 경제학에의 초대》는 존 킹(John E. King) 교수의 《Advanced Introduction to Post Keynesian Economics(2015)》를 완역한 것이다. 킹교수는 포스트 케인지언 경제학자 중 가장 저명하고 존경받는 학자 중의 한 사람으로서, 현재 정년퇴직하여 호주의 멜버른에 위치한 라 트로우브 대학교(La Trobe University)의 명예교수로 있다. 특히, 그는 포스트 케인지언 경제학의 주요 개념들을 주제별로 정리하여 놓은 일종의 백과사전에 해당하는 《The Elgar Companion to Post Keynesian Economics(2003)》를 편집하기도 하였다.

본서를 번역하게 된 계기는 기존 주류 경제학 이론이 현실을 설명하거나, 혹은 현실에 응용되기에는 너무도 많이 부족하기에, 보다 현실에 부합되는 이론을 소개하기 위함이다. 역자 현동균은 과거 30년동안 홍콩 및 싱가폴의 국제금융 허브에서 미국-유럽계의 대형 투자은행에서 중역으로 근무하면서, 주류경제학은 현실을 설명하기 위하여는 부적절한 지적 유희에 불과하며, 그에서 파생된 금융이론(효율적 시장 가설, 자본자산가격결정모형 등)은 현실에서는 존재하지 않는 허구의 세계에 대한 묘사에 불과하다고 생각해왔다, 오히려 그러한 이론들은 사용자가 가지고 있는 목적이나 혹은 이데올로기를 과학이라는 명목으로 은폐하고 눈속임을 하기 위하여만 유용한 도구로 전락되어버렸기에, 그를 대신할 보다 현실 정합적인 이론이 필요하다고 느껴왔다. 그 대안적인 이론이 바로 '포스트 케인지언 경제학'이다.

'케인지언'이라는 경제학 조류는 일반 경제학 교과서에서는 많이 언급이 되어 독자들에게는 친숙할 수 있으나, '포스트 케인지언'은 다소 생소한 명칭일 것이다. 사실 케인즈 이후 많은 경제학자들은 케인즈의 경제 이론을 계승하였다고 주장하거나 혹은 그 중 자신들의 입맛에 맞는 일부만을 차입하여 자신들이 기존에 신봉하는 이론에 도입하면서 자칭 케인지언이라고 명명하여 왔다. 그리하여 미국을 중심으로 네오케인지언(Neo Keynesian), 올드 케인지언(Old Keynesian), 뉴케인지언(New Keynesian)등, 일반 독자들 뿐만 아니라, 경제학 전공학자들에게 있어서도 혼란을 불러일으키는 다양한 이론적 조류들이 등장하였다. 교과서적인 도식에 의하면, 이러한 케인지언들과 반대되는 입장은 밀튼 프리드먼(Milton Friedman)에 의하여 대표되는 소위 통화주의자나, 혹은 로버트 루카스(Robert Lucas), 토머스 사전트(Thomas Sargent)등에 의하여 대표되는 뉴고전학파(New Classical Economics)로 알려져 있다. 그리고 이러한 서로 대립되는 두 가지 입장 중의 한 쪽 내지는 종합을 지향하는 시도들이 현재의 주류 경제학을 이루고 있다.

반면 '포스트 케인지언'은 케인즈와, 당대에 그와 같이 연구하던 일단의 학자들의 사상과 이론을 바탕으로, 케인즈의 적자(嫡子)임을 주장하며 영국의 케임브리지 대학을 중심으로 발전시켜온 경제학 조류이다. 이들은 위에 언급한 주류 경제학 이론체계 내에서의 '케인지언'은 케인즈의 사상을 왜곡한 케인즈의 사생아이거나, 혹은 케인즈와는 전혀 무관한 무늬만 케인즈인 이론에 불과하다고 비판한다. 포스트 케인지언경제학의 대표적인 학자들로는 조안 로빈슨(Joan Robinson), 미할 칼레츠키(Michal Kalecki), 니콜라스 칼도(Nicholas Kaldor), 아바 러너(Abba Lerner), 금융 위기에 대한 이론으로 유명한 하이만 민스키(Hyman Minsky), 그리고 최근 많이 논의가 되고있는 현대통화이론(Modern Monetary Theory; MMT)의 주창자인 랜덜 레이(Randall Wray)등이 있다. 혹은 피에로 스라파(Pierro Sraffa)의 이론을 계승한 스라피안(Sraffian)경제학을 이에 포함시키기도 한다(본서에 포함된 계보도 참고).

하지만 케인즈의 적자라고 주장함에도 불구하고 포스트 케인지언 이론들은 주류 경제학에서는 철저히 외면되고 있는 것이 현실이다. 역자가 최근에 참가한, 2009년 발생하였던 금융위기에 대한 아시아개발은행이 주최한 심포지움에서는 발표자 중 어떤 누구도 하이만 민스키의 이름을 거론한 사람이 없었고 발표자들의 논문은 현실을 접하는 금융 실무자들 관점에서 볼 때는 실소를 금치 못하게 하였는데, 이는 포스트 케인지언 경제학이 주류 경제학에 의하여 철저히 외면되고 있는 점과 동시에 주류경제학의 무력함에 대한 반증이라고 할 수 있다. 또한 한국에서 포스트 케인지언 이론(그 중 칼레츠키의 이론)에서 파생된 소득주도성장(정확히는 임금주도성장)을 이야기할 때 주류 경제학자들의 반응은 '듣도 보도 못한 이론'이라는 것이었다. 그런데 문제는 이렇게 비판하는 학자들은 단순히 포스트 케인지언 경제학에 대한 무지의 문제를 떠나서, 케인즈의 이름조차도 단지 어디에선가 들어 본 적이 있지만 정작 그들의 대부분은 케인즈를 읽어 보지는 않았다는 점이다. 물론, 그 중 혹자는 스스로 '케인지언'이라고 지칭하는 경우도 있지만, 실체로는 그들에게는 케인즈라는 사람 자체는 '듣도 보도 못한 사람'에 불과한 것이다. 즉, 듣도 보도 못한 이유는 그들 자신의 무지나 학문적인 나태에서 비롯되는 것이다. 혹은 그들은 케인즈를 읽으면서, 흔히들 그러하듯이 자기가 보고 싶어하는 것만을 보는 확증편향 오류를 범한다. 즉, 케인즈에서 새로운 발견을 하는 것이 아니라, 이미 자기 자신에게 확고한 이데올로기 내지는 편견으로 고착되어 있는 바를 케인즈의 저서 중 거두 절미한 단어나 문장에서 발견하고 케인즈를 남용하는 경우가 대부분이다.

포스트 케인지언 경제이론은 주류 경제학에 있어서 철저히 소외되어 왔지만, 지속적으로 가시적인 성과와 체계화를 이루어 오고 있으며, 향후에도 그러한 노력이 지속될 것이다. 그런 의미에서 '진행형'이라고 말하여야 한다.

하지만, 본서에서 말하고 있듯이 이러한 포스트 케인지언 내에서도 다양한 조류와 이견이 존재하며 지속적인 통합의 노력이 필요한 것은 사실이다. 그럼에도 불구하고 그들 간의 공통 분모는 대체로 유효수요원리, 본원적 불확실성, 화폐의 중요성, 그리고 다원론적이며 다학제적(Multi-disciplinary)인 접근방법이라고 볼 수 있다.

유효수요의 원리를 간략하게 설명하면 다음과 같다. 기업은 매출에 대한 기대에 근거하여 생산요소를 조직하여 소비재나 생산재를 생산한다. 그런데, 반면 기업이 지불하는 금액은 궁극적으로는 노동자와 자본가에게 지급되는 소득이다(자본재를 구입하는 경우라도, 그 자본재를 생산하는 기업은 마찬가지로 생산요소를 구입할 것이기에, 궁극적으로는 기업의 노동자와 자본가에게 소득이 발생한다). 만일 기업이 미래에 매출액이 늘어날 것으로 기대한다고 하자. 그러면 기업은 당연히 고용을 늘리거나 자본재를 더 구입하여(즉 '투자'하여) 생산을 할 것이며, 이에 따라 소비재 및 자본재 부문의 각 생산 요소들에 지불되는 소득도 늘어나게 되며, 그 소득 중 저축을 제외한 나머지는 기업으로부터의 구매를 위하여 지출된다. 그런데 이러한 지출에 대한 기대가 애당초 기업이 고용을 늘리는 근거다. 이 단순한 상황을 통하여 본다면, 고용과 임금은 예상되는 매출에 의하여 결정되어 버리는 변수들이지, 소위 노동시장에서 수요와 공급이 만나는 점에서 독자적으로 결정되는 변수는 절대로 아니다. 따라서 아무리 임금이 신축적으로 움직인다고 하여도 완전고용이 달성된다는 보장은 절대로 없다. 주류경제학에서는 이러한 인과관계가 반대이다. 즉 노동시장에서의 수요와 공급에 따라서 고용이 독자적으로 결정되고, 그에 따라서 생산이 결정된다. 그들의 논리에 의하면 고용이 줄어드는 것은 노동시장이 신축적이지 못한 것, 즉, 해고나 임금 삭감이 자유롭지 못한 것이고, 결국은 노동자의 탓이다. 케인즈의 '유효수요원리'는 이러한 주류경제학적 인과관계를 역전시킨 것이다.

따라서 기업가의 기대라는 요소가 고용을 결정하는 중요한 변수로 등장한다.

두번째로 중요한 점은, 인간의 경제 행위는 본원적인 불확실성에 의하여 좌우되며, 따라서 단순히 계량적인 확률로서 환원될 수 없다는 것이다. 케인즈는 경제학자 이전에, 요절한 천재 램지(Ramsey)와 더불어 현대 확률철학을 정립시킨 위대한 확률론자이자 동시에 철학자였으며, 현대 주류 경제학자들처럼 모든 것을 교과서적으로 배운 계량적 확률로 환원시켜버리고 태평할 수 있는 천진난만한 지성의 소유자는 결코 아니었다. 그는 확률은 존재하지 않는 경우가 많고, 인간사는 확률화될 수 없는 본원적 불확실성에 의하여 지배된다고 보았다. 또한 확률이 존재한다고 하더라도 단순히 A는 B보다 발생할 확률이 높다는 식의 서열상으로만 이야기할 수 있는 경우가 대부분이고, 실제로 계량적인 확률이 존재하는 경우는 크지 않다는 점을 이야기한다. 우리가 그럼에도 불구하고 행동을 하기 위하여서는 "시간과 우리의 무지에서 비롯되는 어둠의 힘(the dark forces of time and ignorance)"*을 극복하기 위한 확신도(the State of Confidence)가 강해야만 한다. 이 확신도라는 것은 확률이 높고 낮음에는 관계가 없고, 오히려 '타당한 증거'(relevant evidence)에 의존한다는 것이다. 예를 들어, 투자를 하는데 A의 경우 단지 3개의 사례에 근거해 통계를 내서 확률적으로 평균 수익이 10%이고, 분산이 1%라고 하자. 그리고 B의 경우는 300개의 사례에 근거해 평균이 5%이고 분산이 2%라고 하자. A와 B 중 어떤 것을 당신은 더 확신하겠는가? 단지 수익률이 높고 통계적 위험이 낮다는 이유로 선뜻 A에 투자하겠는가? A는 그 자체로 수익률과 분산이라는 관점에서 볼 때는 매력적일 수 있으나 증거(evidence)가 너무 부족해 믿을 만한 것은 아니다.

---

* John Maynard Keynes(1936), *The General Theory of Employment, Interest and Money*(3ed.). Cambridge University Press. p.155.

이때, 확신도라는 것은 확률이 높고 낮은 것과는 무관하다는 것이다. 케인즈는 그의 《확률론》에서 이 확신도를 판단의 무게(the weight of argument)라고 지칭하였다. 즉, 케인즈는 주류경제학에서 주장하는 것처럼 모든 것을 계량적인 확률로 환원시키는 자세에 대하여 확률철학가로서 반대하고 있는 것이며 불확실성에서의 행동을 하기 위하여 필요한 확신도를 가지기 위하여서는 증거의 크기, 혹은 관행의 추종이나 타인에 대한 모방의 중요함을 강조하고 있다. 케인즈의 관점에서는 그러한 행위는 철저히 합리적이다.

케인즈의 세번째로 중요한 명제는 화폐는 결코 베일이 아니다라는 것이다. 생산, 판매, 금융 전 영역에 걸쳐서 우리의 모든 경제생활은 화폐단위로 표시되어 있고, 실물단위로 표시되는 것은 절대 아니다. 더욱이 주류경제학이 주장하듯이 자본은 실물이 절대로 아니고 그와는 반대로 화폐금액이다. 동시에 화폐는 미래의 불확실성에서 도피하기 위한 안전한 은신처이다. 이러한 화폐는 우리의 경제생활을 지배한다. 하지만 주류경제학에서는 놀랍게도 화폐는 존재하지 않으며, 자본주의 하에서의 모든 거래는 '물물교환'에 의하여 지배된다. 물론 주류경제학자들은 그들의 이론에도 화폐가 있다고 주장할 수 있지만, 그것은 단지 이름만 화폐일 뿐이고, 우리가 현재 사용하는 화폐가 아닌 어떤 상상에만 존재하는, 그러면서도 정확히 정의할 수 없는 이상한 관념일 뿐이다.

마지막으로 다원론적이며 다학제적인 입장은, 케인즈 자신이 경제학자가 되기 이전에 철학자이었으며, 현대 확률이론을 정초한 위대한 확률이론가였고, 역사학자이며, 그의 모든 생애 전반에 거쳐 정치가이며 위대한 사상가였다는 점에서 엿볼 수 있다. 이에 대하여 케인즈는 다음과 같이 언급한 바 있다.

"(경제학은) 쉬운 주제임에도 불구하고 진정으로 그 분야에 탁월한 자는 없다. 이 패러독스의 근원은 아마도 경제학의 대가가 되기 위하여서는 다양한 재능을 겸비하여야 하는데, 그러한 사람들이 많지 않기 때문일 것이다. 대가는 여러가지 다양한 방향에 있어서 최고 수준을 갖추고 있어야 할 뿐 아니라, 대체로 함께 나타나기 쉽지 않은 다양한 재능을 결합하여야만 한다. 즉, 수학자, 역사학자, 정치학자, 그리고 어느 정도 철학자적 소양이 있어야만 한다. 기호들을 이해할 수 있어야 함과 동시에, 그것들을 말로 명확히 풀어 이야기할 수 있어야만 한다. 일반성의 원칙하에 특수성을 고찰할 수 있어야만 하며, 추상적인 것과 구체적인 것을 같은 차원에서 동시에 다룰 수 있어야만 한다. 또한 미래를 위하여 과거를 기반으로 현재를 연구하여야만 한다. 그의 관심 영역 내에는 모든 인간의 본성 내지는 제도가 들어 있어야만 한다. 어떠한 뚜렷한 지향점은 가지고 있되 동시에 치우치지 않고 객관적으로 볼 수 있는 자세를 유지하여야만 하고, 예술가처럼 고고하고 또한 속세에 물들지 않으면서 가끔은 정치가로서 현실의 토양에 가급적 가까워야만 한다."*

이러한 케인즈의 입장은 쏘스타인 베블런류의 제도학파, 마르크스 정치경제학, 역사학파, 진화경제학 등의 다양한 조류들에 대하여 포용적인 입장을 가지고 있다. 심지어 부르디외(Pierre Bourdieu)류의 사회 철학 이론과의 접목도 보여진다.** 포스트 케인지언들은 이러한 케인즈의 정신을 계승하여 다양한 인

---

* John Maynard Keynes(2012) *The Collected Writings of John Maynard Keynes*(*Volume 10*): *Essays in Biography*, Elizabeth Johnson and Donald Moggridge(eds.), Cambridge University Press pp. 173-4

** Michael Lainé(2014) 'Animal spirits and habitus Towards a convergence between

접 학문과의 융합을 강조하며, 학문에 있어 열려있는 체계를 지향하고 있다.

본서의 사용법과 더 깊은 공부를 하고자 하는 독자들을 위한 제언

본서가 지향하는 독자들은 경제학 원론수준의 지식이 있는 학생들 및 일반인들이다. 이 책의 장점은 포스트 케인지언 이론에 대한 일종의 백과사전을 편찬한 노장이 아주 폭넓은 영역의 주제를 핵심적인 사항만 간결하게 요약하고 있다는 점에 있다. 본서는 일반 독자들의 편의를 위하여서 수학적 기호의 사용을 가급적 최소화하고 있기에, 수학에의 거부감이 있는 일반독자들도 비교적 수월하게 접근할 수 있는 장점이 있다.

하지만 아주 단순한 고등학교 수준의 수학(미분, 편미분 등), 그리고 경제원론 수준의 지식(가격 탄력성 등)이 필요로 하는 부분이 간혹 있다(물론, 독서에는 큰 지장을 주지 않기에 결론만을 기억하고 수식을 뛰어 넘어도 된다). 단, 부족한 점을 보완하기 위하여 역자가 해설을 추가한 부분이 많다.

그리고 본서를 읽기에 앞서서 본 역자 중 현동균이 번역하여 출판한, 2019년 타계한 대표적인 포스트 케인지언인 마크 헤이스의 《케인스 경제학을 찾아서 – 주류 경제학이 가르치지 않는 케인스 경제학 입문》을 우선적으로 읽기를 권장하고 싶다.* 독서의 순서상 이 책에 앞서 헤이스의 책을 먼저 읽는 것이 효율적일 것으로도 생각되지만, 이 책을 먼저 접하고 헤이스의 책을 읽

Keynes and Bourdieu?' In Asimina Christoforou and Michael Lainé(eds), *Re-Thinking Economics: Exploring the work of Pierre Bourdieu*, Routledge

* 케인스 경제학을 찾아서 – 주류 경제학이 가르치지 않는 케인스 경제학 입문, 마크 헤이스 저, 현 동균 번역 및 해설, 한울 2021; Mark G Hayes(2019) *John Maynard Keynes -The Art of Choosing the Right Model*, Polity

어도 무방할 것으로 생각한다.

    사실 보다 심도 깊게 공부를 하고자 하는 독자들은 당연히 케인즈 자신의 저작이 출발점이다. 하지만 현대 독자들이 선뜻 케인즈의《화폐론》이나《일반이론》을 접하였을 때는 혼란과 좌절감을 느낄 수 밖에 없다. 그 이유는 간단하다. 그 책들은 현대의 독자들을 위하여 씌어진 책이 아니기 때문이다. 그 책들은 케인즈 당대의 소위 주류 경제학자들을 설득하기 위하여 집필된 책이며, 케인즈 이전의 경제학으로부터 새로운 경제학으로의 패러다임의 전환점에 놓여 있는 과도기적인 성격을 가지고 있기에, 낡은 것과 새로운 것들이 공존하고 있다. 따라서 현대의 독자들이 그러한 낡은 것과 새로운 것을 구분하여 내기에는 무리가 따를 수 밖에 없다. 따라서 케인즈에 직접 도전하기에 앞서 전술한 헤이스의 책이 큰 도움이 될 것이다. 그리고 국내에는 케인즈의《일반이론》이 여러 차례 번역된 바 있는데, 특히 고려대학교 박만섭 교수님의 번역본을 추천하고자 한다.*

    본서를 마친 독자들 중 경제학 전공자 내지는 보다 분석적인 공부를 하고자 하는 독자에게는 대표적인 포스트 케인지언인 마크 라부와 교수의《포스트 케인스학파 경제학 입문》**을 적극 추천하고 싶다. 이 라부와교수의 입문서는 본서에 비하여 보다 분석적이라고 할 수 있고 본서와는 상호 보완적이다.

    그러나, 입문서 수준을 넘어서 보다 심도 깊게 포스트 케인지언 경제이론을 공부하고 싶은 독자들에게는 부득이 다음과 같은 원서를 권장할 수 밖에

---

* 고용, 이자 및 화폐에 관한 일반이론, 케인즈 저/박만섭 역, 지식을 만드는 지식 2012.

** 포스트 케인스학파 경제학 입문 – 대안적 경제이론, 마크 라부와 지음, 김정훈 역. 후마니타스 2006/2016. Marc Lavoie(2006), *Introduction to Post-Keynesian Economics*, Palgrave Macmillan.

없다. 아래의 저서 모두 경제학 전공의 고학년 학부 학생 내지는 대학원생을 대상으로 하는 책들이다.

- Marc Lavoie(2014) *Post-Keynesian Economics: New Foundations*, Edward Elgar. 그 간의 포스트 케인지언 경제이론에 대한 집대성한 교과서로 할 수 있다.*
- Robert A. Blecker, Mark Setterfield(2019) *Heterodox Macroeconomics: Models of Demand, Distribution and Growth*, Edward Elgar
- John E King(2005), *The Elgar Companion to Post Keynesian Economics*, Edward Elgar. 이 책은 주요한 주제별로 백과사전식으로 정리하여 놓은 책이다.

기타 번역되어 한글로 출판된 포스트 케인지언의 저서로는 다음이 있다.

- 케인스 혁명 다시 읽기, 하이먼 민스키 저/신희영 역, 후마니타스, 2014(Hyman Minsky(2008), *John Maynard Keynes*): 이는 금융불안정성 가설로 유명한 민스키의 중요한 저서 중의 하나이다.
- 균형재정론은 틀렸다 – 화폐의 비밀과 현대화폐이론, L. 랜덜 레이 저/홍기빈 역, 책담 2018(Randall Wray(2015), *Modern Money Theory: A Primer on Macroeconomics for Sovereign Monetary Systems*): 이 저서는 소위 현대화폐이론(MMT)이라는 포스트 케인지언 일파의 주창자인 레이의 책을 번역한 것이다.
- 돈의 본성, 제프리 잉햄 저, 홍기빈 역. 삼천리 2011(Geoffrey Ingham(2004): *The Nature of Money*): 이 책은 대부분의 포스트 케인지언이 공감하는 네오-차탈리

---

* 단, 저자에 의하면 현재 2판의 발행을 준비 중이라고 한다.

스트 화폐론의 집대성격인 고전이다. 일반인들도 쉽게 접근가능하다.
- 포스트 케인지언 내생화폐이론, 박만섭 저, 아키넷 2020: 포스트 케인지언의 화폐와 신용이론에 대한 저작이다. 위의 '돈의 본성'은 주로 인류학적, 사회학적 저술임에 반하여 본서는 현대 자본주의에서의 화폐의 생성과 신용에 대하여 다루고 있다.

역자는 본서를 통하여 독자들이 기존의 주류 경제학적인 사고에 얽매인 관습적인 사고에서 벗어나 보다 열린 시각으로 경제 문제를 볼 수 있는 계기가 되기를 기원한다.

마지막으로 본 저서를 번역하여 출판함에 있어서 진인진 출판사 편집부 여러분과 김태진 사장님께 감사드린다.

2022년 5월

역자 현 동균, 박해선

1. 본서의 소개

포스트 케인지언 경제학은 케인즈의 《일반이론》에 대한 어떤 특정한 해석에 기반하여(그리고 어떤 경우에는 폴란드 경제학자인 칼레츠키(*Michal Kalecki*)의 이론을 융합하여) 주류경제학에 도전하는 거시경제학의 조류이다. 이러한 포스트 케인지언 경제학은 미시경제학 분야에 있어서도 가시적인 학문 체계를 형성하였으며, 또한 여타 경제학 조류들과는 차별화된 정책을 제안하고 있는데, 그 중 몇몇은 주류 이론과 논쟁을 벌이고 있다.

제2장에서 포스트 케인지언 경제학의 핵심을 약 20년전 썰월(*A. P. Thirlwall*)이 주장한 6개의 이론상 근본적 원칙을 이용하여 요약함으로써 시작하려 한다. 그리고 포스트 케인지언 이론을 대략 3개의 큰 분파로 구별하려 한다. 그것들은 폴 데이빗슨(*Paul Davidson*)에 의하여 대표되는 '근본주의 케인지언(*fundamentalist Keynesian*)', 말콤 소이어(*Malcolm Sawyer*)와 하인(*Eckhard Hein*)에 의하여 대표되는 칼레츠키언, 그리고 민스키(*Hyman Minsky*)의 '금융불안정성 가설(*financial instability hypothesis*)'에 근거하고 있는 민스키언(*Minskian*)이라는 조류이다. 나는 그 3가지 분파 간의 차이를 설명하고, 그리고 그럼에도 불구하고 그들 간에는 포괄적인 합의가 존재한다는 면을 주목하려 하며, 특히 칼레츠키-민스키 두 조류 간의 종합은 향후 포스트 케인지언 이론을 발전시켜 나감에 있어서 큰 장점을 가질 수 있다는 점을 제시하려고 한다.

제3장에서 포스트 케인지언 경제학이 아닌 것들에 대하여 서술할 예정이다. 올드케인지언(*Old Keynesian*)[역주 1]과 뉴케인지언(*New Keynesian*),[역주 2] 통

[역주 1] 힉스, 모딜리아니(*Franco Modigliani*), 새뮤얼슨 등으로 대표된다. 거시경제학 계보도 참고.

[역주 2] 노부히로 키요타키(*Nobuhiro Kiyotaki*), 조세프 스티글리츠(*Joseph Stiglitz*),

화주의, 뉴고전학파 경제학(New Classical economics), 그리고, 뉴케인지언과 뉴고전학파 경제학[역주 3]을 융합시킨 뉴신고전학파종합(The New Neoclassical Synthesis)[역주 4]에 대해 충분한 비판을 개진할 것이다. 이러한 비판들의 역사는 길다. 또한 1950년대와 1960년대 영국의 케임브리지와 미국에서 발전시켜온 포스트 케인지언 이론을 요약하여 설명하고, 그것이 70년대와 80년대에 세계적으로 전파된 과정을 기술할 예정이다. 그리고 포스트 케인지언 경제학을 2015년에 이르러서 한자리에 모이게끔 한 어떤 느슨한 형태의 제도와 조직들을 요약하면서 3장의 결론을 맺고자 한다.

제4장에서 포스트 케인지언을 여타 주류 경제학과 구별되게 하는 방법론적인 문제에 대하여 기술할 예정인데, 우선적으로 경제적 세계의 본질, '개방적 체계(open system)'의 사고, 그리고 수학적 모형화와 계량 경제학적 연구 기법을 사용하는 것의 함의 등에 대한 근본적인 '존재론적(ontological)' 질문으로부터 시작할 것이다. 나는 경제이론에 있어서 '다원론(pluralism)적'인 접근법이 필요하다고 믿는다. 따라서 거시경제학을 주류경제학에서 주장하는 바와 같은 방식의 '미시적 기초(microfoundations)'로 철저히 소급 시켜야만 한다는 요구들에 대하여 비판적인 포스트 케인지언의 입장에 대하여 설명할 것이다.

제5장에서 포스트 케인지언의 '미시적 기초'에 대하여 논의하고자 한다. 우선 기업의 가격정책, 투자 결정과 노동시장에 대하여 포스트 케인지언이 가

폴 크루그만(Paul Krugman), 그레고리 맨큐(Gregory Mankiw)등을 들 수 있다. 새 케인지언이라고도 불리운다. 거시경제학 계보도 참고.

[역주 3] 마샬 등으로 대표되는 신고전학파(neo-Classical)와는 다르다. 대표적인 학자로는 루카스가 있다. 거시경제학 계보도 참고.

[역주 4] 거시경제학 계보도 참고.

지는 접근법의 특징에 대한 논의로 시작하여 그 이후 가계의 행위에 대한 논의로 이어갈 예정이다. 이에는 소비자 수요, 젠더(性) 이슈, 그리고 노동 공급 이론에 대한 요약이 포함된다. 이러한 이론들은 주류 경제학에서 논의하고 있는 것과는 매우 상이하다. 그리고 이장의 마지막 부분은 포스트 케인지언의 후생경제학(welfare economics)에 대한 논의와 포스트 케인지언이 자본주의 시장 메커니즘 작동에 대하여 가지는 견해를 요약할 예정이다.

제6장에서 성장, 개발 그리고 세계경제 등의 전반에 대한 장기적이고도 글로벌한 문제에 대하여 다루고자 한다. 우선 초기 케임브리지 포스트 케인지언들이 어떠한 방식으로 해로드(Roy Harrod)의 성장 모형을 이용하여 케인즈의 《일반이론》을 보다 장기의 시간 지평에 적용시키려고 하였는지, 그리고 내생적 기술발전과 국제수지 상의 제약이라는 측면에 대한 설명을 추가함으로써 초기의 수요견인 성장모형이 어떻게 보완되고 풍부하게 되었는지에 대하여 설명할 예정이다. 그리고 마지막으로 무역이론, 국제수지의 조정, 그리고 글로벌 자본이동이라는 측면을 포함하는 국제경제이론에 대한 포스트 케인지언의 사고에 대하여 검토해 볼 예정이다.

제7장에서 이러한 것들이 왜 중요한지에 대해 설명한다. 이 장에서 금융정책과 재정정책, 물가와 소득 규제, 국제통화체제 개혁에 초점을 두고 경제정책의 문제에 대한 포스트 케인지언의 입장을 논하겠다. 이러한 논의에는 금융정책과 긴축재정의 필요성에 관한 주류 경제학의 입장에 대한 강한 비판이 포함되어 있으며, 인플레이션과(오늘날 더 타당할 수 있는) 디플레이션을 모두 회피할 수 있는 임금정책을 지지하는 견해도 포함되어 있다. 그리고 국제 통화 개혁의 문제와 종래 무시되어온 환경 정책과 관련된 거시 경제적 문제에 대한 포스트 케인지언의 입장을 요약할 것이다.

제8장에서 이러한 원칙들을 2007년에 시작된 세계금융위기에 적용할 것

인데, 우선 1970년 이후 세계경제의 '금융화'와 그 결과에 대한 포스트 케인지언적 분석에서 시작하여, 신자유주의적 경제사상에 의하여 촉발된 규제완화 과정에 대한 평가를 내릴 것이다. 그리고 2007~2008년에 발생한 사태들을 요약하면서 이 위기가 진정한 '민스키 모먼트(Minsky moment)'였는지를 살펴 볼 것이다.

이 장의 마지막 부분에는, 그러한 위기로부터 얻어야만 할 교훈에 대해 논의할 예정이다. 이를 위하여 동일한 위기가 장래 재발되지 않도록 하기 위해 필요한 국내외적인 정책 변화에 관한 포스트 케인지언들의 광범위한 연구들을 참조할 것이다.

제9장에서, 포스트케인지언과 다른 9개의 비주류(heterodox)[역주 5] 경제학과의 관계에 대해 살펴본다. 즉, 9개의 비주류 경제학은 마르크스 정치경제학, 스라파 경제학(Sraffian economics), 제도주의(institutionalism), 진화경제학(evolutionary economics), 페미니스트경제학, 생태경제학(ecological economics), 행동경제학(behavioral economics), '복잡성이론(complexity theory)', 그리고 하이에크(Hayek)나 폰 미제스(von Mises)의 자유주의의 일종의 분파로서 오스트리아학파(Austrian economics)이다. 그리고 포스트 케인지언들에게 더욱 적대적으로 변화하고 있는 제도적 환경과 지적 환경 속에서 포스트 케인지언의 장래가 어떻게 변화할 것인가를 예상함으로써 제10장을 마무리하고자 한다.

마지막으로 사용될 용어에 대한 주의사항을 잠시 언급하겠다. 포스트 케인지언을 지칭하는 방식은 네 가지 방법이 있다. 즉 포스트(post)와 케인지언 사이에 하이픈을 첨가할 것인지, 그리고 앞의 post라는 단어의 첫 p를 소문자로 할 것인가의 여부이다. 문법가들은 거의 틀림없이 'post-Keynesian'을 선

[역주 5] Heterodox라는 말은 '이단'이라고 번역이 되기도 한다

호하겠지만, 이 단어는《포스트 케인지언 저널(*the Journal of Post Keynesian Economics*)》의 창시자들에 의하여 이미 거부되었던 바가 있다. 왜냐하면 이 단어는 그들이 반대하였던 소위 올드케인지언과 연관될 수 있다는 이유였다(즉, 이 방식은 어떤 이론상의 조류를 나타내는 것이 아니라, 시간적으로 1936년 이후 개발된 거시경제 이론을 가리키기 위하여, 즉 '케인즈 이후의'라는 다분히 시간을 지칭하는 의미로 혼란스럽게 사용되기도 하기 때문이다). 본서에서는, 그들의 결정을 따라서 첫 글자는 대문자로 그리고 하이픈이 없는 Post Keynesian이라는 용어를 사용할 예정이다. 물론 학교의 문법학자들은 이러한 방식에 대하여 불만을 가질 수도 있다.

2. 포스트 케인지언 경제학의 핵심

2.1. 6개의 핵심 명제들

썰월(A. P. Thirlwall 1993)은 포스트 케인지언 경제학을 6개의 핵심 명제로 정리하였다.

(1) 고용과 실업은 노동시장에서의 균형이 아닌 상품시장에서 결정된다. 얼핏 보면 아무런 문제도 없는 이러한 발언의 이면에는 두 가지 큰 전제가 있는데 그것을 명확히 할 필요가 있다. 실업은 주요한 이론적이며 사회정치적 문제이다. 물론 그것은 미시경제적 차원의 문제를 내포하고 있음에도 불구하고, 단순히 미시경제로는 환원하지 못하는 거시경제적 문제이기도 하다. 첫번째로 주목할 수 있는 점은, 실업이라는 것은 케인즈가 《일반이론》을 쓰고 있던 1930년대 중반에는 현저하게 드러났고, 또한 2014년 후반에는 유로존의 많은 지역에서 너무 명확히 보여지고 있지만, 프린스턴 대학 출판국에서 출판된 최근의 한 대학원용 교과서에서는 고용이나 실업도 어떠한 중요한 역할을 하고 있지 않다. 그 저자인 마이클 위켄스(Michael Wickens)는 "노동을 포함한다고 하더라도 이전의 결과에는 큰 변화를 가져오지 않으므로 따라서 가능하다면 노동은 분석에서 제외한다"라고 쓰고 있다(Wickens 2008, p. 83). 이러한 경향은 대부분의 교과서에서 유사한 것으로 보여지는데, 위의 책 색인에는 '실업' 항목은 아예 없다(제 2판에서는 이 놀라운 누락은 수정되었다). 두 번째 보여지는 점은, '수요 부족 실업'과 '비수요 부족 실업'(또는 마찰적 내지는 구조적 실업)의 구별이 일반적이었던 1950년대와 1960년대의 올드케인지언의 문헌에서는 실업의 문제가 보편적으로 다루어지고 있었지만(예를 들어 Perlman 1969, part 3을 참조), 오늘날의 주류 교과서에서 그것을 찾는 것은 어렵다. 포스트 케인지언은 이와는 대조적으로 실업문제의 미시경제적 차원과 거시경제적 차원을 구별하며, 특

히 거시적 차원에서의 실업의 문제에 주목하고 있다.

썰월이 '상품시장'이라는 말을 하였을 때, 그 말을 문자 상으로 그대로 파악하여서는 안 된다는 점에 유의하기 바란다. 왜냐하면 실상은 각 개별 상품과 서비스 각각에 대한 시장은 수도 없이 많이 존재하고 있기 때문이다. 이 단어는 경제학에서 자주 사용되는 매우 많은 비유 중 하나로서, 단지 모든 재화나 서비스에 대하여 지출이 한 장소에서 발생하는 것처럼 가정하는 것에 불과한데, 이때 그 지출이 총고용과 총실업을 결정한다. 포스트 케인지언의 고용과 실업에 관한 이론은 일종의 소득-지출 모형에서 출발하는데, 다소 경멸적으로 수력 케인지언주의(hydraulic Keynesianism)[역주 6]라고 불리던 것에 기반하여 있었고, 그것은 케인지언 시대[역주 7]의 거의 초기부터 행해져 왔다(Schneider 2010, pp. 337-41). 이렇듯 소득과 지출의 '순환적 흐름(circular flow)'을 표현하는 것은, 더 복잡하고 따라서 더 만족스러운 거시경제 모형을 개발하는 과정을 위한 단지 첫 단계이지만(Davidson 2011, pp 49-53), 그럼에도 불구하고 근본적인 것이라고 할 수 있다. 이것이 없으면 케인지언의 '승수(multiplier)'는 의미가 없고, 투자, 정부지출, 순수출의 변화가 소득과 고용에 미치는 영향을 이해할 수 없다.

(2) '비자발적 실업'은 존재하고, 그것은 '유효수요'의 부족에 의하여 발생한다. 이는 노동시장의 불완전성에 의하여 야기되는 결과가 아니며 설령 그

[역주 6]   혹은 '수력거시경제학'이라고도 불리운다. 두가지 의미가 있는데, 하나는 경제 전체를 물이 흐르듯이 화폐가 전체를 흐르는 모습을 분석하는 것을 경제학의 대상으로 삼는다는 의미이고, 또 다른 의미는 그러한 경제적 현상을 분석하기 위하여 도입된 '수력' 컴퓨터에서 유래되었다.

[역주 7]   케인지언 시대는 일반적으로 2차대전 이후 약 30년의 기간을 말하는데, 소위 '영광의 30년'이라고 불리우던 부흥기였다.

러한 불완전성이 제거된다고 하여도 해소되지는 않는다. 이는 지금까지 본 것처럼, '수요 부족 실업'과 '비수요 부족 실업'의 구별에 기반을 두고 있는 썰월의 첫 번째 명제에서 직접 도출된다. 이 점을 명확히 하여 두는 것이 중요하다. 포스트 케인지언은 마찰적 실업과 구조적 실업의 존재를 부정하는 것이 아니며, (제5장에서 보듯이) 노동시장의 미시경제적 측면 및 그 노동시장이 가지는 보편적이고 불가피한 불완전성에 대하여도 흥미로운 논의를 개진할 수 있다. 따라서, '전부 아니면 무'라는 식의 단정을 하는 오류는 피하여야 한다. 수요 부족이 실업의 유일한 원인은 아니며, 그것은 다른 종류의 실업이 없음을 의미하는 것도 아니다. 하지만 실업은 단지 수요 부족에 의하여서만 야기되는 것은 아니라고 해서, 수요 부족에 의한 실업이 없다고 단정하는 것도 잘못이다. 완전고용상태에서는 수요 부족에 인한 실업은 (정의상) 제로(0)이지만, 완전고용은 보편적인 현상이라기보다는 오히려 예외적이었으며, 전후 자본주의의 '황금시대'가 끝난 1970년대 초반부터 수요 부족에 의한 실업은 지속되어 온 것이었다. 거듭 말하겠지만 이러한 수요 부족에 의한 실업은 반세기 전만 하더라도 거의 당연한 것으로 받아 들여졌음에도 불구하고 현재는 그러한 것이 없다는 식으로 부정되거나, 혹은 아예 논의에서 무시되는 풍조가 만연하고 있다. 저자는 몇 년 전 호주국립준비은행의 이사로 막 임명된 저명한 계량경제학자가 주관하는 세미나에 참석하였던 기억이 난다. 동료 중의 한 사람이 금융정책과 실업의 연관성에 대하여 묻자 그는 당황한 표정으로 답을 하였다. "그것은 우리 부서의 소관 사항이 아니다"라고. 그러면서, "그것은 단지 노동시장 정책 입안자가 다룰 사항이다"라는 옹색한 답만을 내놓았다. 이러한 답변은, 준비은행을 설립하게 한 1959년의 법안(즉, 인플레이션율뿐만 아니라, 고용과 성장을 고려하는 것이 요구되었음)에 그가 무지하고 있었던 것을 반영하고 있을 뿐만 아니라, 썰월의 제2의 명제를 암묵적으로 부정하고 있었다. 포스트 케인

2. 포스트 케인지언 경제학의 핵심　33

지언은 이러한 태도에 대하여 강력하게 반대하고 있다.

(3) 총투자와 총저축의 관계는 거시경제이론의 기본이며, 이때 인과관계는 투자에서 저축으로 흐르는 것이지 그 반대는 아니다. 제임스 미드(James Meade)가 일전에 말한 것처럼, 케인즈 혁명은, '저축'이라고 불리우는 개가 '투자'라는 꼬리를 흔든다는 종래의 이미지로부터, '투자'라고 하는 개가 '저축'이라는 꼬리를 흔든다고 하는 이미지로의 발상의 전환을 가져왔다(Meade 1975, p. 82). 우리는 자본주의 경제를 취급하고 있으며, 그 자본주의 경제에서는 정말 중요한 결정은 가계나 개인 소비자가 아닌 기업에 의하여 내려지고 있다. (논의를 단순화하기 위하여) 정부 지출과 순수출을 일단 무시하는 경우, 소득-지출 모형을 움직이는 것은 바로 투자지출이다. 따라서 투자지출 수준은 고용, 생산, 소득을 결정하는 독립 변수이며, 반면 소비지출(또한 소득과 지출의 차이로서의 저축)은 종속변수이고, 그것들은 소득의 증감에 따라 상승하거나 하락한다. 이는 현재 소득이 소비자 지출의 유일한 결정 요인이며 혹은 소비자들이 거시경제 상황의 변화에 수동적으로만 반응한다는 것은 아니다. 하지만 자본주의 경제를 움직이는 것은 바로 투자이고, 그러한 자본주의 경제에 대한 이론적 분석은, 투자를 결정하는 요인에서부터 시작하여야 하는 것이지, (위켄스처럼) 개별 소비자가 자신의 전 생애에 걸친 효용을 극대화하는 행동에서 출발하는 것은 아니라는 것이다. 그리고 투자를 유발하는 동기는 향후 발생할 이윤에 대한 기업가의 '기대'(expectations)'이기 때문에, 현실을 반영하기 위한 거시경제이론의 출발점은 기업이 가지는 미래의 수익성에 대한 '기대'이어야만 한다는 것이다.

(4) 화폐경제는 물물교환 경제와는 전혀 다르다. 이윤이라는 것은 두 가지의 화폐 금액(매출과 비용)의 차이로 정의되어 있으므로, 이는 너무나 명백한 것이며 더 이상의 논의가 필요는 없겠지만, 주류 거시경제학자들이 사용하고

있는 일반 균형모형에서는 이러한 당연한 사실을 제대로 반영하기 어렵다. 이러한 점의 중요성은 아무리 강조하여도 지나치지 않는다. 《일반이론》의 초고에서는 케인즈는 화폐가 가지는 중요성을 설명하기 위하여 칼 마르크스의 '자본의 순환과정'을 사용하였는데(Rotheim 1981) 최종판에는 이 표현이 포함되지 않았던 것은 실로 유감스러운 일이다. 그것은 $M - C - C' - M'$라는 공식으로 요약되어 있다(여기서 M은 화폐, C는 상품을 표시한다). 마르크스에 의하면, 자본가는 일단 화폐 M[역주 8]을 가지고 사업을 시작하는데, 그것을 사용하여 등가의 상품(노동력과 생산 수단)인 C를 구입하고, 생산의 과정에서 이러한 상품을 사용하여, 보다 큰 가치의 다른 상품 C'를 생산한다. 그리고 그 상품을 초기의 M이라는 가치보다 큰 화폐 금액인 M'로 파는 것을 '기대'하고 있다. 이러한 자본가의 행위의 목적은 이윤(즉 M'과 M의 차이로 표현되는 화폐 금액의 합이며, 그것은 C'와 C의 차이와 같다)을 창출한다. 만약 자본가가 이러한 과정이 이윤을 낳는다고 '기대'하지 않는다면, 그는 생산과정을 개시하지도 않을 것이며, 대신에 원래의 화폐 금액 M만을 보유하려고만 하고 있을 것이다. 이 경우, 화폐는 다소 고풍스럽게 표현하자면 '축장($hoard$)'되어버리는 것이다. 케인즈는 이와 같이 화폐 금액으로만 부를 보유하고 불확실성을 회피하려고 원하는 현상을 지칭하기 위한 신조어를 만들었는데, 그것이 소위 '유동성선호($liquidity\ preference$)'라는 용어이다.

이 점에서 자본주의 경제는 화폐를 사용하지 않고, 단지 어떤 상품과 다른 상품이(빵을 구두로, 구두를 빵으로) 직접 교환되는 물물교환경제와는 크게 다르다. 이러한 자본주의 화폐 경제는 마르크스가 '단순상품생산' 혹은 '소규모

[역주 8] 엄밀하게 말하자면 '화폐 자본'이다. 즉, 자본으로 투자하기로 할당되어진 화폐이다.

상품 생산(petty commodity production)'이라고 표현한 것, 즉 이윤을 추구하는 것이 아니라, 자신들이 생산한 상품을 판매하고 화폐를 획득하는 목적은 오로지 등가의 다른 상품을 획득하기 위한, 소위 계급이 없는 경제와는 전적으로 다르다. 이러한 후자의 경제는 마르크스를 따르자면 $C - M - C$로 요약되는데, 이는(케인즈는 조금 다른 맥락에서 말하고는 있지만) "우리가 실제로 살고 있는 경제적인 사회"를 나타내지는 못한다(Keynes 1936, p 3). 그리고 물물교환 경제에서는(신발과 빵 이외에는) '축장'할 것은 아무것도 없고, 그렇게 '축장'할 명확한 이유도 없다. 또한 위에서 말한 '단순상품생산'에서도 어떠한 '축장'의 이유도 없다. 하지만 자본주의 경제에서는 만일 이윤에 대한 '기대'가 무너져 버리게 되면 오히려, 그렇게 화폐로서 '축장'을 할 충분한 이유가 생긴다.

    이로부터 다음의 세 가지 중요한 결론이 이어진다. 화폐는 중립적이지 않다. 또한 거시경제 이론은 실질 부분과 화폐 부문을 철의 장막으로 가리듯 분리할 수는 없다. 어떠한 투자 계획도 기대되는 이윤의 흐름을 창출하기에 앞서 지출을 필요로 하기 때문에 금융이 중요할 수 밖에 없다. 그리고 채무관계가 가지는 역할이 중요하다. 왜냐하면 채무자에게는 지출을 줄이도록 강제할 수 있지만, 채권자에게는 지출을 증가하도록 강제할 수 없기에 양자간에는 중요한 비대칭성이 존재하기 때문이다. 이러한 결론은, 화폐경제는 연회에서 치즈가 디저트로 맨 나중에 준비되듯이 그러한 식으로 나중에서야 화폐가 도입되는 일종의 물물교환 경제처럼 분석을 할 수는 없다는 포스트 케인지언의 주장을 뒷받침한다.

    (5) '화폐수량설'은 심각한 오류의 근원이다. 왜냐하면 그 이론은 화폐는 실질 생산(과 고용)의 결정에 관하여 실제로 중립적이며 단지 가격 수준에만 영향을 미친다는 전제에 기반하고 있기 때문이다. 이 이론은 최소 2세기전으로 거슬러 올라가 장 바티스트 세(Jean-Baptiste Say)와 리카르도(David Ricardo)

의 저작에 기원하는 소위 그 유명한 '고전학파적 이분법(classical dichotomy)' 이라는 것에서 출발한다. 통상 $MV = PT$로 표기된 고전학파의 '교환방정식 (Equation of Exchange)'에서는 M은 통화량을 나타내고, V는 '유통속도'를 나타내며, P는 물가수준을 나타내고, T는 거래량(실질 생산량을 대신하는 변수)을 나타낸다. T는 '실질적인'(즉, 비화폐적인) 요인에 의하여 결정되며 특히 현재와 미래의 소비에 대한 개인의 선호에 의하여 결정된다고 가정된다. 이때, 만일 V가 일정하다면 이 '화폐수량설'은 M의 변화는 P의 변화에 직접 영향을 주며 따라서 결국 P의 변화에만 이어지는 것을 말하고 있다. 즉, 통화량 변화는 가격 수준의 변화로 이어지지만, 생산이나 고용에는 영향을 주지 않으며 따라서 실물부문과 화폐 부문은 상호 명확히 구분된다는 것이 그들의 주장이다.

하지만 케인즈는 '고전학파적 이분법'을 부정하고, 그에 따라 '화폐의 중립성'과 '화폐수량설' 자체를 부정하였다. 포스트 케인지언들의 견해에 의하면, 케인즈는 그러한 부정에서 그치지 않고 더 나아가서 화폐는 외생적(exogenous)인 것이 아니고 오히려 체제에 내생적(endogenous)인 것임[역주 9]을 인식하

[역주 9] 아주 간단히 설명하자면, 어떤 변수들이 관계를 이루고 있는 체계가 있다고 할 때, '내생적(endogenous)'이라는 것은 어떤 변수가 그 체계 내의 다른 변수에 의하여 결정되어 짐을 의미하고, '외생적(exogenous)'이라는 것은 그 체계 외부의 어떤 것에 의하여 결정되는 것을 의미한다. 화폐가 내생적이라고 함은, 통화량이 단순히 정책 당국에 의하여 결정되는 것이 아니라는 것이다. 예를 들어서 은행은 대출을 하여 줄 때, 같은 금액을 차입자의 구좌에 입금하여 준다. 그렇게 창조된 예금은 화폐로서 통용되는 것이다. 그렇다면, 광의의 통화량은 대출 수요에 의하여 창조되는 것이며, 단순히 중앙은행이 공급하는 소위 본원 통화에 의하여 결정되는 것은 아니다. 주류 경제학에서는 소위 통화승수라는 개념을 이용하여 은행의 신용 창조 금액이 본원 통화의 양에 의하여 결정되는 것으로 설명하고 있기는 하다. 하지만, 포스트 케인지언 입장에서는, 설사 그렇다고 하더

고 있었을 수 있다는 것이며, '교환방정식'에서의 인과관계는 오히려 반대 방향으로, 즉, 우변(*PT*)에서 좌변(*MV*)으로 흐른다는 것이고, 고전학파가 생각하는 것처럼 좌변에서 우변으로 흐르는 것이 아니라는 것이다. 신용 화폐가 사용되는 세계에서는 은행 대출은 은행 예금을 창조하고, 따라서 통화량은 수요상황에 의하여 결정되는 것이기에, "통화량 공급의 변동을 일으키는 것은 경제 상황의 변동이며 그 반대는 아니다"라는 것이다(Kaldor 1970, p. 19). 따라서 "신용 화폐가 존재하는 사회의 경우 통화량 공급에 대한 적절한 표현은, 화폐 공급이 수직선의 형태가 아니라 수평적 형태를 가진다.[역주 10] 따라서 금융정책이라는 것은 현재 존재하는 통화량의 조절을 통하여 수행되는 것이 아니라 이자율의 통제로 수행된다. 그리고 현재 존재하는 통화량은 수요에 의하여 결정될 것이다."(Kaldor, 1982, p. 24. 원저자 강조). 포스트 케인지언의 인플레이션 이

라도 은행이 가능한 모든 대출한도를 다 소진시킬 수 있는 것은 아니고, 대출 공급은 '적격' 차입자(즉, 신용력 있는 차입자)의 수요에 의하여 제약된다. 또한 혹시 적격 대출이 늘어서 시중 은행이 중앙은행에 가지고 있는 지급준비율이 부족하거나, 혹은 자기자본비율(소위 BIS 비율)을 충족하지 못하는 경우, 중앙 은행에 추가적인 본원 통화 공급을 압박할 수 있거나, 충분히 추가 자본을 자본 시장에서 모집할 수 있다. 포스트 케인지언들이 주장하는 소위 '신용에 대한 유효한 수요(*the 'effective' demand for credit*)'라는 개념과 소위 '신용할당(*credit rationing*)'에 있어서의 주류 경제학과의 차이점에 대하여서 관심있는 독자들은 다음을 참고할 것. Marc Lavoie(2014) *Post-Keynesian Economics: New Foundations*, Edward Elgar pp. 247-252. 그리고 이에 대하여 중요한 논문은 다음을 참고할 것. Wolfson, M. H. (1996), 'A Post Keynesian theory of credit rationing,' *Journal of Post Keynesian Economics*, 18(3), Spring, 443-70.

[역주 10] 그래프 상에서 수직축은 이자율, 그리고 수평축은 통화량이라고 전제를 할 때, 통화량 자체가 고정적(즉, 수직선으로 표현)되는 것이 아니라, 어떤 다른 변수의 영향을 받는 것을 말하고자 하였다.

론에서는, M의 증가는 인플레이션의 결과이지 원인은 아니다. 비용 압박(특히 임금이나 원재료 상품의 가격 상승압력)이 인플레이션을 일으키는 것으로 간주되고 있으며 이는 종종 완전고용이 달성되기보다 훨씬 전에 발생할 수 있다. 따라서 물가정책과 '소득정책(incomes policies)'[역주 11]의 필요성이 있다.

(6) 자본주의 경제는 미래의 비용과 수입의 정확한 계산이 아닌 투자자의 '동물적 본능(animal spirits)'에 의하여 견인되고 있다. 많은 인간의 활동과 마찬가지로 투자 결정은 "이윤의 확률적, 수학적 '기대치'보다는 자발적 낙관주의에 의존한다."(Keynes 1936, p 161). '본원적 불확실성(fundamental uncertainty)'이 존재하는 한, 단지 확률론적으로 그러한 '기대'를 형성하는 것은 불가능하다. 케인즈는 훗날 다음과 같이 설명하고 있다.

"내가 그 용어 '불확실성'을 사용하는 맥락은 유럽 전쟁의 전망이 불확실하다는 것, 20년 후의 구리의 가격과 이자율, 새로운 발명의 진부화, 1970년의 사회 체제에서의 사유 재산 보유자의 위상 등이 불확실하다고 이야

[역주 11] 소득정책이라는 것은 '임금정책(wages policy)'라고도 불리워진다. 주로 경제 전반적으로 임금과 가격을 낮게 통제하는 것을 의미한다. 이러한 주장은 인플레이션은 기본적으로 노동자의 임금 인상 요구에 의하여 발발하는 것이라는 조안 로빈슨(Joan Robinson) 등이 주장하였던 비용 압박(cost push) 인플레이션이라는 생각을 반영한다(로빈슨은 자신의 이름 가운데 글자가 '소득정책'이라고 이야기 하였다는 일화도 있다). 즉, 인플레이션을 감소시키기 위하여서는 화폐금융정책으로는 불충분하고, 필히 소득정책을 수반하여야만 한다는 것이다. 그런데 이러한 원래적인 소득정책의 의미는 1970년대의 원자재 가격의 급상승으로 인한 소위 '스태그플레이션'의 발생으로 무너져 버리게 되었다. 현대에서는 다소 다른 맥락으로서, 오히려 경기 침체와 노동이 국민소득에서 차지 하는 비율이 감소하게 됨에 따라서 단순히 실질 임금을 억제하는 것이나, 생산성 향상과 연동시켜 실질임금을 인상시키는 것을 의미한다.

기하는 경우이다. 이들 문제에 대하여서는 계산 가능한 확률을 형성시킬 수 있는 어떠한 과학적 근거도 없다. 우리는 단지 모르는 것 뿐이다(*We simply do not know*)(Keynes 1937, p. 214).

이는 케인즈에 있어서의 투자 결정이 '비 경제적인 동기와 비합리적인 행동'에 지배되어 '광기와 패닉(*manias and panics*)'을 일으키고 있음을 의미하는 것이 아니다. 그럼에도 불구하고 아쉽게도 일부의 충분히 알만한 사람들도 그러한 잘못된 이해를 주장하고 싶어 하고 있다(예를 들자면 Akerlof and Shiller 2009, pp. ix-x).[역주 12] 그러한 그들의 이해와 케인즈의 의도는 전혀 다르다. "단순히 이러한 이유를 들어 모든 것이 단지 비합리적인 심리의 파도에 의존하고 있다고 결론 지으면 안 된다"(Keynes 1936, p. 162). 대부분의 경우, 투자자는 오히려 보수적인 관습(*conventions*)이나 '경험칙(*rules of thumb*)'을 적용하면 충분하다고 생각한다.[역주 13] '광기와 패닉(*manias and panics*)'은 발생한다. 하지만 빈번하게 발생하는 것은 아니다. 그러한 현상의 발단이 무엇인지에 관한 질문은 그 자체로 복잡하고 논란의 대상이다.

그러나, 위에 정리한 바, 썰월의 6개의 핵심 명제의 의미는 매우 명확하고, 거시 경제 정책에 시사하는 바도 명확하다. 요컨대 결국은 '유효수요원리(*principle of effective demand*)'에 관한 것이다. 총생산과 총고용은 종종(아마도 오히려 그러한 것이 정상적일 것으로 생각되는데) 수요에 의하여 제약되고 있지 공급에 의하여 제약되고 있는 것은 아니다. 따라서 '세의 법칙'은 오류이고, 완전고용의 달성과 유지에는 종종(아마도 오히려 당연하게도) 국가의 개입이 필요하다.

[역주 12] 동물적 본능과 합리성(자세한 내용은 본서 57 페이지 참고)
[역주 13] 불확실성, 확신상태 그리고 논증의 무게(자세한 내용은 본서 58 페이지 참고)

재정 정책은 반드시 효과가 없는 것은 아니고, '리카르도의 등가정리(等價定理, *Ricardian equivalence*)'[역주 14]는 잘못이다(이는 리카르도 자신도 인식하고 있던 바이다). 금융정책이라는 것은 위에서 언급한 바 있는 호주의 저명한 계량경제학자의 억측처럼 단지 인플레이션에 대항하는 역할에만 한정할 수는 없다. 왜냐하면 금융정책은 실물경제에 영향을 주기 때문이다. 따라서 물가 및 '소득정책'은 인플레이션을 억제하고, 또한 현재 더욱 중요하게 된 디플레이션을 방지하기 위하여 필요하다. 그리고 경제에 있어서의 채무관계의 문제는 실로 중요하기 때문에, 물가수준의 하락은 실질 채무의 증가를 의미하므로 '해결책의 일부'가 아니라 오히려 '문제의 일부'로 보아야만 한다. 이러한 정책 문제에 대하여서는 본서 7장에서 더욱 심도 깊게 다룰 예정이다.

2.2. 근본주의 케인지언

모든 포스트 케인지언들은 위와 같은 썰월의 핵심 명제에는 동의하겠지만, 이러한 기본 원칙에 대한 세부적 설명 및 정치화(情緻化)에 있어서는, (적어도) 크게 분류할 때의 세 개의 분파들의 입장이 서로 다르다. 첫째, "모든 것은 《일반이론》 속에 이미 드러나 있다"고 주장하는 근본주의 케인지언(*fundamentalist Keynesians*)들이 있는데, 이들의 주장은 케인즈의 이 역작을 충실히 이해하는 것이 필요하다는 것이다. 이 분파의 대표자로는, 빅토리아 칙(*Victoria Chick*)(1983), 마크 헤이스(*Mark Hayes*)[역주 15](2006), 그리고 무엇보다도 폴 데

[역주 14] 자세한 내용은 본서 169 페이지 참고

[역주 15] 그의 입장에 대하여서는 다음을 참고할 것: M. G. Hayes, 2019, *John Maynard Keynes-The Art of Choosing the Right Model* Polity; 케인즈 경제학을 찾아서 마크 헤이스 저, 현 동균 번역 및 해설, 2021, 한울출판사.

이빗슨(Paul Davidson)이 있는데, 특히 데이빗슨의 입장은 거의 반세기 가깝게 변하지 않고 있다(Davidson 1972, 2011 참조). 데이빗슨에 따르면 케인즈는 고전학파 이론이 세가지 핵심 공리(axioms)에 의거하고 있다고 파악하였다는 것이다. 즉 (1) '에르고드성(ergodicity)'(미래는 과거로부터 충분히 높은 신뢰도로 추론 가능하다),[역주 16] (2) '조대체성(gross substitution)'(가격의 '유연성'이 존재하므로 모든 시장은 청산 가능하다), 그리고 (3) '화폐의 중립성' 즉, '고전학파적 이분법': 화폐는 가격에만 영향을 주고 생산과 고용에는 영향을 주지 않는데, 생산과 고용은 기호(嗜好)나 기술과 같은 '실질적인' 요인에만 의존한다.

데이빗슨은 케인즈가 이 세 개의 공리가 모두 틀렸다고 생각하였음을 강조하고 있다. '본원적 불확실성'이 존재한다는 것은 우리가 과거로부터 미래를 확실히 예상할 수 없는 '비(非)에르고드적(non-ergodic)' 세계에 살고 있음을 의미한다. '조대체성(gross substitution)'의 공리는 잘못이며, 설상 가격의 '유연성'이 존재한다고 하더라도 완전고용이 보장되는 것은 아니다. 그리고 화폐는 중립적이 아니며 생산과 고용에 영향을 미친다. 이것으로부터, 케인즈는 '유효수요원리'를 도출하였고, 이것은 데이빗슨이 제시한 총공급-총수요 다이어

[역주 16] 이 '에르고드성'이라고 함은, 확률분포는 충분히 오랜 과거의 기간 동안 누적된 경험 데이타로부터 무작위로 추출함으로써 추정될 수 있으며, 현재와 미래는 그 확률분포에 의하여 결정된다는 개념이다. 즉, 과거가 미래를 보여준다는 것이다. 따라서 이를 경제학에 적용하였을 때, 경제주체는 미래에 대하여 확률적 기대치를 가질 수 있으며, 이때 과거의 역사적 경로는 확률 분포에 영향을 미치지 않는다. 이 개념은 주류 경제학과 포스트 케인지언을 구분하는 중요한 개념 중의 하나인데, 후자의 견해에 의하면, 경제나 사회 현상은 계량적 확률로 환원되는 경우가 많지 않고, 오히려 확률로는 계산될 수 없는 본원적 불확실성에 의하여 지배되고 있으며, 또한 경로의존성과 누적적 인과성을 가지고 있는 역사적 성격의 것이다. 즉, '비(非)에르고드적'인 것이다. 역주 37및 38 참조요

그램에서 요약되어 있다(그 그림은 《일반이론》 속에서는 '설명'은 되어 있으나, 어떤 도해의 형태로는 표시되어 있지 않다). 이는 물가수준-실질GDP 혹은 인플레이션-실질GDP 평면상에 그려져 있는 주류 교과서에서 볼 수 있는 형태의 곡선과는 근본적으로 상이하다. 데이빗슨이 제시한 그림은, 세로축은 '기대' 매출액과 계획된 지출의 규모를 측정하고 가로축은 고용수준을 나타낸다. 이때 총수요(D)와 총공급(S) 곡선의 교차점이 '유효수요'를 나타내는 점이 되며, 이에 의하여 고용 수준이 결정된다. 이때 고용 수준은 완전고용수준에 미치지 못하게 될 수도 있다(Davidson 2011, p. 30, figure 2. 5).[역주 17] 노동시장에 있어서의 그에

[역주 17] 언급한 도표는 다음과 같다.

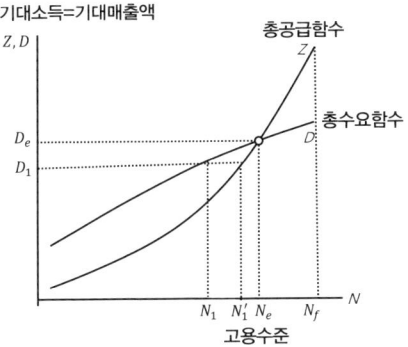

이 그림은 일반적으로 Z-도표(Z diagram)라고 불린다. 도표에서 수직축은 기업가의 기대소득 (=기대매출액)이고 수평축은 고용을 표시한다. 기대매출액이 주어졌을 때 그에 따라서 고용을 결정하는 함수를 총공급함수(Z)라고 하고, 어떠한 주어진 고용수준에서 벌어들인 소득을 지출함에 따라서 기업가에게 발생하는 기대소득 (계획된 지출액)을 결정하는 함수를 총수요함수(D)라고 부른다. 총공급함수의 경우, 수확체감의 법칙이 작용하기 때문에, 추가적으로 고용을 늘이는 경우 늘어나는 기대소득의 크기는 점점 줄어들게 된다. 그리고 고용이 0인 경우, 그 소득은 0에 근접한다. 반면, 총수요함수의 경우 기울기는 평평해지는데, 가장 큰 이유는 고용으로 인하여 소득이 증가한다고 하더라도 모

대응하는 균형은 어떠한 연유에서인지 같은 책의 거의 200 페이지 후의 그림 (p. 216, figure 12.7)[역주 18]에서 보여진다. 여기서는 고용 수준은 생산물시장에

두가 지출되는 것이 아니고, 소득이 늘어남에 따라 그에서 지출되는 비율은 줄어들기 때문이다. 그리고 고용이 0이더라도 사람들은 생존을 위하여 과거의 저축을 이용하거나, 아니면 정부가 구호자금을 사용하기 때문에 지출은 존재하기 마련이고, 따라서 가로축과 D 곡선이 만나는 점은 0보다 크다. 결국 총공급함수가 총수요함수보다 기울기가 가파르기 때문에 두 곡선은 교차한다.

그림에서는 어떤 주어진 고용 수준 N_1에서 그 고용으로 인하여 창출되는, 기업이 기대하는 소득은 D_1인데, 이때 그 D_1의 소득을 달성하기 위하여서는 기업은 N_1 만큼을 고용하여야만 한다. 따라서 기업은 고용과 생산을 늘리려는 동기를 가질 것이고, 이 과정이 반복되어, 균형점은 두 곡선의 교차점으로 이동한다. 그 반대의 경우에는 고용을 줄이고 생산을 줄이려고 할 것이며, 결국은 두개의 곡선이 일치할 것이다. N_e는 총수요(D)와 총공급(Z)이 만나는 유효수요하에서의 실제 고용을 나타내는데, 이때 실제 고용이 완전고용수준(N_f)과 일치하는 것은 우연에 불과하다.

[역주 18] 언급한 도표는 다음과 같다.

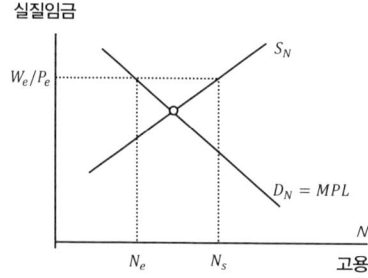

이 그림은 고용수준이 먼저 결정되면 (N_e), 그에 따라 노동의 한계생산성곡선 (MPL)을 따라 실질임금(W_e/P_e)이 결정되는 것을 보여준다. 노동의 공급곡선(S_N)이 우상향하는 경우, 그때의 실질 임금 수준에서는 노동하려는 의지를 가진 노동자는 N_S이므로, 결국 (N_S-N_e)만큼의 비자발적 실업이 존재한다. 그런데 아무리 실질임금이 신축적이라고 하더라도 더이상 고용은 늘지 않는다. 왜냐하면 고용은 이미 유효수요에 의하여 결정되어

서 총수요와 총공급에 의하여 결정되는데, 이는 역시 완전고용 수준보다 낮다. 고용주 간의 경쟁에 의하여 실질임금이 완전고용 상태에서의 수준 이상으로 설정되었지만, '유효수요원리'는 실질임금을 낮춰도 고용이 증가하지 않는다는 것을 보여준다. 고용 수준은 생산물 시장에서 결정되지 노동시장에서 결정되는 것은 아니라는 이야기이다.

이들 그림은 케인즈와 마찬가지로 본질적으로 신고전학파적인(혹은 데이빗슨이 주장하는 것처럼 마샬적인) 데이빗슨의 미시경제학이 가지는 본질을 보여준다. 따라서 그의 노동수요곡선은 우하향하고, 반대로 노동공급곡선은 우상향하고 있으며 노동시장은 완전 경쟁에 있음을 암묵적으로 전제로 한다. 잘 알려져 있는 것처럼 '수요독점(monopsony)'하에서는 노동의 수요곡선이라는 것은 존재하지 않는다. 데이빗슨은 그가 '불완전주의(imperfectionism)'라고 표현하는 것들에 대하여 강하게 비판적이다. 데이빗슨에 의하면, '유효수요원리'는 노동시장이나 상품시장의 불완전성과는 무관하며, 만약 관계가 있다고 하더라도, 그래서 그러한 불완전성이 배제되어도 '수요 부족 실업'은 줄어들지 않는다고 주장한다. 케인즈와 마찬가지로 데이빗슨은 '유효수요원리'는 적극적인 금융정책, 재정정책 및 소득정책의 필요성을 보여준다고 주장한다. 또한 1944년에 케인즈가 제창한 국제청산동맹(International Clearing Union)[역주 19]의 제안에 따라 국제통화체제의 개혁을 제창하고 있다(거시경제정책에 관한 그의 견해에 대한 탁월한 요약은 Davidson 2009를 참조).

있기 때문이다.

[역주 19]   본서 180 페이지 참고

2.3. 칼레츠키언

폴란드 경제학자 미할 칼레츠키(*Michal Kalecki*)는 케인즈와 거의 같은 시기에 '유효수요원리'를 발견하였다. 그에 더하여 자본주의 사회의 계급성을 강조하는 마르크스주의적 색채를 가미하였다(Toporowski 2013). 칼레츠키의 모형은 많은 포스트 케인지언에 의해, 특히 유럽에서 사용되고 있는데, 그 분파에는 말콤 소이어(*Malcolm Sawyer*)(1985)나 하인(*Eckhard Hein*)(2014)이 영향력을 가지고 있다(Hein and Stockhammer 2011참조). 노동자와 자본가의 구별은 《일반이론》에는 단지 암묵적으로만 나와있는데, 그 구분의 중요도에 비추어 보았을 때, 케인즈는 그러한 구분에는 충분한 주의를 기울이지 않았던 것이 사실이다. 하지만 칼레츠키에 있어서는 자본가의 지출(특히 투자)이 경기 순환의 열쇠를 쥐고 있기 때문에, 이 구별은 지대한 중요성을 가진다. 그는 자본가와 노동자의 저축성향을 뚜렷이 구별하여 "노동자는 얻은 것을 소비하고, 자본가는 소비한 것을 얻는다"라는 그의 것으로 알려진 유명한 격언(이는 물론 그의 견해를 정확히 반영하고는 있지만 그의 저작에서는 이 문구는 찾아볼 수 없다)이 회자되게 되었다.[역주 20]

[역주 20] 이 잘 알려진 유명한 문구는 원래 칼도(*Kaldor*)가 언급한 바 "자본가들은 그들이 소비한 만큼 벌어들이고, 노동자들은 벌어들인 만큼 소비한다("Capitalists earn what they spend, and workers spend what they earn")(Kaldor, N.(1956), '*Alternative theories of distribution*', Review of Economic Studies, 23(2), p. 96)"라는 문구이다(이는 칼레츠키의 말로 잘못 기억되고 있다). 칼레츠키(Kalecki)도 같은 맥락에서, "(자본가의) 투자와 소비의 결정이 자신들의 이윤을 결정하는 것이며, 이윤 때문에 소비와 투자가 결정되는 것이 아니다"라고 언급한 바 있다(Kalecki, M.(1971), *Selected Essays in the Dynamics of the Capitalist Economy*, Cambridge: Cambridge University Press, pp. 78-9).

칼레츠키의 공식은 가장 단순한 소득-지출 모형에서 도출되며, 정부 부문이 없고 무역이 없는 폐쇄 경제의 가정 하에서는 총이윤은 자본가의 지출과 실제로 동일함을 분명히 보여주고 있다(보다 복잡한 현실적인 모형에서는 정부 수지의 적자와 무역수지흑자를 더하여야 한다). 이 관계를 보기 위하여 아래에서 다음과 같이 정의하자. Y는 총소득, C는 소비(첨자 w와 p는 각각 노동자의 임금(*wage*) 소득과 자본가의 이윤(*profit*)소득으로부터 발생하는 소비지출을 나타낸다), I는 투자, W는 임금총액, P는 이윤총액이다. 그리고 정부나 해외부문이 없는 가장 단순한 경우를 가정하자.

이때 총지출은 다음과 같다.

$$Y = C + I = C_w + C_p + I$$

그리고 총소득은

$$Y = W + P$$

노동자는 모두 소비하여 저축할 여력이 없다고 가정하면 $C_w = W$, 즉 소득과 지출이 같기 때문에 위의 두 식에서 다음이 성립한다.[역주 21]

$$P = C_p + I$$

이때 인과관계가 중요하다. 그것은 지출에서 '이윤이라는' 소득으로, 즉 우측에서 좌측으로 진행된다.[역주 22]

[역주 21] $C_w + C_p + I = W + P$이고, $C_w = W$이므로 쉽게 결론이 도출된다.

[역주 22] 직접 칼레츠키를 인용하자면 다음과 같다: "자본가들은 어떤 일정한 기간 중에 지난 기간에 비하여 더욱 소비와 투자 지출을 늘리는 결정을 할 수는 있어도, 그들은 더 벌 수 있는 결정은 할 수 없다. 따라서, 그들의 투자와 소비 결정이 이윤을 결정하는 것이지 그 반대는 아닌 것이다". (M Kalecki 1954 *Theory of Economic Dynamics-An*

이와 같이, 전체적으로, 이윤은, 자본가의 소비와 투자에의 지출에 의하여 결정된다(특히 투자는 대해서는, '기대'되는 이윤에 의존하고 있기 때문에, 소비 지출보다 훨씬 변동이 크다). 여기에 정부 지출(G)과 정부 세입(T)을 추가하는 경우, 다음과 같이 된다.

$$\text{총지출 } Y = C + I + G = C_w + C_p + I + G.$$

반면,

$$\text{총소득 } Y = W + P + T$$

이 경우에도 노동자에 의한 저축은 없다고 가정한다. 따라서 $C_w = W$를 이용하면 다음과 같다.

$$P = (C_p + I) + (G - T)$$

즉, 총이윤은 자본가에 의한 지출에 재정적자를 더한 것이다.

마지막으로 개방경제를 가정하여 외국인에 의한 지출인 수출(X)을 총지출에, 자국민에 의한 외국 상품에 대한 지출인 수입(M)을 총 소득에 추가한다. 따라서 같은 방식으로 다음의 공식이 쉽게 유도된다.

$$P = (C_p + I) + (G - T) + (X - M)$$

이는 총이윤이 자본가 지출 + 재정적자 + 무역수지흑자에 의존하고 있다는 것을 명확히 보여주고 있다. 노동자에 의한 저축(또는 부의 저축)을 더하면, 공식은 약간 복잡해지지만, 논의의 결론에는 영향을 주지 않는다.

자본과 노동 사이의 소득분배라는 측면은 근본주의 케인지언보다 칼레츠키의 거시경제 모형에서 더 중요한 역할을 담당하고 있으며, 특히 후자에

Essay on Cyclical and Long-Run Changes in Capitalist Economy, Routledge P.46)

있어서는 자본과 노동의 상대적인 분배의 문제가 중심적인 과제가 되고 있다 (Kalecki 1954 [1991]). 칼레츠키에게 있어서 과점적인 상품 시장에 있어서는 이윤이 전체 파이에서 차지하는 점유율은 독점의 정도에 의존한다(또한 그의 후기의 연구에서는, 노동 시장에 있어서의 계급 대립의 결과에도 의존한다). 투자지출 변동이 경기순환의 관건이지만 로자 룩셈부르크(Rosa Luxemburg)와 같은 초기 '과소소비주의자(underconsumptionist)'들이 시사한 것처럼 만성적인 '유효수요' 부족의 경향이 있는데, 이는 통상 이윤의 점유율은 너무 높고 임금 점유율은 너무 낮기 때문에 노동이나 자본의 완전고용을 유지하기에 충분한 소비지출을 만들기에는 부족하다는 것이다. 그러나 현재는 자본주의 사회이고 지배계급은 통상적으로 정부의 적자 지출이 자신들의 총이윤을 증가시킨다고 하여도 그것이 자신들의 이해에 도움이 됨을 깨닫지 못하고 단지 저항하기 마련이다. 이는 부분적으로는 '건전재정(sound finance)'의 필요성에 대한 잘못된 믿음을 반영하고 있으며, 또 다른 측면에서는 만약 완전 고용수준에 경제가 근접하게 되어 노동자의 목소리가 강해지면, '공장에서의 규율'이 약해질 수 있는 위험이 생길 수 있다는, 어쩌면 충분히 근거가 있는 공포심도 반영하고 있다 (Kalecki 1943[1990]). 그러나 군비 지출은 자본가에게 있어서는 민간 지출보다 심리적 저항감이 적고, 따라서 고임금이나 복지국가 정책은 수용할 수 없지만, 소위 군사케인즈주의(Military Keynesianism)는 정치적으로 충분히 수용 가능하다고 보여질 수 있다. 1960년대 후반, 칼레츠키는 그의 생애말년에 1945년 이후 자본주의가 일종의 '결정적 개혁(crucial reform)'을 겪었음을 인정하게 되었는데, 이는 실질임금이 상승하고 국가의 복지지출이 군사지출을 보완하여 완전 고용을 유지할 수 있게 되었기 때문이다. 그러나 그는 이러한 개혁은 사실 취약하며, 아마도 일시적인 성과에 불과할 수 있다고 주장하였는데, 그 후의 역사전개를 보건대 그가 옳았음이 입증되었다(King 2013).

2.4. 하이만 민스키와 '금융불안정성가설'

하이만 민스키(*Hyman Minsky*)가 천명한 '월가의 시각에서의 자본주의'는 칼레츠키의 자본주의와는 다소 다르지만 근본적으로 서로 모순된 것은 아니다. 민스키가 흥미를 가진 핵심적 관계는 자본가인 고용주와 노동자 사이의 관계가 아니라 오히려 투자은행가와 그의 자본가 고객 사이의 관계였다. 민스키에 있어서의 '대표적 경제주체'는 (주류 경제이론에 보여지는) 계급적 특성이 없는 소비자도, (마르크스나 칼레츠키에서 이야기하는) 산업자본가도 아니고 금융자본가이다. 그가 주목한 거래는 차입이나 대출이며, 소비재나 노동력을 팔고 사는 거래는 아니다. 그런데 민스키에 나타나는 그러한 '대표적 경제주체'들은 '어떠한 지속적인 계급적 특성이나 혹은 연대감이 있는 집단이 아니라' 산업 순환의 어떤 특정 단계에서만 갑자기 군집(群集)행동을 보이면서 등장한다. 그들은 '집단 행동을 하기보다는' 서로간에 '모방'을 한다. 경기 상승기에 모두가 고양되어 있을 때에도, 그리고 모두가 신중하고 명백히 다 비관적인 순간에서도 그들은 서로간에 '모방'한다.[역주 23] 그런데 결정적 전환점에서는 어떠한 비 정형적이고 대표성을 띄지 않는 어떠한 경제주체의 행동이 그 모방이 시작되는 계기로서 중요하게 된다. 호황이 시작되려면 어느 누군가가 차입을 하여 사업을 하려는 자신감과, 또한 누군가가 대출을 집행할 자신감(the state of cofidence)들이 크게 증가하여야 한다. 마찬가지로 금융위기가 시작되려면 어떤 대출자가 차입자의 신용도에 대한 깊은 의문을 가지기 시작하여 대출 상환

[역주 23] 이것은 다분히 케인즈적이다. 케인즈에 있어서는 본원적 불확실성하에서 어떤 판단의 근거가 부재하는 경우 다중의 행동을 따라하는 것이 가장 합리적인 방법이다.(Jean-Pierre Dupuy, 1989, *Common Knowledge, Common Sense*, Theory and Decision 27(1989) 37-62. p.57)

을 종용하여야만 한다.

자본주의는 불가피하게 순환적이며(단순히 정체되는 일은 없다고 민스키는 항상 주장하였다), 투자의 변동은 지극히 중요하며, 금융 조달의 가능성이 투자 결정에 있어서 핵심 사항이다. 그런데 대출 기준은 경기 주기를 따라 변동된다. 잘 알려져 있듯이, 민스키는 이를 세 단계의 국면으로 구별하였다. 경기 상승 초기 단계는 '헤지금융(hedge finance)'이라고 불리우는데, 이 경우 대출자의 입장에서는 향후 필요한 이자 지급과 원금 상환을 충분히 할수 있는 사업에 투자하는 차입자에게만 대출을 승인한다. 그런데, 경기가 더 상승하는 경우, '투기적 금융(speculative finance)'의 단계에 접어들고, 이때는 대출자는 덜 신중하게 되고, 원금상환 가능성 여부 보다는 이자 지급 능력의 여부만을 보다 고려하여 대출을 집행하게 된다. 마지막으로 경기 상승의 정점에서는 '폰지 금융(Ponzi finance)'이 나타나는데, 이때는 대출 기준이 더욱 느슨해져서 이자를 지불하기 위하여서 추가적으로 대출을 받을 수도 있게 된다(예를 들어 2008년의 경우에는 미국의 사기꾼 버니 매도프(Bernie Madoff)의 경우는, 거의 1세기전의 찰스 폰지(Charles Ponzi)의 사기 행각의 경우와 거의 흡사하였다). 결국 어느 순간에 대출자들의 신뢰도는 붕괴하고, 그로 인하여 금융위기가 피할 수 없게 되며, 결국 신용 공급은 제한되고(즉, '신용할당(credit rationing)'의 발생) 대출 상환을 위하여 염가로 자산매각을 종용받게 되며, 투자는 바닥을 치게 되고, 최종적으로 생산과 고용은 급강하 된다(Minsky 1986 [2008]).

민스키의 저작 상에서는 생산과 고용의 변동이 금융당국의 결정에 의하여 일어날 것이라고 시사하지는 않는다. 대신 그는 이러한 주기는 화폐 금융 경제에 내재하는 불안정성에서 기인한다고 생각하였으며 그렇기에 '내생적'이며, 이는 결국 민간 부문에 있어서의 금융 주체들의 행동에서 비롯된다고 보았다. 즉, 정부 정책은 문제를 야기시키는 것이 아니며, 정부는 대신 해법을 제공하는 가장 중요한 부문이다. 많은 마르크스주의자들(이에는 많은 케인지언도 포함된다)과는 달리 민스키는 절대로 '경기침체주의자(stagnationist)'는 아니었다. 그는 자본주의를 본질적으로 역동적인 것으로 파악하였으며, 특히 금융혁신의 능력 면에서 그렇게 본 것이며, 동시에(그 결과로) 본질적으로 불안정하다고 생각하였다. 그러나 자본주의는 화폐와 금융이 가지는 중심적 역할을 무시한 1940년대와 1950년대의 케인지언적 성장모형이나 경기순환 분석 모형처럼 단순히 실물 측면에서만 충분히 이해될 수도 또한 성공적으로 분석될 수도 없다는 것이다.

그의 생애 후반에 민스키는 금융 산업 발전의 새로운 단계를 규정하였는데, 바로 자금관리자 자본주의(money manager capitalism)[역주 24]라고 불리우는 것이다. 이 단계에서는 소비자의 차입, 나아가 소비자의 부채가 더욱 중요하게 되었다(Minsky 1987[2008]). '자금관리자 자본주의' 하에서는, 새로운 금융상품이 등장하여 새로운 금융기관들에 의하여 새로운 시장에서 거래되기 시작하고, 이러한 경향으로 인해 기존 은행들은 자산과 부채의 모든 면에서 기존에 가지고 있던 시장 점유율을 잠식당하게 되고, 따라서 은행들로 하여금 보다 높은 위험을 수반하는 사업을 하도록 내몰았다. 민스키는 21세기 초 미국에서의 출현한 소위 '섀도우 뱅킹(shadow banking)'[역주 25]은 목격하지 못하였지만, 그러한 새로운 기법들이 금융당국의 규제를 거의 모두 회피할 수 있

[역주 24] 이때의 자금관리자라고 함은, 소위 투자자의 자금을 위탁 받아서 그 자금을 관리만 하여주는 형태를 말하는 데, 투자 시의 손익은 원래 자금을 위탁한 투자자에 귀속된다. 그러한 점에서 은행과는 다르다.

[역주 25] '섀도우 뱅킹(shadow banking)'이라는 것은 역외 거래나 혹은 장부외 거래를 통하여 규제당국의 규제를 피하는 형태의 금융 거래를 말한다.

었다는 사실에는 놀라지 않았을 것이다(Gabor 2014).

조세프 슘페터의 제자였던 민스키는 자본주의 발전의 모든 단계에서 금융 혁신이 가지는 중요한 '부정적인' 역할을 항상 강조하였다. 이는 긴밀한 금융규제가 항상 필요하다는 것을 의미하며, 반면 동시에 그것을 무력화시키는 위협도 상존하고 있었다는 것을 의미한다. 그렇다면, 민스키가 살고 있던 시대(그는 1996년에 작고하였다)에서는, 왜 대공황 규모의 금융 위기가 재발하지 않았던 것일까?. 그는 '큰 정부(Big Government)'가 그 답이었다고 믿었다. 이는 '플로우(flow)' 차원과 '스톡(stock)' 차원이라는 양면에서 살펴볼 필요가 있다. 1945년 이후의 미국 정부는 1929년 때보다 훨씬 커졌고, 경기 하강 시에 작동하는 '재정 자동안정화 장치(built-in fiscal stabilizers)'가 더욱 강력해졌는데, 이것이 소위 '플로우'의 측면이다. 또한 1929년 이후 정부는 재정적자를 조달하기 위하여 대량의 무위험 정부채권을 발행하여 민간부문에 판매하였는데, 이는 민간부문의 재무의 건실성을 대폭 향상시켰다. 이것이 '스톡'의 측면이다. 하지만 금융의 안정성을 유지하기 위하여서는 '끊임없는 경계심(eternal vigilance)'이라는 대가를 지불하여야 한다.

2.5. 같은 학파인가 아니면 서로 다른 세 개의 학파인가?

포스트 케인지언내의 세 분파는 분명히 매우 많은 공통점을 가지고 있다. 특히 거시경제 이론을 소위 'RARE'에 기반한 '미시적 기초'로 철저히 환원시키는 것은 불가능하다는 점에 있어서는 모두가 견해를 같이 하고 있다(참고로 RARE는 합리적(Rational) 기대(Expectation) 를 가지고 있는 대표적(Representative) 경제주체(Agent)의 약자이다).[역주 26] 데이빗슨에게 있어서의 '비(非)에르고드성'과 케

[역주 26] 이것을 연결하면 RARE, 즉, 희귀하다라는 의미인데, 이는 지구상에 존재하

인즈의 '본원적 불확실성' 그리고, 민스키에게서 보여지는 투자은행가의 주기적으로 반복되는 근시안적 행태에 있어 '합리적 기대'라는 가설은 전혀 입지가 없다. 칼레츠키도 마찬가지로 소위 '차입자의 위험(borrowers' risk)'과 '대출자의 위험(lenders' risk)'[역주 27]이라는, 환원될 수 없는 위험이 가지는 중요성을 강조하였다. 위의 어느 누구에서도 '경제 생활에서 필연적으로 상호간의 이해가 대립되는 주체들을 사상(捨象)시켜 버린' 소위 '대표적 경제주체(representative agent)'라는 상정은 하지 않는다. 이러한 '대표적 경제주체'라는 개념은 케인즈와 데이빗슨에 있어서의 소위 '사자(bulls)'와 '팔자(bears)'에서 보여지는 서로 다른 입장을 가진 투자자, 칼레츠키가 강조한 자본가와 노동자간의 갈등과 대립, 마지막으로 민스키에서 극명하게 보여지는 채권자와 채무자라는 서로 상이한 입장을 가진 현실적인 인간들 간의 대립과 갈등의 관계를 경제 분석에서 제외시켜 버리기 때문이다. 포스트 케인지언의 모형에서는 최소한 두

지 않는 인간의 유형을 나타낸다.

[역주 27] '차입자의 위험'이라는 것은 대략 다음과 같은 위험이다. 칼레츠키에 따르자면, 이러한 위험은 어떠한 투자가 다변화 되지 않고 어느 한 대상에만 집중되었을 때 나타나거나, 혹은 실물 투자를 하는 경우, 화폐 형태의 유동성이 실물로 고정되어 버리기 때문에 실물 투자 자체가 '비유동적' 성격을 가지게 됨에 기인한다. 이에 추가하자면, 케인즈가 언급한 바, 미래의 예상 기대수익률 자체의 불확실성도 이러한 위험에 포함된다. 반면 '대출자의 위험'은 칼레츠키보다는 케인즈에 있어서 더 자세히 언급되어 있다. 즉, 이에는 기업가의 기대가 좌절되고 그로 인하여 기업이 부도가 나는 경우처럼 대출자와 차입자가 미래에 대하여 상이한 전망과 믿음을 가지는 경우, 그리고 소위 차입자의 도덕적 해이의 가능성 즉, 부채가 많아지고 자기자본의 비중이 줄어들게 됨에 따라 관리를 소홀히 하게되는 위험성 내지는 고의로 부도를 낼 수 있는 위험성, 마지막으로 거시경제적인 영향(예: 인플레이션으로 인하여 대출의 실질 가치가 하락하는 것) 등을 들 수 있다.

개 이상의 서로 상충하는 입장을 가진 경제주체들이 항상 상정되며, 그들의 행위는 신고전학파 경제학이 상정하는 그러한 철저한 합리적인 행위와는 거리가 멀다. 왜냐하면 그들은 합리적 행위를 위한 충분한 정보를 가지고 있지 않기 때문이다.[역주 28] (물론, 이미 케인즈가 강조하였듯이, 그렇다고 해서 그들이 비합리적으로 행동하는 것은 아니다).[역주 29]

또, 칼레츠키와 민스키는 상호 보완적인 것임에도 주목하여야 한다. 칼레츠키의 모형에는 화폐나 금융이 수행하는 어떤 실질적인 역할은 없다. 그것은 그가 자본주의는 물물교환경제인 것처럼 분석할 수 있다고 믿었다는 것이 아니라, 단순히 그는 다른 문제, 즉 계급갈등의 문제에 보다 집중하는 것을 택하였다는 것이다. 칼레츠키는 독서광은 아니었고 민스키에 대하여 전혀 몰랐을 수도 있다. 그러나, 민스키가 '신용할당'의 주기적 변동성과 자산가격의 변동을 강조한 것은, 칼레츠키가 거시 경제분석상 타당한 투자함수를 특정함에 있어서 지속적으로 마주쳐야만 하였던 문제들을 해결하는데 유용하였을지도 모른다. 이러한 점은 민스키의 제자였던 요세프 슈타인들(Josef Steindl, 1990, pp. 139-48)이 이미 지적한 바 있다.

[역주 28] 이러한 정보의 부재에 추가하여, 본원적 불확실성은 자연 현상과 달리 인간들의 상호 작용과 인간이 가지고 있는 창조력(creativity)에 기인한다. "인간이 가지는 창조적인 능력은 체계직으로 그리고 예측할 수 없게 경제학자들이 분석하고자 하는 대상 자체를 새로 만들어 내고 변화시킨다. 즉, 경제와 그 경제를 운행하는 작동원리 자체를 변화시키는 것이다. … 이러한 인간의 본성 자체는 결국 '사전에' 알수 없는 것, 즉 불확실성을 사회와 경제의 부정할 수 없는 자명한 특성으로서 만들어 내는 것이다"(Müller-Kademann, Christian(2019) *Uncertainty and Economics A Paradigmatic Perspective*, Routledge p. 18).

[역주 29] 역주 12를 참고할 것

민스키의 이론에 대하여 보완될 점은 다음과 같다. 그의 금융 공여 의사 (financial commitments)에 대한 이론을 보완하기 위하여서는 금융 재원의 형성에 관한 이론을 필요로 한다. 자본가는 그의 활동으로 인하여 발생한 이윤의 형태로 소득을 얻고 있는데, 그 소득이 채권자에 대한 채무를 상환하기에 불충분한 경우에는 재정적 곤란에 접할 뿐이다. 칼레츠키의 이윤 형성에 관한 이론은 자본가가 활용할 수 있는 종합적인 재원에 대한 명확하고 일관성 있는 이론을 제공하고 있는데,[역주 30] 민스키 자신은 학문적으로 보았을 때 그의 생애의 상당히 늦은 시점에서야 이점에 대하여서는 인식하게 되었다. 총이윤은 투자와 자본가의 소비지출 합에 의하여 결정되므로, 자본가는 지출함으로써 자신들이 당면한 문제를 해결할 수 있다. 단, 이러한 자본가들의 행동은 개별 자본가들 혼자 만이 아니라, 자본가들이 전체로서 행동하여야만 가능하다. 거듭 말하지만, 투자 함수는, 포스트 케인지언 모형의 중요한 부분이다.

[역주 30]   이에 대하여서는 미시적 측면에서는 M. Kalecki 1937, *The Principle of Increasing Risk*, Economica, New Series, Vol. 4, No. 16(Nov.,1937), 440-447. 그리고 거시적인 측면에서는 M Kalecki. 1954 *Theory of Economic Dynamics-An Essay on Cyclical and Long-Run Changes in Capitalist Economy*, Routledge을 참고할 것.

2장 주

[역주 12] 동물적 본능과 합리성

애컬로프와 쉴러는 케인즈의 본원적 불확실성 하에서의 '동물적 본능'이 마치 비합리적이고 비경제적인 동기에 의존하는 것으로 혼동하고 있다는 것이다. 애컬로프와 쉴러는 그의 저서 《동물적 본능》에서 다음과 같이 언급하고 있다. 즉,

"만일 사람들이 완전히 합리적(rational)이라면, 그리고 그들이 전적으로 경제적 동기에 의하여서만 행위를 하는 경우에는, 우리 또한 정부는 금융시장들에 있어서 수행할 수 있는 역할이 거의 없다고 믿으며, 아마도 총 수요의 수준을 결정하는 것에 있어서도 그러할 것이다"(Akerlof, G.A., and Shiller, R.J. 2009. p. 173).

그런데 이것을 케인즈 자신의 목소리와 비교하여 보자.

"아마도 우리가 충분한 결과가 미래의 수일 후에 발생하는 어떠한 것을 하는 결정들은, '동물적 본능'의 결과로 취하여 지는 것이다. 즉, 비행위가 아닌 행위를 하고자 하는 자발적 충동에 의하는 것이며, 어떤 계량적인 확률과 계량적인 이익을 곱한 기대 값의 결과가 아닌 것이다. 기업가는 일견 솔직하고 성실한 것처럼 보여지는 사업 설명서에 기재되어 있는 내용들을 단지 실행하는 척하는 것에 불과하다. 그 사업에서 취할 수 있는 이득을 예상 함에 있어서는 마치 남극 탐험에서 얻을 수 있는 것을 예상함과 다를 바 없다. 따라서, 만약 '동물적 본능'이 빛을 바래고 '자발적인 낙관주의(the spontaneous optimism)'가 주춤거리고, 그리고 단지 수학적 기대 값에만 기업의 결정을 의존하는 순간, 기업은 시들고, 결국 사멸한다. 손실을 입을 공포감이 전에 가지고 있던 이유를 창출할 희망보다 더 이성적인 것은 물론 아님에도 불구하고 말이다."(Keynes, J.M. *The General Theory of Employment, Interest and Money*. London: Macmillan, 1936.161-162).

또한,

"이러한 사실로부터 우리는 모든 것이 비합리적인 심리에 의존한다고 결론을 내려서는 안된다. 그와는 달리, 우리가 가지는 장기적 기대는 종종 안정적인 것이며, 그렇지 않다고 하더라도 그것을 보완하는 다른 요소들이 개입된다. 단지 우리가 상기시키고자 하는 것은, 인간의 결정이라는 것은 그것이 개인적이건, 정치적이건 혹은 경제적이건 그러한 것과 무관하게 단순히 엄밀한 수학적 기대치에 의존하지는 않는다는 것이다. 왜냐하면 그러한 계산을 할 수 있는 그러한 기초는 존재하지 않기 때

문이다. 그리고 바퀴를 굴리는 것은 우리 내부에 존재하는 타고난 충동이며, 우리가 할 수 있는 가능한 한 최선의 선택지들 간에 선택을 하는 우리가 가진 합리적인 차아인데, 가끔 우리의 동기는 변덕이나, 기분이나, 혹은 우연에 의지하기도 하는 것이다"(162-163, 강조 추가).

케인즈에게 있어서는, '동물적 본능'과 '합리적 행동'이 이분법처럼 구별되는 것이 아니다(ibid. 219).

케인즈의 《확률론》에 있어서는 어떤 사태에 대한 계량화된 확률이라는 것이 존재하는 경우는 아주 드물다(일단 확률이 존재하지 않는 경우도 많고, 존재한다고 하더라도 그것을 알 수 없는 경우가 많고, 또, 알 수 있다고 하더라도 기대값을 구하기 위하여 필요한 것처럼 수치화되는 경우는 아주 드물고, 오히려 어떠한 조건하에서 서열 만을 정할 수 있는 경우가 다반사라는 것이다). 그러하다면 단순히 확률적인 기대값을 구할 수 없기에 다른 결정 방식을 택할 수 밖에 없는 것이 비이성적인 것은 절대로 아니며, 그렇기에 관습이나, 혹은 타인의 행동을 관찰하여 다수에 따르는 것 등은 철저히 합리적인 행위인 것이다. 만일 확률적인 기대 값에만 의존하여 결정을 하여야만 하는 경우라면 당연히 어떤 결정도 하지 못하는 경우가 많을 것이고, 따라서 '동물적 본능'은 시들게 된다는 것이다. 애컬로프와 쉴러는 이러한 측면에서 케인즈의 불확실성이 가지는 의미와, 동물적 본능의 의미를 철저히 곡해하고 있다. 그리고 그러한 이유에서 그 들의 책 제목인 '동물적 본능'은(그들의 의도와는 반대로) 케인즈와는 무관한 내용이다. 보다 자세한 논의는 Therese Jefferson & J. E. King(2010) *Can Post Keynesians make better use of behavioral economics?*, Journal of Post Keynesian Economics, 33:2, 211-234를 참조할 것.

[역주 13] 불확실성, 확신상태 그리고 논증의 무게

불확실성(Uncertainty)이라는 것은 주류 경제학에서 말하는 계량적 확률로 표현되는 위험(Risk)이 아니다. 불확실성은 확률 분포 자체가 존재하지 않거나, 혹은 존재한다고 하더라도 영원히 알 수 없는 경우를 지칭한다. 그런데 세상은 불확실성이 지배적으로 존재하며, 확률이 존재한다고 하더라도 단지 '서열'적으로 비교하여 어떤 사태가 확률이 높거나 낮다고 말할 수 있는 경우가 대부분이며, '수량'적으로 확률을 말할 수 있는 경우는 아주 적다고 보았다. 그렇다면 케인즈에 의하면 어떤 행동을 유발하는 것은 주류 경제학에서 말하듯 '합리적 인간'이 의존하는 계량적 확률은 아니다. 세상은 계량적 확률로 환원불가능한 본원적인 불확실성들로 가득 차 있기에, 그렇게 계량화하여 인간의 행동을 분석하는 것은 오류의 가능성이 크다.

케인즈에 따르자면 우리의 행위를 이끄는 것은 '확신 상태'(the state of confidence)인데, 그것은 확률과는 무관하며 판단을 위한 '증거의 크기'에 의존한다. 예를 들자면 두 종류의 다른 투자 A와 B에 있어 기대값과 분산이 각각 A($100, $5), B($50, $10)이라고 하자. 확률적으로 보자면 당연히 A가 좋아 보인다. 그런데, 만약 A는 5개의 과거 경험에 의하여 도출되었고, B는 100개의 경험에서 나온 결과라고 한다면, 어떤 것을 더 '신뢰'할 수 있는가. 케인즈는 이러한 '확신상태'를 지칭하기 위하여 '논증의 무게'(the weight of argument)라는 개념을 사용하였는데, 단순히 말한다면 위의 예에서 B는 A에 비하여 '논증의 무게'가 더 크기에 (즉, 증거가 더 많기에) 더 확신할 수 있다. 따라서 이 '논증의 무게'라는 것은 어떤 것의 확률이 더 좋아 보이는가라는 문제(즉, 위의 경우에는 A가 더 좋아 보인다)와는 다른 차원의 문제이다. 이러한 상태에서 확신을 높이고 행동을 유발하는 것은 (즉, 증거의 크기가 커질 수 있도록 하는 것들) '관습'이나, 타인의 행위의 모방이다. 보다 자세한 논의는 다음을 참고할 것: Keynes, J. M. (1921), *A Treatise on Probability*, Macmillan and Co., Runde, J. (1991), 'Keynesian Uncertainty and Stability of Beliefs.' *Review of Political Economy*, v.3., Crocco, Marco (2002), 'The concept of degrees of uncertainty in Keynes, Shackle, and Davidson,' *Nova Economia*, Economics Department, Universidade Federal de Minas Gerais (Brazil), vol. 12(2)., Dequech, David (1999), 'Expectations and Confidence under Uncertainty,' *Journal of Post Keynesian Economics*, Vol. 21, No. 3. Dequech, David (2003), 'Conventional and unconventional behavior under uncertainty,' *Journal of Post Keynesian Economics*, Vol. 26, No. 1 145., O'Donnell, R. M. (1989), *Keynes: Philosophy, Economics and Politics: The Philosophical Foundations of Keynes's Thought and their Influence on his Economics and Politics*, Palgrave Macmillan. O'Donnell, R. M. (2006), 'An overview of probability, expectations, uncertainty and rationality in Keynes's conceptual framework,' *Review of Political Economy*, 2:3, 253-266.

3. 포스트 케인지언 거시경제학이 아닌 거시 경제학들

3.1. 케인즈 이전의 거시경제학

존 메이너드 케인즈의 이름은 그와는 공통점이 거의 없는 이론가들에 의하여 너무도 많이 남용되어 왔다. 이러한 남용은 힉스(*J. R. Hicks*)나 돈 파틴킨(*Don Patinkin*)과 같은 소위 올드케인지언에게는 어느 정도 해당되는 이야기이고(특히 힉스 자신은 그의 생애의 마지막 순간에는 이를 인정하였다), 21세기의 소위 뉴케인지언의 경우는 그러한 남용은 더욱 심각하다. 케인즈 자신은, 세나 리카르도로부터 빅셀(*Wicksell*)이나 피구(*Pigou*)에 이르기까지의 한 세기 이상의 거시 경제학적 사고를 망라한 고전학파 경제학을 공격 목표로 하고 있는데 이에는 1830년 이전의 고전학파 정치 경제학이나 존 스튜어트 밀과 같은 중요한 중간 단계의 거두를 비롯하여, 1870년 이후의 신고전학파 이론도 포함되어 있었다. 케인즈가 이러한 자신 이전의 경제학자들의 저작 속에서 가장 강력하게 공격한 두 개의 명제는 '세의 법칙'과 '자연이자율'[역주 31]이라는 개념이었다. '세의 법칙'은 이미 제2장에서 언급한 바 있다. 이 '세의 법칙'은, 거시경제 문제의 원천이 무엇이든 간에 '총수요 부족'은 그 문제의 원천 중의 하나가 아니라는 강력한 '믿음'으로 정의하는 것이 가장 적절할 듯 하다. 즉, 개별 상품의 과잉생산은 있을 수 있어도 일반적인 과잉생산은 있을 수 없다. '세의 법칙'은 이처럼 '유효수요원리'를 주장한 케인즈와는 상호 배타적인 명제이다.

케인즈 이전의 경제학에서 '자연이자율(*natural rate of interest*)'은 '대부자금(*loanable funds*)'의 수요와 공급을 일치시키는 이자율로서, 완전고용 수준의 생산에서 저축과 투자를 같게 일치시키는 이자율이다. 고전학파 경제학자들

[역주 31]   자연이자율(자세한 내용은 본서 88 페이지 참고)

은 경기순환을 실제 이자율이 '자연이자율'로부터 벗어났기 때문에 초래된 결과로 설명하는 경우가 많았다. 즉, 그로 인하여 호황기에는 저축과 투자가 과도하고 불황기에는 미흡한 수준이라는 의미다.[역주 32] 케인즈의 저서 《고용, 이자, 화폐에 관한 일반이론》의 제목이 시사하 듯, 그는 이 문제를 중요하게 생각하였고 또한 기존의 '대부자금설'에서의 이자 이론이 실제로 얼마나 오류인지를 보여준다. 케인즈에 있어서 이자는 화폐의 수요와 공급에 의하여 결정된다. 또한 저축과 투자는 소득이 변함에 따라서 일치하게 되지 이자율에 의하여 균형을 달성하는 것은 아니다. 그리고 화폐에 대한 수요는 '유동성선호'의 결과라고 그는 주장하였다. 즉, '본원적 불확실성'이 지배하는 세계에서는 화폐 이외의 모든 자산의 가격은 예측 불가능하고,[역주 33] 따라서 사람들은 자신의 부를 가장 안전한 수단, 즉 화폐로서 보관하고자 하는 욕구가 있다는 것이다.

《일반이론》의 서문에서 케인즈는 다음과 같이 언급하고 있다. "본서를 저술하는 것은 우리 생각의 모든 구석까지 침투하여 있는 습관적인 사고와 표현의 양식으로부터 탈출하기 위한 본인의 지난한 투쟁이었는데, 이는 우리처럼 자라온 모두에게 적용되는 것이다"(Keynes 1936, p viii). 그가 스스로 고전학파

[역주 32] 이러한 논리는 위의 역주 31에서 언급한 빅셀에 그 기원이 있다.

[역주 33] 흔히들 단순히 '유동성'을 언제든지 원하면 화폐로 교환할 수 있는 성질로 오해한다. 그런데 그러한 성격은 '태환성(*convertibility*)'이지 '유동성'이 아니다. '유동성'은 매각하려 할 때 가격 위험이 작아야만 하는 성질이 추가되어야만 한다. 따라서 정부가 발행하는 영구채는 이자율변화에 따른 가격변동의 위험이 크기 때문에 언제든지 화폐와 교환 가능한 '태환성'은 있지만 '유동성'은 작다. 이에 대한 자세한 논의는 다음을 참고할 것. M. G. Hayes 2018 *The Liquidity of Money*, Cambridge Journal of Economics 2018.

의 거시경제학으로부터 근본적으로 단절한 것은 의심의 여지가 없으며, 그로부터 약 11년 후, 토머스 쿤(Thomas Kuhn)의 저서《과학 혁명의 구조》(Structure of Scientific Revolutions)의 출판 훨씬 이전에, 케인즈의 미국인 제자인 로렌스 클라인(Lawrence Klein)은《케인즈혁명》(The Keynesian Revolution)(Klein 1947)이라는 책을 출판하였다.

3.2. 올드케인지언 거시경제학

그러나《일반이론》의 메시지에 끌렸던 사람들 중에는《일반이론》이 주장하는 과거와의 이러한 근본적인 단절의 필요성에 대하여서는 공감하지 않는 사람도 있었다. 그 대신 케인즈의 통찰은 1936년 이전의 교조적인 이론들과 화해할 수 있다고 주장하면서 신고전학파종합(neoclassical synthesis)(또는 신고전학파-케인지언 종합(neoclassical-Keynesian synthesis))으로 알려지게 된 경제이론을 구축하였는데, 현재 그들의 이론은 올드케인지언(Old Keynesian) 경제학이라고 불리우고 있다. 그런데 이러한 후자의 해석은 1950년대 중반까지 케인즈의 지지자나 반대자를 포함하여 모든 이에게 있어서 일반적으로 케인즈 사상의 올바른 해석으로 간주되었다. 그러나, 포스트 케인지언들 간의 의견이 일치하는 점은 이러한 올드케인지언이 주장하는 주요한 근거들은 옳지 않다는 것이다. 본 장에서 후술하는 것처럼, 실제 미국의 포스트 케인지언 경제학은 이러한 구 신고전학파종합(the Old Neoclassical Synthesis)에 대한 비판으로부터 탄생한 것이다.

이러한 올드케인지언 거시경제학의 첫 번째 구성요소는 소위 'IS-LM 모형'이다. 이것은 어느 한 사람의 작품이 아닌 여러 사람이 생각하여 낸 것이며, 또한 케인즈도 인정하였던 것으로 생각된다(King 2002, p. 31). 하지만 이 모형에는 매우 심각한 문제가 있다. 첫째, 이 모형은 변수를 잘못 다루고 있다. 교과서에 잘 알려진 IS-LM의 모형은 이자를 수직축, 그리고 산출을 수평축으로 하여 그려져 있는데, 사실 올바른 표현은 인플레이션과 고용이 되어야 한다. 둘째, IS곡선이 이자율에 대하여 탄력적이지 못하고 더욱이 그 위치도 매우 불안정하다고 믿기에는 충분한 이유가 있다. 왜냐하면 투자는 이자율이라는 변수에 의존하기 보다는 이윤에 대한 '기대'(따라서 '동물적 본능(animal spirits)')에 절대적으로 의존하고 있으며 이러한 '기대'가 변할 때마다 그 곡선은 현저하게 변화될 수 밖에 없기 때문이다. 셋째, 제2장에서 본 것처럼 통화량은 내생적이다. 이는 통화량은 신용에 대한 수요에 의하여 결정되며 따라서 LM곡선은 수직이 아닌 수평이다. 이러한 이유로 IS-LM이라는 개념은 사람들을 깨우쳐 주는 것이라기보다는 오히려 혼동으로 빠뜨리는 원인이 되고 있다.

올드케인지언 거시경제학의 두 번째 요소는 교과서에 빠짐없이 등장하는 소위 '솔로우(Solow) 성장 모형'(더 정확하게는 '솔로우-스완(Solow-Swan) 성장 모형')이다. 그런데 이 개념은 포스트 케인지언들에 의하여 몇 가지 이유로 철저히 부정되고 있다. 첫째, 이 모형들은 소위 '장기'라는 것을 '세의 법칙'이 항상 적용되고 노동과 자본시장은 항상 완전 고용상태인 일종의 마법의 왕국으로 간주하고 있으며, 따라서 '유효수요원리'는 적용되지 않는 것으로 간주한 것이다. 이에 대하여 포스트 케인지언들은 강력한 이의를 제기한다. 또한, 포스트 케인지언들은 칼레츠키가 언급한 것처럼 장기라는 것은 존재하지 않으며, 존재하는 것은 단기의 계속적인 연속이라는 견해를 가지고 있다. 둘째, 이들은 솔로우의 성장모형에 의존하고 있는 신고전학파의 자본이라는 개념은 내적 모순성을 가지고 있으며, 특히 하인츠 쿠어츠(Heinz Kurz)가 지적하였듯이 자본과 노동의 대체에 관한 '단조성(monotonic fallacy)[역주 34]'의 오류를 가지고 있다고 주

[역주 34] 단조성이라는 것은 변수간의 함수의 값이 변수간의 순서를 보존하는 함수이

장한다.[역주 35] 스라파에 의하여 증명된 바와 같이, 이윤율에 대한 실질임금의 비율이 증가할 때 '즉 임금이 상대적으로 비싸지는 경우' 솔로우 모형이 요구하는 것처럼 노동-자본비율이 항상 감소한다고 '즉, 자본을 더 사용하고 노동의 사용을 줄인다는' 명제를 믿을만한 어떤 정당한 이유는 없다. 이것은, 1960년대에 벌어진 길고 신랄하였던 자본이론에 관한 소위 케임브리지 자본논쟁(*Cambridge controversies*)의 과정에서 증명되었다(Harcourt 1972).[역주 36] 마지막으로 기술적 변화도 '내생적(*endogenous*)'이며, 이는 수요 변화에 의하여 영향을 받는다고 생각할만한 충분한 이유가 있다. 제6장에서 볼 수 있듯이 이러한 기술적 변화의 '내생성(*endogeneity*)'은 포스트 케인지언 성장이론의 중요한 부분이다. 이러한 논의들은 '세의 법칙'을 역전시킨다. 즉, 오히려 수요가 그 자체로 공급을 창출하고, 반면 수요의 부족은 공급의 저해를 가져온다는 것이 충분한 이유가 있다. 이러한 논의들은 '누적적 인과성(*cumulative causation*)',[역주 37]

다. 즉, $x \geq y \Rightarrow f(x) \geq f(y)$이고, $x \leq y \Rightarrow f(x) \leq f(y)$가 성립하는 함수이다.

[역주 35] 이는 소위 임금-이자 비율이 상승하면, 자본의 투입이 늘고 노동이 항상 줄어드는 것이 아니라, 어느 순간에는 반대로 자본이 투입이 줄고 노동의 투입이 증가하는 역전 현상이 나타날 수 있다는 것인데, 이에 대한 자세한 논의는 본서 90 페이지의 자본논쟁에 관한 논의 중, Avi J. Cohen and G. C. Harcourt(2003) *Retrospectives: Whatever Happened to the Cambridge Capital Theory Controversies?* Journal of Economic Perspectives—Volume 17, Number 1—Winter 2003를 참고할 것.

[역주 36] **자본, 자본논쟁**(자세한 내용은 본서 90 페이지 참고)

[역주 37] '누적적 인과성'이라는 것은 시장이 움직이는 방식에 대한 한가지의 가설인데, 시장에는 단순히 정태적인 균형이 존재하고 그 균형을 이탈하면 다시 그 균형으로 돌아오는 식의 안정성을 가지는 것이 아니라, 어떠한 변화가 생겼을 때, 그 변화는 다른 요소와 지속적인 상호관계속에 서로 영향을 주고, 그 초기 변화로 인하여 어떤 한 방향

'경로의존성(path dependence)',[역주 38] 그리고 '이력성(hysteresis)'[역주 39]과 같은 개념들과 관련이 있다.

올드케인지언 경제학의 세 번째이자 마지막 핵심 구성요소는 '필립스곡선(the Phillips Curve)'이다. 이는 임금 인플레이션율과 노동시장의 수요 부족으로 경제가 움직이게 되는 경우, 그로 인하여 다른 요소들도 영향을 받아서 변화하게 되면서 최초의 출발점으로부터 경제를 계속 멀어지게 하고 그러한 움직임이 지속적으로 누적이 되는 성향이 있다는 것이다. 이것은 뮈르달(Myrdal)이 1956년 불균형 성장을 분석하면서 핵심적인 개념으로서 언급하였던 '순환적 누적적 인과성(principle of circular and cumulative causation; CCC)'에서 유래하는 개념이다. 뮈르달은 이러한 개념을 그가 UN에 재직하고 있을 무렵 칼도와 같이 개발하였는데, 뮈르달은 이 개념을 주로 사회 제도적 관계에 적용시켰다. 즉, 어떠한 한 제도의 변화는 연속적으로 다른 사회 제도의 변화를 유발하게 되고, 이러한 변화는 결국 다시 처음의 요소에 변화를 유발하는 일종의 나선형적인 누적적 순환을 보여준다는 것이다. 반면 칼도는 이 개념을 제조업에서의 수요 공급 관계에 적용시켰다. 이 개념은 사실 알린 영(Allyn Young)이 이미 1928년에 발표 하였던 '규모의 경제'에 대한 중요한 논문에서 이미 맹아적인 형태를 찾아 볼 수 있다(Young, A. 1928. *Increasing returns and economic progress*. Economic Journal 38: 527-542).

[역주 38] '경로의존성'이라는 것은 모든 것에 있어서는 선행의 역사가 중요하다는 명제이다. 즉 다양한 종류의 우연한 선택들은 결국 장기적인 결과를 가져온다. 흔한 사례는 QWERTY로 대표되는 현재의 키보드인데, 이렇게 불편한 키보드의 배열은 어떤 우연적인 결정의 결과이고, 한번 결정이 되는 경우 그러한 방식으로 비효율성이 고착이 되고 표준이 되는 것이 좋은 예이다(David, P. 1985. *Clio and the economics of QWERTY*. American Economic Review 75: 332-337).

[역주 39] 과거가 현재 상태에 영향을 주는 현상이다. 이를 '경로의존성(path dependency)'라고도 부른다. 사실 일반적인 경제 현상은 물리학에서의 운동처럼 조건이 입력되면 답이 나오는 형태가 아니라, 그 이전의 역사적 문화적 배경에 깊게 의존적일 수 밖에 없는 것이다. 케인즈는 '관습(convention)'이 가지는 중요성을 강조하였다.

정도의 지표인 실업률 간의 상관관계로 측정된다. 임금 인플레이션율과 실업률의 관계가 충분히 안정적이라면 '필립스곡선'은 정책적 선택을 위한 메뉴판으로 간주될 수 있고, 또한 새뮤얼슨과 솔로우가 공동으로 발표한 영향력 있는 논문(1960)에서 보여주듯이, 정부 정책에 대한 거시경제 예산상의 제약조건과 같은 것으로 취급될 수 있다. 그러나 포스트 케인지언은 이러한 류의 협의의 경제적 분석을 거부하고, 인플레이션을 설명하기 위하여서는 단순한 실업률보다는 정치적 영향력, 노동시장 제도, (특히) 노동자와 자본가 계급간의 힘의 균형 등의 요소들이 오히려 화폐 임금과 물가 상승률을 결정함에 있어서 훨씬 중요하다는, 일종의 '다학제적(多學際的 multi-disciplinary)' 내지는 정치경제학적 접근을 지지한다(Arestis 1992, chapter7; Forder 2014).

3.3. 통화주의

포스트 케인지언은 1960년대 후반부터 1970년대 초반에 걸친 인플레이션의 가속과 스태그플레이션의 출현에 기인하여 그 영향력이 크게 증대된 통화주의자들과 대립하게 되었다. 포스트 케인지언들은 이 시기에 '필립스곡선'이 보여준 불안정성에 대하여 통화주의자들이 느끼는 이상으로 놀라지는 않았다. 그러나 지금까지 본 것처럼 포스트 케인지언들은 그것을 전혀 다르게 설명하는데, '인플레이션 기대 심리'의 상승보다 소득분배를 둘러싼 사회적 갈등이 인플레이션 확대에 더 중요한 영향을 미치고 있음을 강조하면서, 통화주의가 '유효수요원리'을 부정하고 있음에 대하여 무엇보다 비판을 하였던 것이다.

통화주의자에 대한 가장 지속적이고 체계적인 공격은 칼도(Nicholas Kaldor)에 의하여 시도되었다(King 2009, 제7장). 칼도는 제일 먼저 밀튼 프리드만이 케인즈 이전의 거시경제학의 두 가지 교리, 즉 '화폐의 중립성'과 '고전학파적 이분법'을 부활시킨 것에 이의를 제기하였다. 통화주의자에게 있어서는 '화폐적인 것'(화폐 생산량, 물가수준, 화폐임금 수준)을 결정하는 중요한 것은 오로지 화폐 만이며, 재정정책이나 노동조합의 행동과 같은 '기타' 요소는 전혀 중요하지 않다. 역으로 말하자면 화폐는 실물경제(산출 및 고용)에 영향을 줄 수 없다. 만약 영향을 준다면 일시적이라는 것이다. 반면, 칼도는 화폐는 중립이 아니며, '고전학파적 이분법'은 오류이고 '화폐수량설'은 성립되지 않는다는 것을 주장하였다. 이에 칼도는 본서 제2장에서 언급한 썰월이 정리한 포스트케인즈 거시경제학의 제5원칙을 주장하는 최전방의 투사가 되었다. 그는 '화폐 수량 방정식'인 $MV=PT$에서 인과관계는(밀턴 프리드만의 주장처럼) 왼쪽에서 오른쪽이 아니라 주로 오른쪽에서 왼쪽으로 흐른다고 주장하였다. 또한 '유통속도'인 V는 일정하지 않고 가변적이다.

칼도의 논의에는 중요한 방법론적 측면이 있는데, 그것은 화폐론이 역사적으로 갖는 특성과 관련이 있다. 통화주의자들은 상품화폐에서 신용화폐로 이행하는 것의 시사하는 바를 인식하지 못하고 있었다. 금이나 은과는 달리 "신용화폐는 생산의 측면에서 보았을 때, 생산비는 0에 수렴하기 때문에, 일반 상품에서 볼 수 있는 공급함수라는 것은 존재하지 않는다. 신용화폐는 은행이 대출을 일으킴으로써 생성되고, 대출을 상환함으로써 소멸된다"(Kaldor 1982, p. 15). 따라서 인플레이션이 '화폐의 과잉공급'에 의하여 일어나고 있다고 주장하는 것은 아무 의미가 없다. 즉, 신용화폐 체제에서는 과잉 화폐 공급이라는 것은 있을 수 없다. 신용화폐의 양은 내생적으로 결정되는 것, 즉, 대출 수요에 따라 결정된다. 이러한 논의의 보다 상세한 버전은, 곧바로 빅토리아 칙(1992년, 제12장)에 의하여 개진되었다. 그녀는 은행 체제의 발전과 상품화폐의 쇠퇴에 관하여 최소한 5개 이상의 단계를 상정하였고, 그 단계별 저축, 투자, 이자의 이론이 가지는 함의를 설명하였던 것이다.

칼도의(외부적으로 결정된 이자율에 대하여 무한히 탄력적인-역자) 수평적인 화폐 공급 곡선은 통화주의자가 상정하였던(화폐공급이 외생적으로 결정된다는-역자) 수직적인 화폐 공급 곡선과는 대조되며, 매우 효과적인 수사적 설득 수단이 되었다(단, 칼도는 어떠한 화폐공급 곡선 자체를 '원칙적으로는' 부정하였다). 이러한 '수평론자(*horizontalists*)'와 '수직론자(*verticalists*)' 간의 논쟁은 화폐 정책상 두 가지 중요한 부분에 있어서 의견의 불일치에 기인한다. 참고로 이 '수평론자' 및 '수직론자'라는 명칭은 베이슬 무어(Basil Moore)가 1988년에 집필한 내생적 화폐에 관한 영향력 있는 저서에서 등장한다. 첫째 불일치는 정책의 수단(*policy instrument*)이 가지는 성질에 관한 것인데 비교적 그 다음의 문제보다는 덜 중요한 문제이기는 하다. 통화주의자에게 있어서 정책 수단은 통화량인데, 실질 생산의 성장률의 경향에 따라서 그 성장률과 같은 일정한 속도로 증가하도록 통제되어야 한다는 것이다. 반면, 포스트 케인지언에게 있어서 통화량은 '내생적'(따라서 수요 결정적)이기 때문에 당국이 통제할 수 없다. 또한 후자의 견해에 의하면 화폐의 '유통속도' V 도 매우 가변적이기에 결국 M과 MV 양자 모두 효과적으로 제어할 수 없다. 따라서 남는 유일한 정책 수단은 이자율이 된다. 통화주의자의 생각이 마가릿 대처 수상과 레이건 정부의 거시경제정책을 지배하고 있던 1980년대의 경험에서 보자면 결국 포스트 케인지언의 주장이 옳았음이 증명된다. 두 번째로 중요한 불일치는 긴축 통화정책을 둘러싼 효과에 관한 것인데, 이것은 첫 번째 불일치에 비하여 훨씬 중요한 문제라고 할 수 있다. 그런데, 칼도는 이점에 있어서도 충분히 옳았다. 즉, 긴축 통화정책으로 말미암은 1980년대의 고이자율은(재정정책상의 대폭적인 긴축으로의 전환과 더불어) 실질 생산의 현저한 감소와 동시에 실업률의 대폭적인 상승을 가져왔다(다만 인플레이션율은 그저 완만히 저하된 수준에 머물렀다). 이는 '고전학파적 이분법'이 완전히 잘못되었음을 경험적으로 증명하였던 것이다.

3.4. 뉴고전학파 경제학

사실 통화주의의 분석적 기초는 비교적 빈약하다. 밀튼 프리드만은 위대한 이론가라고는 절대로 볼 수 없다. 그는 어떤 개인 의사결정에 대한 정교한 모형보다는 단지 화폐의 '유통속도'의 고정성과 그 결과로서의 화폐 수요의 안정성에 대한 경험적 증거에 보다 더 의존하고 있었다. 그의 생각을 정리한 가장 빈번하게 인용되는 요약에서는 '일반균형이론'상의 왈라스 방정식이 한 차례 언급되어 있음에도 불구하고(Friedman 1968, p. 8), 그는 '일반균형이론'에 근거한 모형화에는 그다지 큰 관심이 없었다. 실제로 밀튼 프리드만은 거시경제학의 엄밀한 '미시적 기초'를 수립하는 바에는 큰 관심을 보이지 않았다(그리고 케인즈처럼 그는 경제학을 '아래에서부터가 아닌(*bottom-up*) '위에서부터(*top down*)' 수립하는 것을 선호한다고 인정한 바가 있다). 이는 그가 인플레이션에 대한 기대심리라는 것은 기본적으로 사람들이 과거의 경험을 통하여 '적응(*adaptive*)'하는 성질의 것이며, 과거 자신이 예상하였던 바와 실제와의 차이에 근거하는 것임을 주장함에서 명백히 드러난다.[역주 40] 그의 '기대'라는 개념은 경제주체들의

[역주 40] 적응적 기대라는 것은 경제주체들이 기대를 형성하는 방법에 대한 한가지 가정이다. 예를 들자면, 우리는 매년 인플레이션율이 대체로 3%로 생각하여 왔다고 가정하자. 그래서 작년 초에도 년말까지 인플레이션을 3%로 추측하였는데 실제로는 어떤 이유에서 5%였다고 하자. 이때 2%의 추측 오차가 발생하였다. 그렇다면 금년의 경우 인플레이션 기대치는 통상적인 3% 예상치에, 작년 추측 오차 2%의 일정 부분을 반영한다는 것이다. 100% 모두 반영하는 경우는 5%이며, 전혀 반영하지 않는 경우는 그대로 3%가 되는 것이다. 이러한 방식의 기대 형성 과정을 '가정'하는 것은 경제주체들이 가지는 미래지향적인 생각들을 전혀 반영하지는 않는 것인데, 반면 미래 지향적인 면을 '비상식적'인 수준까지 비약시켜서 인간은 모든 정보를 다 반영하여 컴퓨터적인 지능과 계산 능력을 동원하여 합리적으로 결정한다는 것이 소위 합리적기대가설이다. 이러한 일련의

합리적이고 극대화하는 행위에서 도출되었던 것은 아니었다.

하지만 그의 다음 세대 통화주의자는 크게 달랐다. 로버트 루카스(Robert Lucas)와 그의 동료들은, 거시경제 이론은 밀튼 프리드만식의 '적응적 기대가설'에서 묘사되어 있는 지속적이고 체계적으로 오류를 범하는 경제주체가 아닌, 전 생애에 걸친 효용을 극대화하는 소위 RARE라는 특성을 가진, '합리적 기대'를 가진 '대표적 경제주체'를 상정하는 '일반균형이론' 모형에 기초하여야만 한다고 주장하였다. 그 결과로 형성된 뉴고전학파 이론은 몇 가지 매우 특징적이고 논쟁의 대상이 되는 주장을 담고 있었다(Vercelli 1991). 첫째, 금융시장은 항상 효율적이며 경제주체는 이용 가능한 모든 정보를 이용하고 있다는 점에서 결코 체계적인 오류를 범하지 않는다. 둘째, 경기 순환이라는 것은 효용을 극대화하는 개인들이 실물(real) 충격에 대응하여 균형에 회귀하는 과정에서 발생하며, 따라서 결코 비자발적 실업은 없다. 세 번째로, 경제주체는, 만일 현재 정부의 재정 적자가 발생하면, 분명히 미래에는 증세를 할 것이라고 확실히 예지하고, 그에 따라 소비 지출을 조정하므로, 재정 정책의 실효성은 없다. 이를 '리카르도의 등가정리(Ricardian equivalence)'라고 하는데, 실제로 리카르도 자신은 믿지 않았음에도 불구하고 뉴고전학파 경제학에서는 리카르도라는 딱지를 붙여서 이용하고 있는 것에 불과하다.

포스트 케인지언은 뉴고전학파 이론의 모든 측면을 처음부터 비판하였다. 폴 데이빗슨은 제임스 토빈(James Tobin) 같은 올드케인지언들이 루카스가

가설들은 케인즈가 말한 '본원적 불확실성'에 대한 고려는 전혀 하지 않고 세상의 모든 사태들은 '계량화'된 확률적 분포를 따른다고 가정한다. 하지만 케인즈가 강조하였듯이, 세상의 사태들 중, 계량화된 확률 분포로 표현될 수 있는 사태들은 전체 중 아주 소수에 불과하다.

채택한 비현실적인 가정, 즉 모든 시장이 동시에 청산된다는 가정과, 존재하는 한 모든 시간대에 걸쳐서 위험을 헷지하기 위한 선물시장이 존재한다는 가정에 대하여 반론을 제기한 것은 잘 알고 있었다. 하지만, 데이빗슨의 반론은 이보다 더 근원적이었다. 뉴고전학파의 '합리적 기대' 모형은 경제 세계가 '에르고드성'을 가지고 있다는 가정에 의존하고 있었다. 케인즈의 '불확실성'에 의하여 특징지어지는 '비(非)에르고드적' 세계에서는, 아무리 경제주체가 합리적인 의사결정을 한다고 하더라도 시간의 흐름에 따라서 체계적 오류를 범하기 마련이다. 그러한 세계에서는 "현재에 살고 있는 사람들이 미래에 존재하는 객관적인 확률 분포함수를 과거의 경험에 의하여 알아낼 수 있는 것은 불가능하며, 단지 그들이 알 수 있는 바는 그러한 미래의 확률 분포 함수가 과거나 현재의 그것과는 상이하다는 점 뿐이다"(Davidson 1982-83, p. 186). '비(非)에르고드성'의 세계에서는 화폐는 '불확실성'에 대비하기 위하여 필요하며, 이러한 측면은 '고전학파적 이분법'과 '화폐의 중립성'을 반박하기에 충분하다.

3.5. 뉴케인지언 거시경제학

뉴케인즈언경제학은 위의 뉴고전학파 이론의 비판으로부터 탄생하게 되었는데, 그들이 비판하는 가장 중요한 쟁점은 뉴고전학파의 가정 상 어떤 외부 충격이 있을 때 경제가 반응하여 급속히 균형으로 돌아온다는 것이었다.

그러한 가정 대신 뉴케인지언은 상품과 (특히) 노동시장에는 불완전성이 널리 존재한다는 점을 지적하며 임금과 가격 조정은 단지 천천히 이뤄지며 따라서 균형이 연속적으로 달성된다고 가정할 수 없다고 밝혔다. 이러한 상황에서는 노동자와 기업들은 모두 가격에 의한 조정보다는 수량에 의한 조정을 선호하게 되고 그것이 바로 합리적 행위임을 의미한다. 노동 조합화된 노동시장에서의 단체 협약은 기업이 협약 기간 중에는 임금을 내릴 수 없다고 항상 규정하고 있고, 단지 시장 상황이 악화될 경우만 해고를 허용하고 있었다. 이러한 관행은 화폐 임금 수준을 현저히 경직적이도록 만들었다. 뉴케인지언들은, 심지어 노동조합이 없더라도 화폐 임금 삭감은 직원들의 사기에 영향을 미치고 생산성을 저하시킬 수 있기에, 고용주 자신들도 현재 고용되어 있는 노동자들에게 임금 삭감을 수용하지 않으면 외부의 저렴한 노동력으로 대체하겠다는 등의 협박에 의하여 강제적으로 임금 삭감을 종용하는 것에 대하여 부담을 느낀다는 것이다. 따라서 소위 생산당 노동자 비용을 최소화하는 '효율임금(efficiency wages)'[역주 41]은 노동 조합의 간섭이 없어도 하향으로 '경직적'인 경향이 있다.

마찬가지로 뉴케인지언은 상품 시장이 완전히 경쟁적인 경우는 드물다고 주장하였다. 독점적 경쟁아래에서는, 공급자와 고객과의 사이의 안정된 장기적인 관계의 중요성을 반영하여 가격의 경직성이 생기는 것이라고 그들은 주장한다. 게다가 가격표를 빈번히 상향시키지 못하게 하는 현저한 '메뉴 비용(menu costs)'[역주 42]이 존재하며, 마지막으로 대출자와 차입자 간에 서로 가지는 정보가 비대칭적이기 때문에 자본시장은 청산되지 못하고 '신용할당(credit rationing)'이 폭넓게 존재한다는 점을 주장하고 있다.[역주 43]

이러한 사고가 뉴케인지언 이론의 가장 근본적인 원칙이며, 이는 종종 '불완전주의(imperfectionism)'라고 불려진다. 하지만, 포스트 케인지언은 이러한 이론이 '유효수요원리'와는 부합하지 않는다고 비판한다. 즉, 임금 하락과

[역주 41] '효율임금이론(Efficiency wage theory)'은 생산성은 근로자의 임금의 크기에 의하여 결정된다는 이론이다.
[역주 42] 경제학 용어로서, 기업이 가격을 변경할 때 수반되는 각종 비용.
[역주 43] 역주 96 참조.

가격조정이 '유연성'을 가지고 있다고 하더라도 그것들이 완전고용을 확립하고 유지하기에 충분하지 않다는 것이다. 실제로 포스트 케인지언은 디플레이션은(가격하락이나 임금하락 등을 통한-역자) '비자발적 실업'을 해소하기 위한 방안은 아니라고 본다. 케인즈가《일반이론》의 제19장에서 길게 논하였 듯이 안정된 물가와 화폐임금 수준을 유지하는 것은 충분한 이유가 있었다. 디플레이션은 적어도 다음의 세 가지 이유에서 매우 위험한 생각이라고 케인즈는 생각했다. 첫째, 물가가 계속 인하할 것을 소비자가 예상하면, 소비자는 지출을 미루게 될 것이고 따라서 '유효수요'를 감소시켜 버리기 때문이다. 둘째, 화폐금액으로 고정되어 있는 부채의 실질적 부담이 커짐으로써 금융기관의 취약성이 증가하고(금융이 제약됨으로써-역자) 따라서 기업들의 투자가 줄게 된다. 마지막으로 화폐 이자율이 마이너스가 되는 것은 불가능하기 때문에, 물가수준이 저하되면 실질이자율을 상승시켜 소비와 투자수요 모두에 부정적인 영향을 주게 된다(Keynes 1936, pp. 257-71). 1990년 이후의 일본의 경험은 매우 완만한 디플레이션이 진행되는 경우 발생되는 모든 위험성에 대한 경고의 사례이다.

이와 같이, 포스트 케인지언은, 뉴케인지언의 이론은 대부분이 새로운 것도 아니고 케인즈의 것도 아니라고 비판하고 있다(Cornwall 2012; Davidson 2011, 11장). 임금과 노동 생산성 사이에 정(正)의 상관관계가 있다는 것은 수십 년 전부터(몇 세기에 걸쳐 있지 않더라도) 주목되어 왔으며, 고용주에 의한 임금 책정의 공평성 여부가 가지는 중요성은 케인즈 이전의 힉스(1932)와 같은 신고전학파의 이론가들도 인식하고 있었던 바이다. 케인즈 자신은, '비자발적 실업'이 노동 시장의 불완전성의 결과임을 부정하고 있었다.

실제로 포스트 케인지언의 뉴케인지언이론에 대한 근본적인 비판은 다음과 같다. 즉, 후자는 경쟁이 철저히 지배하는 노동시장이나 생산물시장에서는 '유효수요원리'가 적용되지 않으며, 임금과 물가는 하방경직성이 있다고 주장하지만, 이 같은 뉴케인지언의 이론은 틀렸다는 것이다. 사실상 뉴케인지언들은 뉴고전학파 경제학의 공리들을 일반적인 것으로 간주하고, 또한 그것들을 분석상의 출발점으로 받아들이고 있으며, 단지 그 경험적 타당성에만 의문을 던지고 있을 뿐이다. 이러한 잘못된 전제에서 도출되는 정책적 처방 또한 완전히 반 케인지언적인 것인데, 그들은 상품시장, (특히) 노동시장에서의 보다 큰 '유연성(flexibility)', 변동환율제도, 정부 규모의 축소 등이 필요하다는 점에 초점을 맞추고 있다.

뉴케인지언의 결함은 그들의 화폐이론에 대한 접근에서 특히 현저하게 보여지는데, 그것들은 단지 "오래된 '고전학파적 이분법'에 새 옷만을 갈아 입혔을 뿐이다"(Rogers 2013, p. 168). 이는 일반 균형 모형을 기반으로 하는데, 그 이론상에서는 화폐의 기능은 모두 왈라스의 경매인에 의하여 수행되고 있기 때문에 화폐는 실제 아무런 역할이 없다는 것이다. 사실상 뉴케인지언은 '완전한 금융시장(complete financial markets)'을 전제로 한 '에르고드성'의 세계를 상정하고 있는데(Woodford 2003, p. 64), 이는 미래의 모든 사태에 대하여 보험을 가입하는 것이 가능하며, 동시에 그러한 보험계약의 제공자가 그러한 약속을 불이행하는 경우는 없다고 가정하고 있다. 저명한 자칭 뉴케인지언인 조셉 스티글리츠(Joseph Stiglitz)는 이러한 가정들이 사실 너무 과도한 상정이라고 생각하는데, 그는 디플레이션이 위험성, 금융의 취약성과 싸우는 것이 가지는 중요성을 주장하고 있다(Stiglitz 2010, pp. 260-1). 하지만 스티글리츠는 단지 주먹 만을 휘두르는 시늉만 하고 있는 셈인데, 루카스나 기타 뉴고전학파 이론가에 대한 뚜렷한 비판도 하지 않고 또한 하이만 민스키에 대하여서는 전혀 모르는 것처럼 보인다.

3.6. 뉴신고전학파종합

뉴신고전학파종합은 세 가지의 차원에서 진행되고 있다. 첫째로, 학부 교육과정에서 볼 때는, 단순히 세 개로 이루어진 방정식 모형이, 구 신고전학파종합의 낡은 *IS-LM* 모형을 대체하였다. 이 세 개의 방정식은 다음과 같다. 처음의 방정식은 총수요곡선으로서 실질생산은 이자율 상승과 역의 관계를 가지는 함수로 표현되어 있다. 이는 과거의 *IS*곡선을 약간 수정한 것에 불과하다. 두 번째 방정식은 하방 기울기를 가진 단기 '필립스곡선'인데, '산출갭(*output gap*)'이 줄어들면 인플레이션율은 증가하는 함수로 표현된다(그 '산출갭' 자체는 실업률이 줄어들면 작아지며 양자는 밀접한 정의 관계에 있다). 이 방정식의 체계가 새로운 점은 세 번째 방정식에 있다. 이는 기존의 *LM*곡선을 대체하며, 단기 실질이자율을 중앙은행의 '기대 인플레이션율'과 정의 관계를 가지는 함수로 표시하는데, 이것이 소위 금융정책의 '테일러 준칙(*Taylor rule*)'[역주 44]이다.

포스트 케인지언의 입장에서 볼 때 이 세 번째 방정식은 어느 정도 수긍할 수는 있는데, 이는 화폐는 '내생적'이며 금융당국은 통화량이 아니라 이자율을 통제할 수 있다는 포스트 케인지언들의 주장이 어느 정도 수용되어 있기 때문이다. 이는 또한 거시경제이론은 특수한 역사적이고도 사회적 환경을 고

[역주 44] 미국 경제학자 테일러가 주장한, 미국 연방준비이사회가 단기 명목이자율을 결정하는 방식 중의 하나로서, 이는 다음의 방정식으로 표현된다. 즉, 단기명목이자율목표치 = 인플레이션율 + 실질이자율 추정치 + α(현재 인플레이션과 목표 인플레이션과의 차이 중의 일정 부분) + β(로그로 표현된 현재 실질 GDP와 잠재 GDP의 차이). 이는 단기명목이자율을 결국 인플레이션을 반영하여 결정하는 것을 의미하는데, 인플레이션이 높을 경우에는 이자율을 높이는 긴축정책을 사용하는 것을 권장한다. 대체로 말하자면, 1% 인플레이션 추가 상승시에는 명목이자율을 1% 이상을 높일 것을 권고하고 있다. 만약 그 이하로 이자율을 인상하면 인플레이션이 증가할 것이라는 것이다.

려하여야만 한다는 포스트 케인지언의 중요한 방법론적인 원칙을 비의도적으로나마 인정한 셈이 된다. 즉, '테일러 준칙'은 중앙은행 관료들이 통화주의자적인 환상에서 탈피하고, 1980년대에 그들의 독립성을 다시 주장하기 전까지는 생각할 수 없는 것이었기 때문이다. 하지만 그럼에도 불구하고, 포스트 케인지언들은 위에 열거된 어떠한 함수들도 시간과 공간에 따라 안정적일 수 없다는 점을 지적하고 있으며, 이러한 주류 경제학에서는 '불확실성'과 사회적 갈등이 가지는 중요성이 간과되어 있다는 점도 주목하고 있다. 결론적으로 말하자면, 이러한 뉴신고전학파의 '새로운 합의 모형(New Consensus Model)'을 교과서화 시켜 표현하는 경우 과거의 올드케인지언 이론과 매우 유사하다.

두 번째 차원에서 볼 때, 뉴신고전학파종합은 '미시적 기초(microfoundations)'를 더욱 강조한 분석 이론이다. 이에는 위에 열거한 3개의 경제학 학부 교과서에 표현되는 관계는, 미래 지향적이고 효용을 극대화하는, 그리고 계급이 없는 각 개별 경제주체들이 합리적인 선택을 한다는 '합리적 선택모형'에서부터 철저히 도출되고 있다. 그 전형적인 교과서는 우드포드(Woodford) (2003)의 것인데, 이는 학문적인 재능과 창의력을 자본주의적 현실과는 너무도 괴리된 가정들과 억지로 결합시킨 창작물에 불과하다. 포스트 케인지언의 관점에서 볼 때는 무엇보다도 먼저 그러한 류의 저서는 자본주의 경제를 설명하는 경제이론이 아니다는 것을 지적하지 않을 수 없다. 즉, 자본주의에서는 노동사와 자본가라는 두 가지 상이한 계급으로서, 하나가 아닌 두 가지의 '대표적 경제주체'가 엄연히 존재하는 것이며, 자본가가 가지는 이윤에 대한 '기대'가 체제 전체를 움직인다(Heilbroner and Milberg 1995). 이윤은 수입과 비용이라는 화폐로 표시된 금액 간의 차이로 정의되므로, 화폐는 불가결하다. 하지만 뉴신고전학파종합에서는 여타 왈라스의 전통에서 입각한 모든 일반 균형

모형과 마찬가지로 화폐의 역할을 위한 자리는 없다.[역주 45] 그런데 우드포드의 교과서는 너무도 기괴하게도 화폐를 '마찰(friction)'이나 '불완전성'으로써 취급하고 있다(Rogers 2006).

둘째, 중요한 사실은, 진정한 케인즈적 분석의 핵심중의 하나인 저축과

[역주 45] 또한 뉴케인지언 경제학에서도 대부분 화폐는 실종되어 있다. 이러한 난점을 극복하기 위하여 키요타키(Kiyotaki) 같은 학자는 '탐색 모형'에 기반하여 화폐를 명시적으로 모형에 도입하였다는 점에서 큰 평가를 받고 있다. 그러나, 그가 말하는 화폐의 근본적 출발점인 '탐색'은 물물교환의 불편을 극복하기 위한 것이며, 그의 화폐 모형은 멩거의 물물교환에 근거한 화폐 발생 이론에 근거하고 있기에, 신 멩거 주의자(neo-Mengerian)이라고도 불리운다. 이에 대한 가장 중요한 논문은 다음이다. Kiyotaki N., Wright R.(1989), "*On money as a medium of exchange*", Journal of Political Economy, vol. 97, n° 4, pp. 927-954, 그리고 Nobuhiro Kiyotaki and Randall Wright, "*A Contribution to the Pure Theory of Money*", Journal of Economic Theory, vol. 53, no. 2, 1991, pp. 215-35. 그런데 어찌되었거나 멩거의 주장과 주류 경제학에서의 화폐 이론은 결국 물물교환에서 화폐가 탄생했다는 것인데, 이러한 주장 자체는 역사적이나 인류학적인 근거가 전혀 없는, 그저 상상의 소산이라는 점이다(화폐의 물물교환 기원론에 대한 강력한 인류학적 비판으로 그레이버의《부채 그 첫 5000년》을 참조하라). 기존의 사고에 세뇌가 되어있기 때문에 아이러니 하게 들릴 지 모르지만, 인류학적, 발생학적으로 보았을 때, 실제로는 화폐가 먼저 존재하였고 그 다음에 교환과 시장, 그리고 '사적 소유권'이 발생하고 진화하게 된 것이다. 물론 그 때의 화폐라는 것은 우리가 현재 사용하고 있는 화폐와는 다르다(이에 대한 논의는 사회학적, 종교학적 그리고 인류학적인 고려를 필요로 하기에 본서의 목적에는 부합하지 않는다. 관심있는 독자들을 위하여서는 Mark Peacock(2013) "*Introducing Money*" Routledge 가 훌륭한 안내서이다). 케인즈의 경우, 화폐의 본질을 탐구하기 위하여 고대 화폐에 대한 연구(특히 바빌론)에 몰두 하였던 적이 있었다. 키요타키의 화폐에 대한 주요 비판을 정리한 것으로는 Jean Cartelier(2018), "*Money, Markets and Capital*", Routledge, 제2장을 참고할 것.

투자의 관계는 케인즈 이전의 방식과 같이 취급되고 있다. 즉, 이들이 묘사하는 바는 저축과 투자 사이의 균형은 시장이자율이 '자연이자율'과 같을 때 확립된다. 케인즈에게 있어서나 포스트 케인지언에게 있어서는 각 '유효수요'의 수준에 따라 서로 다른(위와는 다른 의미에서의 '자연'적인) 균형이자율이 존재한다. 즉, 고용의 수준에 따라 다른 균형이자율이 존재할 수 있는 것이다. 이를 부정함으로써 '세의 법칙'이 다시 뉴신고전학파종합 속으로 슬며시 끼어들게 되었다. 셋째, 거시경제 이론이 신고전학파적 의미의 엄밀한 '미시적 기초'에만 기반되어야 한다는 주장은 바로 케인즈가 거시경제학이 왜 독립적인 분과로 취급되어야만 하는지를 주장하였던 전제 이유, 즉 '구성의 오류(the fallacy of composition)'라는 것 자체에 대한 부정과 다름이 없다. 이 문제에 대하여서는 제4장에서 자세히 다루기로 하자.

 마지막으로 뉴신고전학파종합에는 그 이론을 응용하는 차원의 문제가 있다. 계량경제학적 추정, 예측, 그리고 정책 평가를 위하여 그 실무자들은 '동태확률일반균형(dynamic stochastic general equilibrium; DSGE)' 모형을 사용하고 있다. 'DSGE 모형'은 합리적으로 가정된 미래 지향적인 경제주체들이 '다기간'에 걸쳐 수행하는 행동을 모형화하려고 하기 때문에 '동태적'이라고 주장하며, 예상하지 못하는 사태나 '충격'이 어떤 계량적 '확률'에 근거하여 발생한다고 가정하였기 때문에 '확률적'이라는 말을 사용한다. 또한 '일반균형'이라고 일컬어 지는 이유는, 미시경제학자들 사이에서 보다 오히려 주류 거시 경제학자들 사이에서 '왈라스'의 일반균형이론이 더욱 영속적인 영향력을 가지고 있기 때문이다.

 그러나 포스트 케인지언은 이 모형은 어떠한 의미에 있어서도 케인지언과 무관하다고 비평하고 있는데, 그 주요한 이유는 특히 이 모형은 '비자발적 실업'의 존재를 인정하지 않으며, 그 모형 내에서 화폐는 어떠한 역할도 하지 않기 때문이다(Arestis 2009). 이러한 'DSGE 모형'에서는 노동시장은 항상 균형 상태에 있다. 그리고 고용이 변하는 요인은 오로지 가계들이 실질 임금의 예상하지 못한 변화에 대응하여 각 기간 간에 소비와 여가 간의 대체를 하는 의사결정을 하기 때문이다. 모형에서의 나타나는 '산출갭'은 이러한 변화들에 대하여 나타난 최적 상태를 반영할 뿐이다. 더욱이 이 모형은 오로지 수학 상의 편의를 위한 목적으로 어떤 누구도 금융 채무의 불이행을 하지 않는다는 실로 비현실적인 '말기(末期) 조건(transversality condition)'[역주 46]을 삽입하였다. 그런데 이러한 조건하에서는 누구나 지불하겠다는 약속만 하면 되기 때문에 굳이 현금을 요구하거나 혹은 가지고 있을 필요가 없다. 따라서 이러한 모형에서는 은행도 필요 없고(따라서 우드포드의 교과서에는 21페이지에 달하는 색인 중에 은행이라는 단어가 나타나지 않는다), 은행의 부도라는 것도 당연히 없고, 따라서 금융 위기도 없고 또한 그러한 것들이 유효수요에 미치는 영향도 없다. 금융정책은 이자율 변화를 통하여서만 작동하고 소비지출에만 영향을 줄 뿐이다. 포스트 케인지언의 결론은, 이 'DSGE 모형'은 이름 이외의 모든 측면에 있어서 '실물적 경기변동이론(Real Business Cycle; RBC)'[역주 47]과 동일하다는 것이다(Dullien 2011). 결국 DGSE 모형은 일종의 트로이의 목마와 같은 망령인데, 그 이유는 겉으로는 케인지언인 척 보이지만 실제로는 뉴고전학파가 트로이

[역주 46] 이러한 제약적인 '말기조건'은 비 폰지 게임(Non-Ponzi Game)이라고도 불리운다.

[역주 47] 경기변동을 화폐적 원인이 아닌 기술 변화, 세율, 정부 지출, 취향, 규제, 에너지 등의 원자재 가격 등의 실물적 요인이 야기하는 무작위적인 충격에 의하여 설명하는 이론으로서 대부분 신고전학파 성장 모형의 변형된 형태를 가진다. 실증적인 검증의 측면에서는 미약하다.

목마의 내부에 숨어있는 것이다. 토마스 팰리(Thomas Palley 2008)는 더 쉬운 비유를 사용하고 있는데, 그는 이러한 뉴신고전학파종합을 '뻐꾸기 경제학'으로 표현하고 있다. (유럽종) 뻐꾸기는 다른 종의 둥지에 알을 낳는데, 이를 눈치채지 못한 둥지 주인은 알을 부화시키고 마치 자신의 새끼처럼 키운다는 것이다.

3.7. 포스트 케인지언에 대한 간략한 역사

포스트 케인지언 이론은 1950년대부터 1960년대에 걸쳐 영국과 미국에서 다소 상호 독립적으로 탄생하였다. 1970년대 초까지 이 용어는 본서 제2장에서 언급한 생각들을 설명하기 위하여 널리 미국에서 쓰이게 되었고, 그 연대의 말에는 다소 명확하게 정의된 포스트 케인지언 학파가 출현하였다. 영국의 초기 포스트 케인지언 중에서 가장 중요한 인물은 조안 로빈슨과 니콜라스 칼도이다. 이들의 주요 관심사는 (구) 신고전학파종합을 공격하는 것이 아니라, 케인즈가 채우지 못하고 남겨둔 간극을 메우는 것이며, 특히 '유효수요 원리'를 응용한 성장과 분배 이론을 개발하는 것이었다. 이러한 시도는 결국은 솔로우의 성장 모형과 충돌을 일으킬 수 밖에 없었는데, 특히 이러한 갈등은 1920년대 후반부터 캐임브리지에 거주하기 시작하였던 이태리 출신의 경제 이론가 피에로 스라파가 신고전학파 경제학 상의 자본이론에 대하여 결정적인 타격을 주는 책[역주 48]을 발간하면서 첨예화되었다.

케임브리지의 포스트케인지언들의 기념비적인 저작으로는 로빈슨의 권위있는 저서인 《자본의 축적》(Accumulation of Capital)(1956년), 칼도의 《대체 분배 이론》(Alternative theories of distribution)(1956년), 그리고 스라파의 아주 얇은

[역주 48] Sraffa, P.(1960), *Production of Commodities by Means of Commodities: Prelude to a Critique of Economic Theory*, Cambridge: Cambridge University Press.

책자인 《상품에 의한 상품의 생산》(*Production of Commodities by Means of Commodities*)(1960년)이 있다. 이들은 케임브리지 케인지언의 전통을 확립하였다. 특히 이에 더하여 해로드의 경제 성장 모형이 추가되었는데, 그 모형에 따르면, 임금과 이윤의 소득 분배는 자본가들의 투자결정과 노동자와 자본가 간의 서로 상이한 저축 성향에 의하여 결정된다. 그 모형에서는 신고전학파의 생산함수나 한계 생산성에 따른 분배 이론은 어떠한 역할도 없다. 칼도는 훗날 기술진보가 '단지 외부적인 충격으로만 생겨나는 것이 아니라' 내생적으로도 발생하는 다양한 성장모형을 개발하였으며, 또한 '내생적 화폐 발생(*monetary endogeneity*)'[역주 49]에 관한 포스트케인지언적 분석과 그에 따른 '화폐수량설' 비판의 선구자가 되었다. 로빈슨은 구 신고전학파종합을 공격하였는데, 그녀는 후자를 가리켜 케인즈를 잠들게 하려는 목적을 가진 "사생아 케인지언"의 한 형태라고 간주하였다. 그런데 이러한 면에 있어서는 그녀가 (영국의) 포스트케

[역주 49] 화폐의 공급이 단순히 '외생적(exogenous)'인 것인가. 즉, 중앙은행이나 은행 기관에 의하여 임의로 결정되는 것인지, 아니면 경제에서의 상황(특히 대출의 수요)에 의하여 '내생적(endogenous)'으로 만들어지는 가에 대한 의견의 차이가 존재하는데, 주류 경제학의 입장은 그것들을 외생 변수로 간주하는 반면, 케인즈와 그의 맥락을 잇는 포스트 케인지언에게 있어서는 화폐의 '내생적' 생성이 핵심적인 연구과제 중의 하나이다. 전자의 경우, 중앙은행이 소위 본원 통화를 창조하면, 그에 의하여 은행들은 소위 '화폐 승수 money multiplier'를 통하여 은행이 최대로 신용 창조를 한다고 보며 그렇다면 본원 통화공급이 사회 전체의 통화량의 원인이 된다. 후자는, 은행의 신용 창조는 근본적으로 대출에 대한 수요에 의존하는 것이고, 그 대출 수요는 경제 전체의 상황에 의하여 결정되는 것인데, '자격이 있는' 대출자로부터의 대출 수요가 은행이 공급할 수 있는 대출 능력보다 밑도는 경우가 많으며, 또한 대출 수요가 존재하는 한, 만일 은행의 지급준비금이 부족하더라도 결국 중앙은행이 추가로 본원 통화를 공급하게끔 압력을 가할 수 있다는 것이다.

인지언들과는 별개로 (구) 신고전학파종합에 대하여 매우 유사한 비평을 전개하였던 미국의 포스트 케인지언인 시드니 웨인트롭(Sidney Weintraub)의 영향을 받았는지도 모른다.

스라파 외에도 영국의 포스트케인지언의 사상적 발전에 중요한 역할을 한 이탈리아인이 두 명 있다. 루이지 파시네티(Luigi Pasinetti)는 칼도의 거시 경제학적 분배 이론이 가지고 있던 큰 결함을 수정하여 노동자들에 의한 부의 축적을 감안할 수 있는 모형으로 일반화하였고, 피에란젤로 갈레니아니(Pierangelo Garegnani)는 케인즈와 스라파의 종합이라는(다소 논란을 불러 일으키는) 지평을 설파하기 위하여 일생을 바쳤다. 1976년에 이탈리아로 영구 귀국한 파시네티는, 그 이후의 포스트케인지언의 성장이론에 중요한 공헌을 하였다(제6장 참조). 스라파 전통 밖에서는 아우구스토 그라지아니(Augusto Graziani)와 그 신봉자들은 케인즈의 화폐론 속에 나와있는 생각들을 더욱 발전시켜서, 자본주의 경제에는 쉽게 위기에 처할 수 있는 성향이 내재되어 있음을 설명하기 위하여 소위 화폐순환이론(monetary circuit theory)을 발전시켰다. 30년 전에 비하여 그 영향력은 줄었지만 이탈리아에서는 포스트 케인지언의 이론들이 이탈리아의 경제학자들 사이에서 계속 중요한 위치를 점하고 있다(Pacella and Tortorella Esposito 2012).

시드니 웨인트롭이 최초의 미국의 저명한 포스트 케인지언으로 부상할 수 있게끔 한 계기는 그의 구 신고전학파종합에 대한 비평이었다. 그에 의하면, 구 신고전학파종합은 '임금 압박(wage-push)'형 인플레이션을 무시하고 있다. 특히 그들의 정책은 '유효수요'의 과잉이 아니라 임금을 타결시키는 제도들의 실패로 말미암은 인플레이션 문제를, 마치 경제 과열로 착각하여 디플레이션적인 정책을 사용함으로써 전혀 효과가 없을 뿐 더러 오히려 경제에 해악을 끼칠 수 있음을 지적하였다. 시드니 웨인트롭은 전체 생산에서 임금이 차지하는 비율이 일종의 마법적 상수의 역할을 하는 것을 자신이 발견하였다고 생각하였다. 화폐임금의 상승을 요구하며 이 비율을 높이려는 노동조합의 노력은, 단순히 물가 수준만 끌어 올리기 때문에 필연적으로 자멸적이었고, 오히려 위험할 정도로 인플레이션을 조장하였다는 것이다. 그는 세금에 기반한 소득정책을 옹호하였는데, 이는 온건한 임금 교섭을 장려하였으며, 반면 과도한 임금 인상을 허용하는 고용주(그리고 간접적으로는 노동조합)에 대하여는 불리하도록 적용되었다(Weintraub 1978).

폴 데이빗슨은 처음에는 웨인트롭의 학생이었고, 나중에는 그의 동료이자 장기적인 공동 연구자였다. 데이빗슨의 저서인 《화폐와 현실세계》(*Money and the Real World*)(1972년)는 근본주의 케인지언에게 있어서 중요한 텍스트였을 뿐만 아니라 포스트 케인지언이 독립된 학파로 대두되기 위한 중요한 계기였다. 기타 분수령을 이루는 계기로는 1971년에 개최된 미국경제학회(*American Economic Association*)에서의 로빈슨의 기조강연(Robinson 1972), **Journal of Economic Literature**에 게재된 알프레드 아이히너와 얀 크레겔(*Jan Kregel*)의 1975년 조사논문(Eichner and Kregel 1975), 그리고 같은 해에 출판된 하이만 민스키의 《존 메이너드 케인즈》(*John Maynard Keynes* 1975)가 있다. 민스키는 고립적으로 연구를 하였는데, 데이빗슨과도 친해지지도 않았고, 또 존 케네스 갈브레이스(*John Kenneth Galbraith*)의 재정적이며 정신적 지원을 받아 데이빗슨과 웨인트롭이 1977년 창간부터 공동 편집하고 있던 포스트 케인지언 저널(*the Journal of Post Keynesian Economics*)에도 그의 연구를 발표하지도 않았다.

오스트리아의 포스트 케인지언중에는 두 사람의 주요 인물이 있다. 젊은 요세프 슈타인들(*Josef Steindl*)은 이후 힉스가 발견한 '초승수(*supermultiplier*)', 즉 케인즈의 투자승수가 소비의 증가에 의하여 그 효과가 가속되고, 그에 의하여 투자가 다시 증가하는 것을 나타내는 효과를 1937년에 이미 예견하고 있었다. 요세프 슈타인들은 전쟁 중 영국에 망명하여 칼레츠키의 영향을 받았으며, 그 이후 그의 가장 유명한 저서《미국 자본주의의 성숙과 정체》(*Maturity and Stagnation in American Capitalism* 1952)를 발표하였는데, 그 저서는 독점 추세가 진행함에 따라 그것이 노동자 계급의 소비의 성장을 제한하고, 그로 인하여 미국 자본주의의 역동성이 손상되고 있다고 주장하였다. 요세프 슈타인들의 후기 연구는 노동자 계급의 저축, 비저축, 부채 등의 후기 칼레츠키언적인 문제에 대하여 바쳐졌다. 그의 친구이자 거의 동시대인인 쿠어트 로스차일드(*Kurt Rothschild*)는, 그의 길고도 아주 생산적인 학문적 경력 중, 비주류 경제학(*heterodox economics*)에서 '다원론적' 연구방법의 중요성을 주장하였고, 이러한 면을 포스트 케인지언, 마르크스주의 그리고 제도주의 요소를 결합하여 그의 주요 저작에서 반영하였다(Altzinger et al. 2014). 로스차일드가 편집한 《경제학에서 권력》(Power in Economics 1971)은 그 중요성에도 불구하고 사회과학에서 종종 무시당하여 온 '권력관계'를 취급한 많지 않은 저작 중의 하나인데, 이 분야는 아직 많은 부분에서 연구과제로 남아있다.

1970년대 들어서서 포스트 케인지언의 생각은 영국, 이탈리아, 미국에서 세계의 많은 지역으로 급속히 확산되었다(King 2002, 제7장). 얼마 되지 않아 브라질, 프랑스, 일본, 영국을 포함한 세계의 많은 지역에서 포스트 케인지언과 포스트 케인지언 사회(*Post Keynesian societies*)가 탄생하였으며, 또한 호주, 캐나다, 독일, 멕시코에서도 상당한 존재감을 나타내기 시작하였다. 하지만 미국에는 제도주의, 급진 이론, 페미니스트, 진화경제학 등의 단체 등이 동시기에 결성되었음에 비하여 놀랍게도 정식으로 포스트 케인지언 사회가 형성된 적은 없었다. 그리고 1977년에 출간을 시작한《포스트 케인지언 저널(*the Journal of Post Keynesian Economics*)》은 출판사인 M. E Sharpe사의 소유 및 독점적 관리하에 남아 있다. 포스트 케인지언의 사상에 특화한 두개의 영문 저널이 있는데, 모두 Edward Elgar사가 발행하고 있다. 그것들은 《Review of Keynesian Economics》(2012년에 설립)와 《European Journal of Economics and Economic Policies》이다(2004년 독일에서 창립되었던 출판사 Intervention이 8년 뒤 Elgar로 바뀐 것이다). 또, 포스트 케인지언 학술 논문들은 또한 보다 포괄적인 성질을 가지는 비주류 경제학 학술지, 특히 《Cambridge Journal of Economics》와 《the Review of Political Economy》라는 잡지를 통하여서도 발표되고 있다.

포스트 케인지언의 주제에 대한 정기적인 컨퍼런스는 미국 미주리 대학 캔사스 시티(the University of Missouri Kansas City), the Levy Institute of Bard College in Annandale-on-Hudson, 뉴욕(후자는 주로 민스키적 주제를 다룬다) 그리고, 베를린에서는 독일의 노동조합 운동과의 관련되어 있는 뒤셀도르프를 거점으로 하는 거시경제 및 정책 연구 네트워크(Research Network Macroeconomics and Macroeconomic Policies ; FMM)의 지원아래 개최되고 있다. 포스트 케인지언은 영국의 비주류경제학협회(Association for Heterodox Economics)나 호주의 비주류경제학협회(Society of Heterodox Economists)의 연차대회에서도 적극적인 역할을 하고 있다. 이러한 제 활동들에 대한 자세한 내용은 2003년 프레드 리(Fred Lee)가 설립한 《The Heterodox Economics Newsletter》에서 찾아 볼 수 있는데, 이 소식지는 포스트 케인지언 사상에 공감하는 사람들에 의하여 편집되어 왔다(http://heterodoxnews.com/).

3장 주

[역주 31] 자연이자율

'자연이자율'이라는 개념은 자연의 법칙에 따라서 이자율이 결정된다는 것을 의미한다. 가장 단순한 형태의 개념은 옥수수 종자를 뿌리면 옥수수가 수확되고, 소를 기르면 송아지를 낳는 자연 현상으로부터의 비유를 화폐에도 적용한 것이다. 그래서 '돈'이 새끼를 낳는 것을 정당화하였다. 그런데 아리스토텔레스에 의하면, '돈'은 자의적으로 인간이 만든 것이며(*nosmisma*), 그것이 잉태하는 이자는 '반 자연적(*unnatural*)'이다. 이와 같은 이자에 대한 관념을 마르크스가 계승하고 있다. 그는 잘못된 비유에 근거하여 이자는 '자본'이 잉태하는 것으로 사람들이 착각을 한다고 생각하였다.

위와 같이 자연에 비유하여 이자를 '자연적'인 것으로 간주하는 경우 발생하는 문제는 자본으로 투자한 것들과 수확한 것들이 같은 종류가 아닌 경우에 발생한다. 예를 들어, 정유 공장의 시설과 노동력을 이용하여 원유가 디젤로 바뀌는 경우이다. 어떻게 정유시설, 사용된 노동과 토지, 그리고 디젤을 같은 단위로 환산할 것인가의 문제이다. 산출과 투입이 어떠한 '불변'의 가치 단위로 환원할 수 있다고 가정할 수 있다면, 그리고 소위 수확체감의 법칙이 작용한다면, 주류 경제학 이론에서 말하는 것처럼 자본의 한계 생산력은 감소할 수도 있고, 각 투입된 자본의 양에 대응하는 한계 생산물이 있을 수도 있고, 그에 상당하는 이윤율이 있을 수도 있을 것이다. 경쟁이 있어서 초과 이윤이 없다면 그 때의 이윤율이 이자율이 될 것이고 그것이 '자연' 이자율이 되는 것이다. 그런데 문제는 화폐 경제에 있어서 자본의 가치는 이러한 방식으로 미리 주어져 있는 것이 아니라, 반대로 이자율에 의하여 결정된다(단순한 예로 미래의 현금 흐름을 현재화하여 자본의 가치를 계산하는 경우 자본의 가치는 이자율에 의하여 결정된다. 또한 노동과 자본의 상대가격은 임금과 이자율의 상대가격인데, 이 비율이 변화하면 주류경제학이론에 의하자면 자본과 노동의 투입비도 변하고 따라서 자본의 한계생산성도 변화하기 마련이다). 따라서 결국 '자연이자율'이라는 개념은 순환론이 될 수밖에 없다.

근대 경제학에서 '자연이자율'이라는 개념과 '시장이자율'을 구분하여 사용하기 시작한 사람은 빅셀인데, 그 이후 로버트슨(*Dennis Robertson*)과 많은 경제학자들이 이러한 구분을 사용하기 시작하였으며, 소위 '자연이자율'은 '대부 자금설'의 가장 중요한 원칙이다. 이자는 인간의 '자연스러운' 본성인 근검 절약에 대한 대가이기에 이러한 보상이 커지는 경우 자본의 공급은 늘고, 반면 자본의 수요는 한계생산성에 의하여 결정되는 것이며, 양자가 일치하는 점에서 '자연이자율'이 결정된다는 것이다. 결국 '자연이자율'과 '대부 자금설'은 동전의 양면이라고 볼 수 있다. 하지만 빅셀은 현대의 경제학 교과서에서 상정하는 것처럼 그렇게 천진난만하게 자본의 한계 생산성을 가정하지는 않았다. 그는 이자율이 변하면 재화나 자본의 가격이 변화할 수 있다는 것을 충분히 인지하고 있었고, 이 문제에 대한 해답을 찾으려고 노력하였는데, 이러한 노력을 하였던 이유와, 그러한 노력을 하였다는 사실 자체조차도 모두 현대의 주류 경제학은 잊어버리고 있다.

간단히 말하자면, 빅셀은 '자본(capital)'과 '실질 자본(real capital)'을 구분 하였다. 후자는 빌딩, 공장, 기계, 투입 원재료 등의 실물로서의 자본이고 전자는 이러한 모든 투입재들 각각의 교환가치의 합이다. 그렇다면 '자연이자율'을 결정하는 문제는 이 자본의 교환가치와 산출의 교환가치의 비율을 어떻게 측정할 것인가 하는 문제가 된다. 빅셀이 제시한 방법은 놀랍게도 다분히 마르크스적이다. "자본은 저축된 과거의 노동과 과거의 토지의 합이다. '자연'이자율은 이러한 과거에 저축되어진 따라서 '자본에 체화된' 노동과 토지의 한계생산성과 현재에 투입된 노동과 토지의 비율이다"(Colin Rogers 1989 *Money, Interest And Capital-A Study in The Foundations of Monetary Theory*, Cambridge University Press p. 29 에서 인용. 역자 강조. 원문은 Wicksell, K. 1901. *Lectures in Political Economy*, vols. 1 and ⅱ, translated by E. Claasen and L. Robbins, London: Routledge(1935). pp.: 156-206). 이 문장 자체만 가지고는 독자들이 그 정확한 의미를 파악하기 힘들 것인데, 그 점은 일단 무시하고, 중요한 점은 빅셀은 결국 근원적인 투입 요소인 노동과 토지의 추상적 단위로 모든 것을 환원하려고 하였다는 점만 기억하면 된다. 자세한 도출 방식은 위의 Rogers 책의 2장을 참고하면 된다. 이와 같은 빅셀의 시도 조차 후의 소위 케임브리지 '자본논쟁'의 결과 무너져 버리게 된다. 결론적으로 말하자면 자본의 한계 생산력설도, '대부자금설'도 그리고 '자연이자율'이라는 개념도 입지가 존재하지 않는다. 특히 자본의 한계 생산력이라는 개념은 허구인데, 그럼에도 불구하고 주류 경제학에서는 단지 그것이 '유용'하다는 '도구주의(*instrumentalism*)적' 관점에서 사용하고 있거나, 반면 Frank Hahn같은 사람들은 그 개념을 포기하고, 일반균형이론의 관점에서 각 재화를 별개의 투입 요소로 간주함으로써 자본이라는 개념으로 자본을 '집계(*aggregation*)'함에 있어 필연적인 논리적 모순의 문제를 회피하려고 한다. '자본논쟁'에 대하여서는 90 페이지를 참고할 것. 자본과 이자의 기원에 대한 흥미로운 인류학적 논문은 Bernhard Laum 1954/55 *Über Ursprung und Frühges-*

chichte des Begriffes "Kapital", FinanzArchiv / Public Finance Analysis, New Series, Bd. 15, H. 1(1954/55), pp. 72-112(영어제목: The Origin and Pre-history of the Concept of Capital)이다. 이 논문은 본 역자가 독일어를 영문으로 번역하여 출판할 예정이다).

[역주 36]   자본, 자본논쟁

대부분 교과서에서는 '자본'이 증가함에 따라 자본의 한계 생산성이 체감한다고 가정하고 있고, 이러한 투자는 그러한 자본의 한계 생산성이 현행 이자율과 일치하는 점까지 일어난다고 가정을 하고 있다. 그런데, 얼핏 상식처럼 보이는 이러한 경제학 교과서 상에 항상 등장하는 명제는 수많은 내적 모순과 경험적 문제를 내포하고 있다.

우선적으로 도대체 주류 경제학에서 말하는 자본은 무엇인가? 기계 장치인가 아니면 '화폐 형태'인가? 교과서에 나오는, 주류 경제학에서의 자본은 옥수수 경제 모형이 가정한 것처럼 모든 것은 마치 실물로 표현되고 화폐가 없는 것을 암묵적으로 가정하고 있는 데(예를 들자면, '자본'과 노동이 투입되는 양에 의하여 생산량이 결정되는 소위 생산함수라는 것을 보면 쉽게 알 수 있다. 이 때 자본은 일종의 '실물'로서의 자본이다). 그런데, 이 설명에 의하면, 수확체감의 법칙에 따라서 자본재의 투입이 증가하면 한계생산물이 하락하고, 따라서 자본재의 투입이 이윤을 결정하는 인과관계를 상정하고 있다.

그런데 경제에는 수많은 종류의 자본재가 존재할 것인데, 생산은 그러한 다양한 종류의 자본과 노동, 토지등을 결합하여 이루어 지는데, 이들을 어떤 기준으로 합계(*aggregate*))할 것인가 하는 문제가 당연히 나온다. 예를 들어 트럭과 공작기계는 다른 자본재이다. 결국 이들을 합계하려면 화폐단위로서 표현할 수 밖에 없다. 그런데 그 자본재의 화폐가치는 어떻게 결정되는가? 그것은 반대로 미래에 그 자본재가 창출하려는 현금 흐름을 현재가치로 '할인'한 값인데, 이 때 할인율은 적정 이윤율에 의하여 결정된다. 즉, 이제는 인과관계는 이윤에서 자본의 가치로 흐르는 셈이다. 즉, 고전학파의 모형의 자본 개념은 순환론적이다. 더 나아가서, 고전학파의 모형은 임금과 이윤의 상대가격 변화에 따라서 자본-노동간의 대체가 이루어 진다고 생각한다. 즉, 임금이 상대적으로 오르면 자본을 더 사용하고 노동 투입을 줄인다는 것이다. 그렇다면 인과는 마찬가지로 이자에 의하여 투입비가 결정되는 것이다. 이러한 생각은 특히 주류 경제학의 성장 이론 상 핵심인 솔로우-스완(Solow-Swan)의 성장 이론상의 가장 중요한 가정 중의 하나이다.

스라파에 의하여 제기된 이같은 자본의 개념에 대한 문제는 이후 양안의 케임브리지 간에는(미국의 케임브리지의 학자들(새뮤얼슨(Samuleson)과 솔로우(Solow) 등)과, 영국 케임브리지의 케인지언들)간의 소위 '자본논쟁'(capital controversy)을 촉발시켰는데, 전자의 참패로 결론이 나게 되었다. 최종 산출물과 투입 노동은 동일하지만 자본의 투입 금액과 시점이 상이한 서로 다른 생산과정인 A와 B를 비교하는 경우를 상정하자. 자본의 투입 시점이 다르므로 비교를 위해서는 각각의 과정의 비용을 이자율로 할인해 그것의 현재 가치를 구해야만 한다. 이때 이자율의 크기에 따라 생산과정의 선택이 바뀔 수 있다. 예를 들어 A 생산과정 에서는 생산기간의 최초 시점과 최후 시점에만 생산요소가 투입되고 반면 B 생산과정에서는 중간 기간에만 생산요소가 투입된다고 하자. 이자율이 높은 경우 A 생산과정의 최후 투입요소의 현재 가치는 작아지지만 반면 최초로 투입되는 생산요소는 나중에 생산요소를 투입하는 생산과정에 비해 불리해지기 마련이다. 단순히 A가 절대액 기준으로 노동 투입 대비 자본 투입이 높다는 의미에서 자본집약적이라고 가정하자. 높은 이자율하에서는 노동집약적인 B가 유리하다가 이자율이 낮아지면 자본집약적인 과정 A가 유리해지고 더 낮은 이자율에서는 다시 노동집약적인 B가 유리해지는 경우가 논리적으로 존재한다. 즉, 이자율이 상승함에 따라 B에서 A로 생산과정을 변경(switching)하다가 같은 방향으로 이자율이 더 변화하는 경우 다시 A에서 B로 생산과정을 변경하는 소위 재변경(reswitching)의 문제가 발생할 수 있다. 이것이 소위 자본역전(capital reversing)이라고 불리는 현상이며 스라파에 의해 증명되었다. 그에 의하면 주류 경제학이 사용하는 가장 핵심 개념 중의 하나인 '자본'은 논리적 모순이며, 상이한 자본 설비는 주류 경제학 방식으로 '집계'할 수 없고, 그에 기반한 '자본-노동'간의 대체에 대한 이론도 모순이다. 또한 자본-이론 간 대체에 대한 가정을 기반으로 하고 있는 솔로-스완(Solow-Swan)의 성장이론 또한 논리적으로 옳지 않다. 하지만, 그럼에도 불구하고, 주류 경제학은 이러한 자본논쟁의 결과를 도구주의적 관점에서 그 이론이 '유용'하다는 이유로 단순히 '무시'하는 것에 의하여 극복하거나 혹은 주류 경제학계의 거두 프랑크 한(Frank Hahn)의 주장처럼, 자본을 집계하지 않고, 그저 각기 재화를 별도의 실물 투입재로 간주하고 일반 균형 맥락에서 설명하는 것으로 해결을 시도하였다(그는 다음과 같이 언급하였다 "좋다. 이 문제에 대하여 그들이(즉, 포스트 케인지언) 알파의 위치를 차지한다고 하자. 하지만 그 결과들은 주류 경제학 이론(즉, 일반균형이론)에 영향을 주지 못한다. 단지, 교과서에 나오는 저급 주류 경제학 이론에만 영향을 줄 뿐이다"). 그런데 아직도 솔로우 식의 방법은 기존 교과서에서 사용되고 있다. 기타 주류 경제학의 자본 개념은 다양한 현실과 모순되는 문제들을 포함하고 있는데, 예를 들어 투자의 외부성(*externality*), 규모의 경제(*increasing returns to scale*), 투자의 불가분성(*indivisibility*) 등이 그것이다.

참고로, 자본논쟁에 대한 정리는, Avi J. Cohen and G. C. Harcourt(2003) *Retrospectives*: *Whatever Happened to the Cambridge Capital Theory Controversies?* Journal of Economic Perspectives—Volume 17, Number 1—Winter 2003—Pages 199-214 를 참고할 것. 외부성에 대한 고전적 논문은 Tibor Scitovsky(1954) *Two Concepts of External Economies*, Journal of Political Economy, Vol. 63, No. 5(Oct.,1955), pp. 450-451. 그리고, 마찬가지로 Indivisibility에 대한 고전적 토론은 Abba P. Lerner, (1952) *The economics of control*, Macmillan, chapter 15, 16을 참고하고 투자라는 것은 '전방위' 및 '후방위' 연관성이 강한 것이며, 단순히 개별적으로 결정되는 것이 아니라는, 외부성에 대한 강력한 주장은 Albert O. Hirschman(1958) *The Strategy of Economic Development*, Yale University Press를 참고하기 바란다.

4. 네 가지 방법론적 문제들

4.1. 왜 방법론이 중요한가

자신이 평생 '산문 방식'으로 이야기하여 왔다는 것을 알고 깜짝 놀란 가공의 인물처럼,[역주 50] 많은 경제학자들은 자신의 일상적 연구와 강의 속에서 이미 어떠한 방법론을 무의식적으로 채택하여 수행한다는 사실을 알면 놀랄 것이다. 그런데 그들은 실제로 그러고 있다. 그들이 저술하거나 혹은 학생에게 설명하는 이론, 이러한 이론들과 연관될 가능성이 있는(혹은 없을지도 모르는) 그러한 증거를 평가하기 위하여서 사용하는 기술, 이러한 모든 것들은 모두 경제 세계의 성질(존재론)과 그것들을 알기 위한 최선의 방법(인식론) 들에 대한 어떤 방법론적 입장(혹은 여러가지 입장들)을 전제로 하고 있다. 이러한 측면에서 보았을 때, 경제이론에 대한 '다원론적' 접근의 타당성, 형식주의(수학 모형이나 계량경제학적 방법의 사용)의 역할, 그리고 거시경제학에 '미시적 기초'를 제공하여야 될 필요성에 대한 중요한 질문들이 제기되기 마련이다. 경제학자는 적어도 이러한 방법론적인 문제가 무엇인지, 또한 그것들을 위하여 제안된 해결책의 장점과 잠재적인 단점을 인식할 필요가 있다.

포스트 케인지언은 다른 몇몇 비주류 경제학들과 마찬가지로 항상 방법론의 문제에 깊은 관심을 갖고 있는데, 이러한 과학철학에 대한 지나친 관심에 의하여 경제이론이나 공공정책의 더 긴급한 현실적 문제가 외면되고 있다고 생각하는 사람도 있다(Fontana and Gerrard 2006). 이러한 논의는 케인즈로부터 시작된다. 그의 박사 학위 논문은 1914년까지 사실상 완성되었지만, 7년

[역주 50] 몰리에르(Moliere)가 대본을 쓰고 1670년 초연된 《서민 귀족》이라는 코미디 발레의 대화 내용 중의 하나

후에서야 《확률론》이라는 제목으로 출판되기만 하였다(Keynes 1921[1973]). 거의 반세기에 걸쳐서 무시되고 있었지만, 1980년대에 포스트 케인지언에 의하여 이 논문이 재발견되었으며, 그 이후 곧바로 이에 대한 실질적인 평가를 하는 연구들이 탄생하였다(Carabelli 1988; O'Donnell 1989). 케인즈가 제기한 문제는 거듭 강조하지만 방법론의 문제였다. 즉, 장래의 결과에 대하여 계량적 확률을 부여하는 것이 '본원적 불확실성'에 의하여 지배되는 세계에서는 명백히 문제시 될 수 밖에 없다고 생각하였다. 그렇다면 어떠한 방식으로 이론을 정립하고, 어떻게 실증 연구를 실시하며, 또한 어떻게 현명한 공공 정책을 수립할 수 있는가 하는 것이 당연히 문제로 제기될 수 밖에 없다. 1990년대에는 이러한 점에 너무 신경을 쓰고 토론을 한 것이 문제이었을 지는 몰라도, 현재의 우리는 이러한 문제들을 경시하고 있는 것 같다.

그럼에도 불구하고 이러한 방법론의 중요성에 대하여 납득할 수 없다고 이견을 표하는 경우에는, 다음의 예를 생각하여 보면 된다. 제임스 크로티(James Crotty)는 금융에 있어서의 주류 경제학의 효율적 시장가설이 옳다는 전제하에 유도된 소위 '자본자산가격결정모형(Capital Asset Pricing Model 혹은 CAPM)'이 기반하고 있는 13가지 전제조건을 정리한 바 있다. 그 중에는 '동질적 기대'(경제주체들간에 미래의 현금흐름에 대하여 항상 의견이 일치한다(No. 4), '합리적 기대'(미래의 현금흐름의 통계적 분포는 확실하게(with certainty) 알려져 있다(No. 6), 그리고 놀랍게도 "어느 누구도 채무불이행 상태에 빠지지 않는다"(No. 12)라는 가정도 포함된다.[역주 51] 그가 평가하고 있는 것처럼, 이러한 가정들은 현실에 대한 '근사(近似)'가 아니라, 오히려 현실의 심각한 왜곡이다(Crotty 2013, p. 145). 그러한 현실을 왜곡하는 가정들을 옹호하는 경제학자들은 주류

[역주 51] 효율적 시장가설과 자본자산가격결정모형(자세한 내용은 본서 112 페이지 참고).

경제학 내에 영향력이 있는 밀튼 프리드만에 의하여 주장된 '실증 경제학 방법론(methodology of positive economics)'에 의거하여 자기들의 왜곡된 가정의 비현실성을 정당화하고 있다. 이 주장에 의하면, 어떤 이론은 그 이론이 취하는 가정들의 타당성에 의하여서가 아니라 그 이론에 의하여 도출하는 예측능력에 의하여서만 평가되어야 한다는 것이다. 그런데, 이러한 입장은 실증주의라고 간주되기 보다는 오히려 '도구주의(instrumentalism)'로서 더 잘 특징지어 질 수 있다. 즉 어떤 이론은 예측을 만들어내는 어떠한 유용한 도구에 불과한 것이라는 주장이다. 사실 실증주의라는 것은 그 개념을 사용하는 사람들마다 의미가 각양 각색인 느슨한 개념으로서 악명이 높은 단어이다.

이러한 도구주의적 입장은 최소한 너무도 논란이 많다. 크로티(Crotty)가 관찰한 바와 같이, "이론을 구축함에 있어서 조잡한 비현실적인 가정이 현실적인 가정에 비하여 열등하지 않는다는 명제와, 이론의 구축 상 현실의 근사치로서 어느 정도 현실의 추상화는 필요하다는, 보다 합리적인 명제는 상호 구별되어야 한다"(Crotty 2013, p. 139). 이러한 구분은 현실 세계에서는 매우 중요한 결과를 초래할 수 있다. 미국에서는 효율적 시장가설에 경도된 규제당국이 이러한 '조잡한 비현실적인 가정'에 의하여 정책을 수립함으로써 은행들을 심각할 정도로 위험한 상태에 처하게 하였는데, 이는 그들이 '고객의' 채무 변제 능력에 대하여 부주의 하도록 만들어 과도한 부채를 허용하고 차입자들이 부도가 날 가능성에 대하여 신중히 생각하지 못하게 한 것에 기인하였다. 이러한, 보다 현실적인 가정들이 중요하지 않다는 입장이 타당하지 않다는 것은 방법론상의 고찰을 통하여 충분히 입증될 수 있다. 보다 현실적인 가정에 기반한 이론을 사용하였을 경우, 2007-08년 규제 당국의 실수와 금융위기를 사전에 방지할 수도 있었을 것이다. 방법론은 중요하다.

참고로 포스트케인지언의 방법론에 관하여서는 두 권의 뛰어난 저서가 있으며(Dow 1996; Jespersen 2009), 경제학에 있어서의 비유와 모형 사용에 관하여서는 비판적 시각에서 저술된 매우 뛰어난 입문서가 있다(Birks 2014). 이 장에서는 이들 저서에서 제기하는 많은 중요한 문제 중 몇 가지를 언급할 예정이다. 나는 우선 존재론에 대한 논의로부터 시작하여, 그 후, 포스트 케인지언의 입장에서 보았을 때 경제학에서의 '다원론'에 대한 찬반의 논의를 설명할 예정이다. 그리고 다음은 경제학에서의 형식적인 모형 사용의 타당성에 관한 논쟁을 언급하고, 마지막으로 소위 '거시경제학의 미시적 기초'라는 보다 복잡한 문제를 다룰 것이다.

4.2. 존재론의 문제

무엇보다도 먼저 '경제 세계'의 성질에 대하여 말하여야만 한다. 케인즈는 그것이 자연계와 크게 다를 것이라고 확신하고 있었으며 독일의 위대한 물리학자 막스 플랑크(*Max Planck*)를 인용하고 있다. "그는 젊은 시절 경제학을 공부할 것인가도 고민하였는데, 그것이 너무 어려워서 포기하였다는 말을 나에게 한 바가 있다"(이 문장은 케인즈가 마샬의 추도사로 언급한 부분 중 자주 인용되는 구절이다. 그의 Essays in Biography에서 나오는 구절)(Keynes 1951, p. 158n). 케인즈는 막스 플랑크가 이때 '수리경제학'을 어렵게 생각하였다는 것은 절대로 아니었다고 이야기를 이어갔다.

> "그러나, 논리와 직관의 융합, 그리고 사실에 대한 광범위한 지식 등은 경제현상을 이해하기 위한 최고도의 능력이라고 할 수 있는데, 그것들은 수학과 같이 그렇게 엄밀하게 공식화될 수 있는 것은 절대로 아니며, 따라서 일반적 범인들에게는 무리라고 할 수 있는 것들이다. 왜냐하면 일반인들은 단지 아주 공식처럼 정확히 알려져 있는, 상대적으로 단순한 사실들

에서 나타날 수 있는 결과 및 그것들을 가능하게 하는 조건들만을 상상할 수 있고, 또 그에 의거하여 나갈 수 있는 능력이 있지, 그것을 초월하는 고도의 상상력이나 지적 능력을 요구하는 것은 할 수 없기 때문이다"(p. 158n).

케인즈는 같은 이유로 에지워스(Edgeworth)가 경제 세계에 접근하는 방법을 비판하였다.

"원자론적 가설이라는 것은 물리학에서는 훌륭히 적용될 수 있을 지라도, 심리학의 영역에서는 무용지물이다. 우리는 모든 사건들에 있어서 유기체적인 단일성(Organic Unity), 분리성(Discreteness) 그리고 불연속성(Discontinuity)이라는 문제에 직면하고 있다. 즉, 전체라는 것은 부분의 합이 아니고, 단순한 수량의 비교는 틀릴 수 있고, 아주 작은 변화라도 큰 결과를 초래할 수 있는 것이며, 항상적(uniform)이고 동질적인(homogeneous) 연속체(continuum)라는 조건은 충족되지 않는다."(Keynes 1951, pp. 232-3)

이러한 관찰들은 대다수의 뉴케인지언에 의하여서 무시되고 있고, 또한 그들이 일상적으로 행하는 이론적, 실증적인 작업에서 거부되고 있는 것이 현실이지만, 포스트 케인지언적인 시각에서는 아주 중요하게 고려되고 있는 사항들이다.

제2장에서 본 것처럼, 폴 데이빗슨은, 케인즈가 부정한 주류 경제이론 3개의 중요한 공리 중의 하나로서 '비(非)에르고드성'을 들고 있다. 우리는 미래가 과거의 반복이라고 확신할 수 없다. 경제적인 사건들을 만조나 간조의 정확한 시기나 태양 일식이나 월식의 정확한 시간을 예측할 수 있는 것처럼 정

확히 예측 가능한 것은 절대로 아니다. 대규모 우주 재해(예를 들어, 유성의 충돌)를 제외하면, 오늘날의 미래의 일식은 수 세기 후라도 정확히 예측 가능하며, 그것이 틀리는 일은 없다고 확신할 수 있다. 그러나 경제의 미래는 그렇지 않다. 실업률, 환율, 임금 수준, 국내총생산(GDP) 성장률 등은 수천 년 뒤는 고사하고 단지 몇 달 뒤라도 정확하게 예측하기는 불가능하다. 이러한 것들은 바로(케인즈적인) '본원적 불확실성'에 기인하며, 또한, 막스 플랑크가 인식하였던 것처럼 주류 경제학자들의 '물리학에 대한 선망'을 아주 무의미하게 만들고 있다.

그러나, 데이빗슨의 해석은 그 자체 문제를 내포하고 있다(O'Donnell 2014-15). 그의 생각도 쉴라 다우(Sheila Dow)가 '이원론적' 사고로서 간주한 부류에 해당하는데, 그것은 'A 아니면 B'라는 형식으로 대표된다. 즉, 중간은 없고 모든 것은 서로 배타적으로만 존재한다는 사고의 범주인데, 사실 실재는 그러한 '이원론적' 사고 방식에서 생각되는 것보다 훨씬 더 복잡하고 따라서 그러한 '이원론적'인 사고방식이 아니라, 연속체적인 성격을 가지는 것으로 이해되어야만 하는 것이다. 위의 '배중율(The principle of the excluded middle)'은 일종의 데카르트-유클리드적인 사고방식인데, 쉴라 다우는 그러한 사고방식을 배척하고 오히려 보다 섬세하고 또한 개방적인 소위 바빌론적 논리[역주 52]로 대체할 것을 주장하고 있다(Dow 1996, chapter 2). 하지만 바빌론적 논리는 '이분법'적인 것은 아니며, 필연적으로 '다원론적'인 생각이다. 현재 주류 경제학의 모든 분파들, 즉, 올드케인지언부터 뉴신고전학파종합에 이르기 까지의 방법론은, 데카르트-유클리드적이며, 바빌론 적인 것이 아니다.

이것은 '폐쇄적 체계'와 '개방적 체계'의 사고 간의 중대한 차이점과 관련

[역주 52] 바빌론적 논리체계에 대하여(자세한 내용은 본서 113 페이지 참고)

되어 있다.

> "'개방적 체계'라는 것은 그 구성 변수와 구조적 관계의 모두가 알려져 있거나 혹은 파악될 수 있는 것이 아닌 체계이며, 따라서 그 체계의 경계선 또한 알려져 있거나 혹은 파악될 수 있는 것이 아니다. 이것은 퍼지 수학(*fuzzy mathematics*)[역주 53]의 영역인데, 그 집합의 경계는 불특정하다. 또한 이것은 비고전적(*non-classical*) 논리이기도 한데, 그것은 불확실한 지식에도 적용되는 논리적 관계이다. 이러한 논리는 '통상적 논리(*ordinary logic*)', 또는 '인간의 논리(*human logic*)'라는 이름 등으로 다양하게 알려져 있다.[역주 54] "(Dow 1996, p. 14)

이것이 케인즈의 《확률론》에 나와있는 논리이다. 만약 실재라는 것이 '개방적 체계'로서의 바빌론식으로 이해된다면, 자유의지, 창조, 그리고 인간과 제도의 진화 등이 어떤 정확성 하에 예측하기는 어려운 방식으로 존재할 수 있는 여지가 생기는 것이라고 쉴라 다우는 결론 내리고 있다.

이러한 방식은 보다 유기적인 접근에 비하여 원자론적인 환원주의적 방식의 사고가 비 생산적일 수 있다는 것을 시사한다. "유기적 체제는 일종의 상

[역주 53] 1965년 롯피 자데(Lotfi A. Zadeh)에 의하여 제시된 이론으로, 인간의 언어 및 사고가 가진 애매함과 불확실성을 다룰 수 있도록 개발된 이론이 퍼지 이론이다. 예를 들어, 퍼지 집합은 종래의 집합 개념처럼 그 집합에 속하거나 그렇지 않다는 이진법적인 체계를 벗어난다. 어떠한 사람이 아름답다라는 명제와 그렇지 못하다는 것은 정확히 확률적으로 정할 수 있는 것도 아니고, 그것을 정하는 집합의 경계가 정확히 설정될 수 있는 것도 아니다. 이러한 이론은 가전제품등의 개발에도 응용되고 있다.

[역주 54] 역주 52 참고

호 의존성을 가지고 있는데, 그 체제는 어떤 공리들의 집합을 보편적인 인과성을 가지는 것으로 판단하는 것을 배제한다. 또한 그것은 복잡하고 진화적인 상호 의존성을 포함하며, 어떠한 단일 논증의 체제 내에서 개별 요소들을 분리하여 그것들을 형식화하는 것과는 거리가 멀다"(Dow 1996, p. 15). 다우는 부분적인 폐쇄성은 물론 가능하며, 따라서 형식적이고 통계적인 기법을 사용하는 것을 전적으로 배제하지는 않는다고 양보하고 있지만, 단 그러한 부분적 폐쇄성은 "전체 체제의 다른 부분들로부터 오는 영향에는 항상 유기적으로 열려있는 상태"이어야 한다고 주의를 주고 있다.

이점에 관하여서는 제9장에서 포스트 케인지언 경제학과 진화경제학과의 관계를 논할 때 다시 거론하기로 하겠다. 그 9장의 논의에서는 개방적이고 예측 불가한 진화 과정들의 특성과, 그것들이 '개방적 체계' 사고와의 친화성을 보다 설득력있게 보여줄 것이다. 그런데 어떤 포스트 케인지언들은 이보다 더 깊이 들어가서, 소위 '비판적 실재론'을 타당한 방법론적 입장이라고 옹호한다(Fullbrook 2009). 이러한 입장을 가장 대표하는 사람은 토니 로오슨(*Tony Lawson* 1997, 2003)이다. 로오슨은 로이 바스카(*Roy Bhaskar*)의 철학에 기반하는데, 바스카는 사회적 실재가 일종의 계층화를 이루고 있으며, 각 층은 그 층의 밑에 있는 층으로 인과론적으로 환원가능하지 않다고 지적한다. 바스카에 의하면 깊은 사회적 구조와, 그를 지탱하는 인과 장치들은 직접적으로 관찰 가능한 것이 아니며, '역행추론(*retroduction*)'[역주 55]이라는 과정을 통하여, 관찰된 실재들로부터 유추할 수만 있는 것이다. 로오슨에게 있어서는 이러한 기저 구조들과 장치들은, 주류 경제학에 의하여 파악되는 피상적인 사태들의 규칙성보다 훨씬 더 중요하며 흥미로운 차원의 것이다. 이러한 '비판적 실재론'의

[역주 55] '역귀납'이라고도 번역된다.

근본 신조는 의식적이건 아니던 간에 많은 포스트 케인지언의 작업들을 항상 인도하여 왔다. 물론 칼레츠키가 방법론적인 문제에 있어서는 전혀 어떤 글도 남기지 않았지만, 그리고 또 바스카의 중요 저작이 출판되기 이전에 이미 사망하였다고는 하더라도, 심지어 그 조차도 실제적으로는 '비판적 실재론자'였다(Jefferson and King 2011).

'비판적 실재론'은 "주요 포스트 케인지언들에 의하여 신중히 받아들여지고 있다"(Brown 2012, p. 124). 이러한 것은 다분히 케임브리지에 독특한 현상인데, 로오슨은 오랜 세월에 걸쳐서 그 대학 내에 '비판적 실재론' 연구세미나를 운영하여 왔고, 현재 그 대학에 남아있는(비교적 소수의) 포스트 케인지언들과 긴밀한 관계를 유지하고 있다. 하지만 로오슨이 경제학에 있어서 나타나는 사태에 있어서 모든 규칙성을 부정한 점은 논란의 여지는 분명히 있는데, 계량경제학적 연구와 형식적 방법의 사용에 대한 정확한 함의에 대하여서는 다른 이견들이 있다. 이는 다음의 장에서 논의할 예정이다. 이러한 모든 문제들에 대한 가장 최근의 로오슨의 입장은 그가 최근 확장시킨 신고전학파 경제학에 대한 비판적 설명들 속에서 찾아볼 수 있다(Lawson 2013).

4.3. '다원론'와 포스트 케인지언

쉴라 다우는 바빌론적 논리를 경제학에서 '다원론'이 필요한 강력한 근거라고 옳게 인식하고 있다. 실제로는 '다원론'이 필요하다는 논거는 (적어도) 5가지가 있는데, 그 중 두 가지는 쿠어트 로스차일드(2006)에 의하여 설득력 있게 옹호되었다. 첫 번째 주장은 사회적-경제적 세계의 복잡성으로 인하여 어떤 단일한 이론적 혹은 분석적 장치로서는 그 모든 것을 이해하는 것이 불가능하다는 것이다. 이것은 다우가 바빌론적 논리를 옹호한 주요 동기중의 하나이다. 두 번째 주장은 경제(및 사회) 이론은 사회적, 역사적인 특이성에 주목할 필요가 있는데, 그러한 특이성은 (자본주의의) 역사적 발전 단계에 따라 다르다는 것이다. 또한 자본주의 자체도 변화의 과정을 겪는 것이기에 그 자본주의 역사의 각기 다른 단계와 변화에 맞추어 이론도 수정되어야 한다는 것이다.[역주 56] 이러한 논의는 마르크스에서 유래한 것이지만 특히 제도주의자나 진화경제학, 그리고 포스트 케인지언 등을 포함하는 훨씬 넓은 조류들에 의하여 받아들여지고 있다. 이는 제6장에서 볼 수 있듯이 경제성장과 발전에 대한 포스트 케인지언의 생각에 특히 적용된다.

경제학에서의 '다원론'의 필요성에 대하여서는 쿠어트 로스차일드가 그다지 강조하지는 않았던(그러나 아마 반대하지는 않았을) 3가지 논거가 추가된다. 그것은 시작하는 영어의 철자가 모두 'e'라는 의미에서 소위 3'e'라고 불릴 수 있는데, 바로 '진화적(evolutionary)', '윤리적(ethical)', 그리고 '미학적(esthetic)' 측면이다. 진화론적 주장은 주요 경제학 저널의 편집자들의 편향된 출판 결정에 대한 호지슨(Hodgson)과 로스만(Rothman)의 비판(1999)에서 잘 드러나 있다. 진화는 자연 선택이라는 수단으로 진행되는 것인데 이는 다양성을 필요로 한다. 그렇지 않다면 선택할 수 있는 것은 아무것도 남아있지 않는다. 진화는 진보를 위한('충분조건'은 아닐지라도) '필요조건'이며, 반대로 다양성의 결여는 진보의 결여를 초래하는 '충분조건'이다. 덜 극단적으로 말하자면, 단일교리를 강조하는 주류경제학이 모든 형태의 이단적인 사고와 자신에 동조하지 않는 견해들을 억압하려 한다면 경제학상의 진보라는 것은 완전히 없지는 않겠지

[역주 56] 이에 대하여서는 프랑스 조절학파의 이론을 참고할 것. Robert Boyer, *Regulation Theory: The State of the Art*, Routledge, 2002. 수정 보완판의 번역서는: 로베르 부아예(2017) 자본주의 정치경제학 조절 이론 매뉴얼 — 기초과 발전. 서익진, 서환주 역. 한울아카데미

만 지연될 수 밖에 없다.

윤리적인 측면에서의 논의는 아주 단순하다. 경제학자들은 경쟁이 가져오는 장점을 믿고 있지만, 이상하게도 자신들의 학문적 영역과 관련된 사안에서는 경쟁을 받아들이지 않으려 한다. 이는 물론 7장에서 논의할, 경제이론이 가지고 있는 정치적 함의와 관련이 있다. 미학적 논의 역시 단순하지만(아마도) 조금 자유분방한 이야기이긴 하다. (단조로운 풍경보다) 다양한 풍경이 더 아름답다(컴브리아(*Cumbria*)와 에섹스(*Essex*), 그리고 몬타나(*Montana*)와 캔자스(*Kansas*)의 풍경을 비교하여 보라). 비주류 경제학에 관한 컨퍼런스는 주류 경제학이 지배적인 그것보다 훨씬 흥미로운데, 이것은 저자의 수십년에 걸친 경험에서 말하는 바이다. 경제학은 절대로 지루할 필요가 없다.

물론 '다원론'에 반대하는 경우가 있다. 그것은 어느 정도 최소한의 일관성을 유지할 필요성과 관련되어 있는데, 혼란스럽고, 이해할 수 없고, 내부 모순성을 가진 논의, 이론, 모형을 배제하여야만 한다는 주장이다. 이것은 '다원론'에 일정의 제한을 설정하기 마련인데, 물론 이러한 생각은 중요하지만 조심스러운 적용이 필요하다. 왜냐하면 어떤 이에게는 이해 불가능한 것처럼 보이는 문장도 다른 이에게는 단순히 잘 씌어 지지 못한 문장에 불과할 수 있다. 개선될 수 있는 문장과 그렇지 않은 문장을 구별하는 기준은 사실 즉각적으로 명확하지는 않다(Dow 2014).

4.4. 수학과 계량경제학

과학 철학에 있어서 지속되어온 심오한 논쟁들은 경제학 연구에도 중요한 함의를 가지는데, 이는 이론을 구축함에 있어서 형식적인 모형들을 사용 가능한지의 여부와 또한 실증연구에서의 계량경제학적 방법의 채용이 타당한지의 여부와 직접 관련되어 있기 때문이다. 한 극단으로는 많은 포스트 케인지언들은 형식주의적인 이론화의 가치를 당연히 필요하다고 느끼고 모든 이용 가능한 수학적이고 통계학적 기법을 활용하는데, 하인(Eckhard Hein)(2012)이 그 좋은 예이다. 이와는 반대적인 입장을 가지는 포스트 케인지언은 로오슨이 대표적인데, 그의 입장은 경제적 현실을 반영하는 '개방적 체계'를 분석하기 위하여서는 형식주의라는 것은 항상 부적절하며, 따라서 모든 상황에서 회피 되어야만 하는 것이다.[역주 57] 즉, 그러한 형식주의는 지나치게 자의적인 요소와 엉터리 추상화를 수반하는 것인데, 그러한 자의성과 그릇된 추상화는 단지 "수학적으로 보다 쉽게 다루기 위하여, 그리고 체계를 완전한 것으로 닫혀 있게 하기 위한 목적만을 추구하는 것이며, …, 작동 중인 진정한 인과관계를 이해하기 위함이 아니다"(Lawson 1997, p. 233).

단, 형식적 기술들의 강제적인 사용은 주류 경제학에서도 비교적 최근의 경향임은 기억하여야 한다. 경제학에 있어서의 학문적 규준이 크게 변화한 것은 지난 대략 70년간이라는 사실을 과소평가하면 안 된다. 예를 들어 1944년 9월호 *American Economic Review*에 게재된 총 6편의 논문 중, 어느 것도 신고전학파 경제이론에 관한 것은 없었으며, 그 논문 모두 단 하나의 방정식이나 도표도 사용하지 않았다. 그 중 유일한 이론적인 부분은 미래 제도주의자인 케네스 보울딩(*Kenneth Boulding*)이 이윤에 대한 과세의 전가(轉嫁)에 관하여 쓴 간단한 노트에 불과한데, 이때도 어떠한 방정식도 없이 단지 두 개의 도표만을 포함하고 있었다. 하지만 동 잡지의 현재의 상태를 보면 그 차이는 확연하다(King 2015, p. 119).

실제로 포스트 케인지언들은 1980년대 이후 계량경제학적 방법을 널리 이용하여 왔다. 그러한 경향의 효시는 알프레드 아이히너(*Alfred Eichner*)가 미

[역주 57] 아이러니하게도 로오슨은 계량경제학자 출신이다.

국 경제의 단기 거시경제모형 구조방정식을 추정하고 필립 아레스티스(*Philip Arestis*)가 영국에서 같은 작업을 한 것이었다(Downward 2012, p. 132). 주요 포스트 케인지언의 저널들의 최근의 발간들을 대충 살펴보면, 발표된 논문의 상당한 비율(아마도 대다수)이, 기술적(記述) 통계나 다른 형태의 비공식적인 경험적 증거에 추가하여 횡단면 회귀분석이나 혹은 시계열 계량경제학적 분석을 계속적으로 사용하고 있는 것을 확인할 수 있다. 이는 아마도 포스트 케인지언 경제학자들이 주류경제학자와 동등한 기술적 능력이 있음을 나타내기 위한 일종의 수사(修辭)적 방편으로서 계량경제학을 사용하고 있다고 볼 수도 있다는 점에서 학문적 경력상의 승진(혹은 순수한 생존을 위한 도구)을 위한 보다 현실 타협적인 방안의 일부라고 볼 수 있다.

하지만 몇 가지 더 첨언할 부분이 있다. 만약 계수를 추정하여야만 하는 일들이 모든 경험적 분석에 있어서 전제되어야만 하는 사항이라고 한다면, 포스트 케인지언들이 행하는 경험적 분석에서도 마찬가지로 계량경제학적 분석을 사용하는 것이 당연한 논리적 귀결이다. 실제로 포스트 케인지언들이 경제정책 문제에 보이는 지대한 관심은, 재정정책의 승수와 같은 중요한 변수들의 부호나 대략적인 크기를 추정하기 위한 계량경제학적 방법을 수용하여야 함을 시사하고 있다. 예를 들자면, 유로존에 큰 타격을 주고 있는 긴축재정이 야기하는 결과에 대하여 여타의 다른 예측 방법은 없기 때문이다.

사실 로오슨도 이러한 '부분적 규칙성(*demi-regs*)'의 가능성을 인정하고 있다. 이는 부분적이고 일시적인 규칙성이며, 그로 인하여 부분적이고도 임시적인 폐쇄성의 가능성이 존재하게 된다. 그렇다면 이는 어떠한 종류의 문제에서는 어떠한 특정 조건하에서는 적용 가능한 것이라는 이야기인데, 단, 물론 신중하게 사용되는 경우에만 그럴 수 있다. 대부분의 포스트 케인지언들은 어느 정도의 형식주의라는 것은 경기 순환, 경제 성장의 과정, 그리고 이러한 순환과 성장 간의 관계를 이해하기 위하여서는 필수적이라는 점을 인정하고 있다. 미할 칼레츠키의 경우도 이미 1930년대 이러한 문제들에 대한 선구적인 연구를 하였는데, 그는 당대에 상위 1%내에 속하는 수리 경제학자였다고 하여도 과언이 아니다. 하지만 동시에 앞으로 제6장에서 설명할 것과 같이, 이러한 수학적 모형화는 결코 이야기의 전부는 될 수 없다. 포스트 케인지언 경제성장 이론가들은 그러한 형식적인 모형보다는, 역사, 정치 그리고 제도적 변화 등의 비형식적인 논증이 훨씬 더 필요하다는 것을 공감하고 있다.

빅토리아 칙은 이러한 논쟁들에 있어서 그녀의 논문 '자신의 장소를 아는 것의 중요성'(On the importance of knowing one's place)에서 비교적 균형 잡힌 결론을 제시하였다. 그 논문에 의하면, 형식적인 방법들은 경제학에서 필요한 것인데, 하지만 그것들은 적절한 영역에 한정되어 사용되어야만 한다. "형식적인 기법들은 강력한 도구임에는 틀림없으나, 동시에 위험할 수 있다. 문제는 그러한 도구들이 안전하게 사용될 수 있도록 사용범위를 올바르게 규정하는 것이다"(Chick 1998, p. 1859). 공리화, 정밀함, 그리고 원자론적 분석 등은 모두 일정한 이점을 가지고 있는 것이 사실이다. 하지만 그것들은 동시에 경제학자들로 하여금 인간 지식이 필연적으로 제한적이며, 불완전하다는 점을 간과하게 할 수 있는 위험요소도 내포하고 있다. 경제학에 있어서의 기술적 기법의 진보는 중립적일 수 없다. 한 중요한 예를 들자면, 그러한 기법을 《일반이론》에 적용하였을 때, 결국 케인즈가 애당초 생각하였던 바와는 전혀 다른 방식으로 《일반이론》을 이해하도록 만든 것이었다(전게서 p. 1865). 이는 내가 이미 제3장에서 언급한 바 있다. 칙은 "형식주의는 그 자체로는 문제가 없다. 하지만 그것들이 올바로 쓰일 수 있는 장소를 제대로 파악하여야만 한다. 따라서 경제학자들은 그러한 올바르게 쓰일 수 있는 장소에 대한 논의는 계속하여 진행시켜야만 한다"(전게서 p. 1868).

그런데 정확히 이러한 '형식적인' 고려들에서 제외되는 것은 어떤 것들인가. 이에 대하여 간단하고 또한 보편적인 대답은 없다. 경제를 이론화하기 위하여서는 어느 정도의 '추상화' 작업이 불가피하듯이, 어느 정도의 형식화 또한 불가결하고 도움이 된다. 어느 정도까지의 형식화가 필요한 것인지에 대하여서는 항상 그리고 불가피하게 결국 판단의 문제이다. 이미 언급하였다시피, 이를 둘러싼 논쟁은 계속 포스트 케인지언 진영을 양분시키고 있는 것이 사실이다. 그럼에도 불구하고 이러한 논쟁은 주류경제학에서 보여지는 바에 비하여서는 훨씬 더 건강한 논쟁인데, 주류경제학에서는 이러한 형식적 모형이 가지는 한계에 대하여서는 논의가 거의 없고, 실로 논의조차 제기할 가치가 없는 것처럼 여기는 것이 현실이다.

4.5. '미시적 기초'라는 망상

내가 다른 저서에서 상당히 길게 논하여 온 것처럼(King 2012), '미시적 기초'라는 메타포는 주류 경제학자들에 의하여 거시 경제학을 미시 경제학으로 환원시키는 소위 미시 환원 전략을 지지하기 위하여서 남용되어 왔다. 보다 정확하게는 표현하자면 이는 거시경제학 이론을 모두 '비현실적인' 인간 본성에 관한 몇 개의 원자론적 명제로 환원하려는 시도이다. 그 때의 인간 본성은 소위 RARE 즉, 합리적인 '기내'를 가진 '대표적 경제주체'이며, 그들은 자신들의 평생 효용을 극대화하도록 행동한다. 그리고 변화는 '확률적으로' 무작위하게 발생하는 충격에 의존한다. 이것이 그들이 사용하는 '동태확률일반균형(DSGE)'이라는 틀이다. 이러한 시도들은(다행스럽게도) 실패할 수 밖에 없는 것이기는 하지만, 반면(불운하게도) 소수의 포스트 케인지언들은 이러한 미시적 기초라는 메타포에 대하여 긍정적인 평가를 하면서 사용하고 있기도 하다. (물론 대다수의 포스트 케인지언들은 이에 대하여 반대적인 입장이다.)

그 결과는 매우 심각하다. 2005년 12월 뉴신고전학파종합에 관한 회의에서 영국 정부의 경제 자문인 사이먼 렌-루이스(Simon Wren-Lewis)는 두 가지의 방법론적 접근법을 대비시켰다.

"'미시적 기초' 이전의 접근법은 자료의 정합성을 중시하고 있다. 현실 자료와의 정합성이 없는 모형은(계량경제학적인 의미에서) 기각되어야 한다는 것이다. 이와는 대조적으로 영란은행의 새 모형은 전혀 다른 접근법을 시현하고 있는데, 이러한 새 모형은 '현실과의 부합이 아니라' 미시경제학에 나오는 주요한 공리들과 정합성이 오히려 필수적인 것이다. 계량경제학적인 정합성은 필수적인 것이 아니고(그것들은 임시 방편적인(ad hoc) 비핵심적인 관계로서 '처리'되어 버리고), 단지 향후 더욱 더 미시경제학화되는 이론의 발전을 위한 일종의 지침 정도가 되어 버린 것이다"(Wren-Lewis 2007, 2009).

이처럼 '미시적 환원'과 그와 관련된 '미시적 기초'라는 메타포는 주류 거시경제학이 현실성을 상실하도록 기여를 하고 있는 가장 중요한 이유의 한 부분이다.

'미시적 환원'이 경제학에서 성공하지 못하는 이유는 적어도 두 가지다. 즉, '구성의 오류(the fallacy of composition)'와 '하향인과성(downward causation)'이 그것이다. 이 두 가지는 각기 다른 요소인데, 그 중 어느 하나라도 성립되는 경우 '미시적 환원'은 실패할 수 밖에 없다. 이러한 '미시적 환원'에 대한 반대적 개념은 '설명적 환원(explanatory reduction)' 내지는 '인식론적 환원(epistemological reduction)'이라는 점에 주의하자. 즉, 개인이 신체의 일부로 구성되어 있듯이 사회는 개인으로 구성되어 있다고 말하는 '존재론적 환원'에는 아무도 이의를 제기하지 않고 또한 그것은 절대로 흥미 거리가 될 수 없다. 하지만, 당신과 내가 몸의 각 부분을 합한 것의 이상인 것처럼, 사회는 이러한 개인이 가지고 있는 성질로서는 완전히 설명할 수는 없다.

진화경제학자들은 '미시적 환원'이 실패할 수 밖에 없는 제3의 이유를 추가하는 경우가 있다. 그것은 경제 및 사회 체제는, 그 것을 구성하는 개인들에 대하여 완전한 지식을 가지고 있다고 하더라도 그러한 완전한 지식으로부터 결코 도출하여 낼 수 없는 자체의 새로움, 즉 '창발성(emergent properties)'을 널리 가지고 있다는 것이다. 이러한 '창발성'은 경제적, 사회적 생활의 복잡함의 결과로서 보이는 반면, 위에서 언급한 '구성의 오류'와 '하향인과성'은 아주 단순한 체제에서 조차도 흔히 볼 수 있는 현상이다. 본 서의 지면의 한계 상, 이 매우 흥미로운 제3의 이유는 무시하고, 첫 번째 두 가지 논의에 집중하기로 한다.

경제학 분야에서는 '구성의 오류'에 대하여 잘 알려진 예가 있다(Lavoie 2014, pp. 16-22는 보다 상세한 논의를 제공하고 있다). 아마도 가장 잘 알려진 것은 '절약의 역설(paradox of thrift)'이며 케인즈에 의하여 강조된 바이다. 어떤 개인들도 그들이 원한다면 저축을 늘릴 수 있는데, 만일 사회의 모든 사람들이 투자를 늘리지 않고 다 똑같이 저축을 늘리는 시도를 하는 경우에는 산출과 소득은 떨어지고 반면 저축은 늘어나지 못한다. 흥미롭게도, 이 같은 논의의 1930년대 버전은, 케인즈가 아닌, 후에 노벨상을 수상한 라그널 프리시(Ragnar Frisch)가 원래 시초이다. 《일반이론》이 출판되기 4년 전인 1932년 노르웨이의 라디오 방송에서 프리시는 생산과 고용을 자극하기 위하여 소비를 촉진할 필요가 있다고 주장하였다. 반면 사회가 저축을 늘리려고 하면 결과적으로 소득은 줄고 저축은 감소한다는 것이다. 프리시의 주장은 노벨상을 수상한 로렌스 클라인(Lawrence Klein, 2006, p. 171)에 의하여 최근 호의적으로 평가된 바 있다.

또 다른 예는 칼레츠키의 '비용의 역설'이다. 임금인상이라는 것은 개별 자본주의 기업에게 있어서는 비용을 끌어올려 이윤을 감소시키기 때문에 항상 나쁜 뉴스이지만, 어떤 상황 하에서는 자본가 전체적으로는 '유효수요'를 증가시키고, 그 결과 생산액과 총 이윤을 증가시키기 때문에 좋은 뉴스가 될 수 있다. 제7장과 제8장에서 논의될 '임금주도형(wage-led)'과 '이윤주도형(profit-led)' 체제간의 구별은 이러한 '비용의 역설'에 있어서 중요한 의미를 가진다.

'유동성의 역설' 또한 케인즈와 민스키 양쪽에서 모두 암시되어 있다. 어떠한 한 기업이 보다 많이 유동성을 확보하려고 하는 경우 그렇게 결정을 실행할 수 있겠지만, 만약 모든 기업이 동시에 그렇게 유동성을 확보하려고 몰려 드는 경우 그것은 이자율 만을 상승시키고 어떠한 경우에 있어서는 주요한 금융 위기의 주요 원인이 될 수 있다. 마지막으로 이러한 문제에는 또한 국제적인 측면도 존재하는데, 잠재적인 구성의 오류는 어떤 일국이 다른 세계 경제와의 경제적 관계를 분석함에 있어서도 중요한 측면이다. 어떠한 한 나라가 환율을 평가절하거나, 실질임금을 강제로 감소시키거나 또는 단위 노동비용을 감소시키는 등의 방법에 의하여 다른 나라보다 더욱 경쟁력을 가질 수는 있지만, 이것이 만약 세계 전체적으로 실행된다면 아무 소용이 없다.

'하향인과성'이라는 것은(이것도 역시 명백한 것인데) 개인이라는 것은 그 개인이 속한 사회에 의하여 현저한 영향을 받으며, 또한 그 사회에 '편입되어 있는(embedded)' 경제에 의하여 영향을 받을 수 밖에 없다는 당연한 사실을 의미한다. 우리가 가지는 기호와 취향, 그리고 우리의 가치 기준과 믿음, 지식과 기술 등의 이러한 모든 것들은 사회가 가진 힘에 의하여 깊이 영향 받으며, 그러한 사회가 가진 힘이 변화하는 경우 그것들과 함께 우리도 변화하기 마련이다. 이러한 결과들은 소위 '미시적 기초'라는 것이 가지는 의미에 대하여 신중히 반성하여 본다면 명확히 보여지기 마련이다. 이것은 소위 건축으로부터의 비유인데, 이러한 '미시적 기초'를 사용한다고 함은 '하향인과성'이라는 개념과는 상충된다. 집이 지어질 때, 기초가 먼저 세워지고 그 기초는 그 위에 집을 새로 짓건, 혹은 향후에 집을 개조하거나 재 단장을 하건 혹은 현저하게 새로이 고치건 간에 변하지 않는다. 그러한 의미에서 집을 지을 때는 '하향인과성'이라는 것은 적용되지 않는 것처럼 보인다. 하지만 이러한 비유는 인간 사회에 적용될 수는 없는 것으로, 인간사회에서는 '하향인과성'은 아주 보편적으로 존재하고 또한 큰 영향력을 가진다.

일부 포스트 케인지언중에는 이러한 문제점을 인식하고 오히려 미시경제학에 거시경제학적 기초를 제공하여야만 한다고 주장하는 사람들도 있다. 그런데 이러한 시도는 다소 이상한 모습을 연출시키고 있다. 즉, 집을 지을 때 지붕 위에 기초를 설립하자는 주장과도 같다. 아마도 건설에 비유를 하는 것을 완전히 피하거나, 혹은 건설의 비유와 같은 수직적인 모습을 피하고 수평적인 비유를 찾는 것이 좋을 것 같다. 칼레츠키가 일찍이 언급하였던 것처럼, 거시경제학과 미시경제학은 상호 병존하는 것이고, 서로 긴밀하게 연결되고 영향을 주고 받는 것임에 틀림없는데, 또한 동시에 비교적 양자는 자율적이다. 따라서 어느 한쪽이 다른 쪽의 기초라는 생각은 접어야만 한다. 당연히 포스트 케인지언들은 자신들의 미시경제학 이론이 필요하며, 그것은 주류 경제학의 미시경제이론과는 다르고 반면 포스트 케인지언의 거시 경제이론과는 상호 정합적이어야만 한다. 이것이 다음 장에서 우리가 설명할 주제이다.

4장 주

[역주 51] 효율적 시장가설과 자본자산가격결정모형

나머지 전제 중 몇가지만 추가하여 독자들에게 보여주자면 다음과 같다. (No.1) 모든 경제주체는 위험기피성향을 가진다. (No.2) 그 위험기피성향의 정도는 경기변동에 따라 변하지 않고 고정적이다. (No.3) 그들이 가지는 기대 수준도 순전히 외생적이고, 경기 변동에 따라 바뀌지 않는다. (No.6) 이러한 기대는 옳고, 합리적이며, 미래 현금 흐름의 확률 분포는 확실하게 알려져 있다. (No.7) 금융 부문에서의 변화는 실물 부문에 영향을 주지 않는다. (No.8) 미래의 현금 흐름은 정규 분포 혹은 가우스 확률 분포를 따른다. (No.9) 모든 가격은 신축적이며, 증권들은 균형가격에서 거래 비용없이 자유롭게 팔고 살 수 있다. (No.11) 경제주체들은 무위험 이자율로 무한정 빌려주거나 빌릴 수 있다. (No.12) 아무도 부도가 나지 않는다. 문제는 이러한 비현실적인 가정을 사용하여 수식을 만들고 증명한다는 것이 도대체 현실과 어떤 관계가 있는가 하는 것이다. 가정이 비현실적이라도, 그러한 모형이 현실을 잘 설명하면 된다는 것이 결국 궁색한 변명인데, 이는 태양 흑점의 운동에 근거한 경기변동이론이라도 경기변동을 잘 설명하면 된다는 이야기와 같은 논리이다. 그런데, 문제는 실제 그 이론들은 실무 내지는 현실적 경험과는 현저한 괴리가 존재하는 점이다. 이 점은 그 이론의 강력한 수호자인 파마 *Eugene F. Fama* 의 고백에서도 드러나는데, 소위 '자본자산가격결정모형(Capital Asset Pricing Model 혹은 CAPM)'에 기반한 투자 이론은 단순하기 때문에 강력한 이론이지만, 경험적으로 볼 때는 현실과의 적합성이 아주 떨어져서 실제 응용에는 문제가 있다는 것이다 (Eugene F. Fama & Kenneth R. French(2004) The Capital Asset Pricing Model: Theory and Evidence, Journal of Economic Perspectives Vol. 18, No. 3, Summer 2004(pp. 25-46)). 그리고 그는 또한 '효율적시장가설' 자체는 검증될 수 없다고도 고백하고 있다 (Fama, E.(1991). *"Efficient Capital Markets: II,"* The Journal of Finance, Vol. 46, No. 5, pp. 1575-1617, December)

대학에서 가르치는 대부분의 '투자'와 '금융'에 대한 이론은 전적으로 이러한 자본자산가격결정모형에 근거하고 있는데 이들 기존 교과서는 마치 그 투자 이론들이 현실에서 타당하고 또 응용될 수 있는 것으로 가정하고 학생들에게 가르치고 있다. 이러한 CAPM 모형이 설령 옳다고 하더라도, 실무적으로 볼 때 그 응용 방식은 너무도 자의적인 해석에 의거하기 때문에 똑 같은 공식을 사용하더라도 사용자에 따라서 결과의 편차가 아주 심하다. 할인율, 혹은 Weighted Average Cost of Capital(WACC)의 1~2% 차이는 아주 쉽게 조작가능한데, 그에 따른 증권의 평가 가치는 엄청난 차이를 초래한다. 따라서 그 이론의 실무적인 용도는, 복잡한 과학적인 방법에 의하여 투자를 평가하는 것처럼 고객에게 눈속임을 하기 위한 것일 뿐이다. 그 중 가장 핵심적인 부분은 이 WACC을 추정하는 문제인데, 그러한 방법을 실무자들을 위하여 잘 요약하여 놓은 대표적인 책은 Tim Ogler and John Rugman, 2004, *The Real Cost of Capital*: *A Business Field Guide to Better Financial Decisions*, Financial Times Press이다. 그런데 책 재목이 시사하는 것과는 달리, 이 책을 읽으면 그 WACC을 추정하는 방법이 이론과는 달리 얼마나 자의적이고 주먹 구구식의 방식에 의존하는 가를 잘 보여준다.

[역주 52] 바빌론적 논리체계에 대하여

미국의 이론 물리학자 페이만(*Richard Phillips Feynman* 1918-1988)이 소위 수학에 있어서의 바빌론의 전통과 그리스의 유클리드 전통을 대비시키면서 전자보다 후자가 물리학의 발전을 위하여 더 효과적임을 강조하였음에 유래한다. 후자는 항상 가장 근본적이라고 생각되는 공리에서 출발하여 이론을 연역에 의하여 도출하는 체계를 가지고 있다. 반면, 바빌론에서의 수학은 공리에서 출발하지 않으며, 서로 동등한 위치를 차지하는 다양한 출발점들이 존재한다. 그리고 그러한 다양한 출발점들은 나중에 상호간의 어떤 관계로 다시 연결되는 것이고, 한 출발점에서 시작하는 논리를 잊어 버렸다고 하여서 다른 논리가 무력화되는 것도 아니다. 이러한 각기의 논증들이 모여서 체계를 이루고, 물론 또 나중에 서열화가 생길 수도 있다.

바빌론적 수학은 어떠한 현실적인 문제를 풀기 위한 각 상황 별로 적합한 어떻게 보면 부분적인 명제들로 구성되는데, 예를 들어 동일한 변수라도 각 논증의 상황에 따라 외생적인 변수로 간주하기도 하고 또는 내생 변수로 간주될 수도 있는 것이며, 어떤 논증은 통계적인 방법에 의존할 수도 있고, 다른 경우는 역사적 방법에 의존할 수 있는 것이다. 그리고 그들 각자의 관계는 서로가 연결되는 관계를 가질 수 있다. 즉, 바빌론적 논증 체계는 이러한 의미에서 열려있고, 반면 유클리드 체계는 닫혀있다. 후자는 체계 자체의 완전성을 추구하며, 따라서 현실과의 괴리를 의미할 수 있으며 필연적으로 원자론적(*atomism*)적인 입장을 취하기 마련이다. 그런데, 따라서 유클리드적인 체계는 물리학을 위하여서도 조차 효율적이지 못하며 유용하지도 못하다. 예를 들자면 중력의 법칙은 원자의 운동이나 다른 어떤 공리 등에 의하여 연역되는 것도 아니고, 또 그렇게 궁극적으로 될 수 있다고 하여도 그것을 추구하기 위하여 현실 자체의 적용을 뒤로 미루는 것은 효율적이지 못하다.

케인즈가《확률론》에서 추구한 논리는 결국 이러한 바빌론적 논리 체계와 관계가 깊은데, 본원적불확실성이 존재하는 '비(非)에르고드성'의 사회적 세계에서는 확실성이라는 것은 없으며, 모든 것은 변하기 마련이다. 그러나 이러한 '비(非)에르고드성'이 지배하는 사회를 이해하기 위하여서 어떠한 행위를 하기 위하여서는 수학적 계산에서 나오는 확실성이 아니라, 어떠한 명제들에 대하여 사람들이 가지는 '믿음'이 중요하다. 즉, 행위를 하기 위해서는 '인간(human)의 논리' 내지는 '통상적(ordinary) 논리'가 필요한 것이지 공리에서 출발하는 확실성이 지배하는 수학적 논리가 필요한 것이 아니라는 것이다. 인간의 행위는 다양한 종류의 직접적 지식, 간접적 이론적 지식, 관습적 지식, 동물적 본능 등을 결합하여 행하여지기 마련이라는 것이고, 유클리드적 연역은 그것을 위하여서는 적합하지 않다는 것이다(Sheila C. Dow. 2005 Axioms and Babylonian thought: a reply, *Journal of Post Keynesian Economics* 2005, Vol. 27, No. 3. p387). 단, 케인즈가 바빌론 체계에 대하여 직접 언급한 바는 그가 뉴튼의 전기에 대하여 기술할 때 뿐이었는데, 통상적인 믿음과는 달리 케인즈는 "뉴튼은 소위 '합리주의자(rationalist)가 아니라, 마지막 바빌로니아인 내지는 수메리아인이고, 마지막 마법사였으며, 약 1만년 이전에 존재하였던, 인류의 지적인 유산을 수립하기 시작하였던 사람들과 같은 눈으로 세계를 그 자체로 뚜렷하고 지적으로 이해하려고 노력하였던 그러한 위대한 정신 중의 하나"라고 이야기한 바 있다(Sheila C. Dow, 2012, *Babylonian Mode of Thought*, in J.E. King(ed), 2003, *The Elgar Companion to Post Keynesian Economics*, Edward Elgar. P. 11). 보다 자세한 내용은 위의 Sheila C. Dow(2012)를 참고하기 바란다.

5. 포스트 케인지언의 미시경제학

5.1. 방법론적인 전주곡

먼저, 소개를 위하여 일반적 사항 몇 가지를 언급할 필요가 있다. 포스트 케인지언적 미시경제학은 다른 비주류 경제학이나 준(準)비주류 경제학, 특히 제도주의 경제학뿐만 아니라 행동경제학이나 진화경제학등의 연구성과를 많이 이용하고 있다. 동시에 포스트 케인지언의 독자적인 아이디어도 이러한 인접 비주류 경제학에 공헌할 잠재력이 크다. 이 문제에 대하여서는 제9장에서 다시 한번 언급하고자 한다. 더욱이 포스트 케인지언과 교조주의 주류 경제학의 미시경제학 사이에는 현저한 방법론 상의 차이가 있다. 무엇보다 현실성 (혹은 '현실감(realisticness)')은 수학적인 편의성보다 훨씬 중요하다고 본다.

여기서는 특별히 세 가지 중요한 점을 강조할 필요가 있다. 첫째로, 우리가 취급하고 있는 것은 자본주의 경제이며, 자본주의 경제에서는 개개의 소비자(혹은 가계)가 아닌, 기업이 주도적 위치를 차지하고 있다. 따라서 이 장에서는 소비자와 그들의 효용 함수가 아닌, 기업과 기업의 가격 설정, 그리고 투자 결정에 초점을 맞추고 있다. 중요한 점은 소비자의 선호가 아닌 기업이 창출하여 내는 이윤이 경제를 선도한다. 둘째, 시장은 불완전하다. 대다수 기업은 어느 정도 상품에 대하여 시장지배력을 누리고 있고 이들은 가격을 수동적으로 받아들이는 것이 아니라, 가격 결정자이다. 또한 왈라스적인 허구적인 경매인이라는 것은 존재할 수 없다. 더욱이 대부분의 시장은 과점적이다. 따라서 우리가 취급하고 있는 것은 소수에 의한 경쟁이지, 교과서적인 독점이나 대규모 집단간의 불완전 경쟁은 아니다.

세 번째 점이 가장 중요한 것인데, 본원적 불확실성의 영향은 경제 전체에 만연하여 있기 때문에 정확한 극대화 전략을 실행하기 어렵거나 혹은 불가능하다는 것이다. 조안 로빈슨(Joan Robinson)은 그녀의 매우 영향력 있는 저서 《불완전 경쟁의 경제학》(Economics of Imperfect Competition; Robinson 1969)의 가장 중요한 결함 중 하나가 이러한 불확실성이라는 요인을 무시한 것이라고 시인한 바 있다. '기대'는 매우 중요하며, '확실성 등가(certainty-equivalent)'라는 개념으로는 환원될 수는 없다. 우리는 이러한 문제를 이미 케인즈가 '동물적 본능(animal spirits)'을 회사의 투자 결정 상 중요한 요소로서 강조하였을 때 이미 접한 바 있다. 장래의 비용을 예측하는 것은 쉽지 않은데, 장래의 수익에 대한 예측은 더욱 불확실하다. 포스트 케인지언의 기업 이론과 허버트 사이먼(Herbert Simon) 같은 행동주의 경제학자들 사이의 접점이 이에 있다. 허버트 사이먼 역시 효용을 극대화하는 행위보다는 오히려 '만족화(satisficing)'가 중요하다고 생각하며, 그의 연구는 사람들이 관습이나 '경험칙'을 사용하는 바에 초점을 맞추고 있다.

포스트 케인지언은 거시경제 이론뿐 아니라 미시경제학에서도 항상 '일반 균형 모형'과는 거리를 두어 왔다. 또한 그들은 대부분의 다양한 게임 이론적 논의에는 그다지 중요성을 부여하지 않는다. 왜냐하면, '게임이론이 상정하는' 어떤 객관적인 함수와 게임으로부터의 보수(pay-offs)는 '본원적 불확실성'의 제약하에 있으며, 따라서 확률적인 추정에 의하건 아니면 '확실성 등가(certainty-equivalent)'라는 개념에 의하건 간에 어떤 것으로도 환원 불가능하다.[역주 58] 이러한 포스트 케인지언의 시각은 모든 형식적인 모형화를 배제하

[역주 58] 이에 추가하여 게임 이론에 있어서 가장 문제가 되는 또다른 점은 바로 게임의 규칙을 누가 어떻게 설정하는가 하는 문제이다. 많은 게임이론은 초기 상황을 마치 게임에 참여하는 당사자들의 동등한 힘을 가지는 절대적인 '자연상태'로 간주하는 경향이 있다. 하지만 경제나 사회적 관계는 항상 기존의 질서에 '편입'되어 있다. 즉, 게임이론가들

는 것은 아니며, 단지 어떤 모형화이건 현실의 자본주의 세계의 복잡성을 고려하여야 한다는 제약하에 있어야만 한다는 것이다.

5.2. 포스트 케인지언 기업

포스트 케인지언의 회사는 오너가 관리하는 개인 기업이 아니라 주식회사이다. 소유권과 지배권의 분리에 관한 벌과 민스(Berle and Means)(1932)의 저술이 가진 영향은 상당하며, (문헌에서는 거의 인용되어 있지 않지만) 제임스 버남(James Burnham)의 '경영자혁명(managerial revolution)'의 개념이 분석에 도입되고 있다. 또한 포스트 케인지언은 제도주의적 사고에 크게 의존하고 있으며 존 케네스 갈브레이스(John Kenneth Galbraith)의 '테크노스트럭처(technostructure)'[역주 59]에 의하여 관리되고 있는 '신산업국가(the New Industrial State)'의 개념도 영향력을 가지고 있는데(Galbraith 1967), 이는 종래의 전통적인 자본주의의 소유자의 개념을 탈피한 것이다. 이러한 갈브레이스적 회사로부터 '금융

이러한 기존 질서 체제는 도외시 한 채, 노예제도는 노예와 주인의 동등한 게임의 결과이고, 모든 사회제도는 그러한 동등한 개인들간의 게임의 결과로 인한 '사회적 계약'에 의거하고 있다는 설명을 하고 있다. 가장 대표적인 예는 Andrew Schotter 1981 *The economic theory of social institutions*, Cambridge University Press. 반면 '건설'적인 게임이론의 응용의 예는 프랑스 조절학파에서 볼 수 있는데, 예를 들면, André Orléan 1988 *Money and Mimetic Speculation*, in Paul Dumouchel(ed.), 1988 *Violence and Truth-On the Work of René Girard*, Stanford University Press. 이때의 초기 자연상태는 권력의 불공평이 존재하는 사회이다. 혹은 Robert Boyer and Andre Orléan, 1992, *How do conventions evolve*, Journal of Evolutionary Economics(1992) 2:165-177를 참고할 것.

[역주 59] 기업에서 소유권과 경영권이 분리되면서, 기업의 의사 결정은 전문화된 경영자 집단으로 이전되어 행하여 지게 되는 구조를 의미. 갈브레이스의 저서 《산업국가》(*The industrial state*)에서 사용된 용어.

화'와 신자유주의 시대에 접어든 새로운 단계의 자본주의에서 요구되어지는 새로운 회사 형태로의 이행에 대하여서는 제8장에서 다룰 것이다.

따라서 포스트 케인지언에 있어서의 가격 설정과 투자이론은 '시장지배력(market power)'의 역할에 상당한 중요성을 부여하고 있는데, 이것은 기술적인 '규모와 범위의 경제(economies of scale and scope)'와 결합되어 있다(또한 후자가 그 원인이라고 볼 수 있다). 거의 모든 포스트 케인지언의 미시경제 모형에 있어서는 생산량은 주류 경제학에서와 같은 수확체감의 법칙에 의한 비용의 상승이 아니라 수요에 의하여서 제약되고 있다. 직접 비용은 생산량의 넓은 범위에 걸쳐 일정한 비율을 유지하는 경향이 있기 때문에 생산에 있어서는 고정 생산계수를 이용하는 투입-산출 모형을 사용할 수 있으며 투입(특히 자본과 노동)이 상대가격 변화에 따라 대체될 여지가 크지 않다.

가격 설정 행위에 대한 관련된 각종 경험적 증거를 요약한 자료는 쿠츠와 노만(Coutts and Norman)(2013, p. 460)에서 찾아 볼 수 있다. 수요의 증가는 직접적 생산량 증가와 기업의 제품 주문관리 장부상 주문목록이 길어지는 것으로 나타나는 경향이 있다. 가격인상은 수요의 증가에 의하여서가 아니라, 대체로 비용 인상에 기인하는 경우가 많다. 하지만 수요가 감소하는 경우 불가피하게 가격 인하를 단행할 수 밖에 없기에 비대칭성이 존재한다. '마크업' 가격설정은 매우 경쟁이 심한 시장에서조차 일반적이며, 과점상태에서는 더욱 그러한 경향이 있다. 이러한 '마크업' 가격설정은 제조업이나 서비스업 모두에 있어서 보편적이라고 할 수 있다.[역주 60]

포스트 케인지언의 가격 이론 상에 공통적인 두 가지 요소는, 진입장벽의 존재와 금융의 역할이다. 진입장벽은 기업이 자신의 '시장지배력'을 유지하기

[역주 60] '마크업'의 대표적인 예는 역주 64 참고.

위하여서 꼭 필요하다고 생각하는 요소이다. 기업의 가격 결정에 있어서 이러한 진입방지 전략은 중요한 요소이며, 이때 이러한 진입장벽을 설정하는 요소로는 규모의 경제 그리고 근자에 더욱 그 중요성이 커지는 요소로서는 소위 지적재산권을 들 수 있다. 금융에 관하여서는 포스트 케인지언은 '효율적시장가설(*efficient markets hypothesis*)'과 모딜리아니-밀러의 정리(*Modigliani-Miller theorem*)[역주 61] 모두를 부정하고 있기 때문에 기업이 가질 수 있는 부채의 수준은 중요하다. 이 문제에 대한 초기의 연구는 칼레츠키(1937)에 의하여 개진되었는데, 그는 '차입자의 위험(*borrowers' risk*)'과 '대출자의 위험(*lenders' risk*)'을 구분하였고,[역주 62] 과점시장이 독점시장으로 변화하지 않는 이유를 그러한 요소들에 의하여 설명하였다. 즉, 어떤 수준을 넘어서는 경우, 관리자들은 더 이상 차입하는 것을 원하지 않으며, 대출자들 또한 어떠한 한 개별 기업에 대하여 그들의 신용 공여를 더 이상 늘리고 싶지 않기 때문이라는 것이다. 이러한 것은 (유보 이윤을 이용한) 내부 금융이 가격 결정에서 중요한 역할을 차지하게 되며,[역주 63] '신용할당'이 기업의 확장에 있어서 잠재적으로 아주 중요한 제약조건으로 기능을 하는 것을 의미한다. 또한 이는 특히 민스키가 주장하였듯이 금융 공여 가능성은 주기적인 성격을 가지고 있는데, 금융가능성 여부는 기업의 투자에 있어서 중요한 요소이며, 경기 변동 주기에 따라서 불안

[역주 61] 기업의 가치를 산출함에 있어서 부채의 존재 유무는 상관이 없다는 정리. 개인과 기업의 차입 능력은 동일하고, 시장은 완전하며, 거래비용등의 존재하지 않는 다는 일련의 조건하에서 도출된다.

[역주 62] 역주 27을 참조

[역주 63] M. Kalecki 1937, *The Principle of Increasing Risk*, Economica, New Series, Vol. 4, No. 16(Nov.,1937), pp. 440-447 를 참고할 것

정하게 변화할 수 있음을 의미하기도 한다.

이것들은, 실제로는 포스트 케인지언 경제학 하에서의 매우 다양한 가격 설정 모형이 가지는 공통적 요소이다. 가장 최초의 가격설정모형은 소득 분배의 문제와 가격 설정을 연결시킨 칼레츠키의 연구였다. 그의 이론상의 과점기업은 평균 가변 생산 비용에 일정 '마크업'을 적용하여 가격을 결정하며, 이때 가변 생산비용이라는 것은 일반 현장 노동자의 임금과 생산 원자재의 가격을 더한 것으로서 사무직 노동자의 임금은 이에 포함되지 않는다. 이러한 '마크업'의 정도는 상품 시장의 독점의 정도에 의존한다.[역주 64] 노동과 자본 간의 소득 분배에 대한 칼레츠키의 공식 상에서는, 산업 생산품들에 관하여 이윤이 GDP에서 차지하는 비율은, 제조업 전체에 대하여 집계할 때 평균적인 독점의 정도와 원자재가격에 대하여 정(正)의 함수관계를 가진다. 칼레츠키가 구성한 그러한 모형의 최종 버전(1971)에 있어서는 조직화된 노동자의 교섭력도 고려되고 있는데, 그러한 교섭력은 자본가에 의한 '마크업'을 억제하는 경향

[역주 64] '칼레츠키'의 공식은 다음에서 출발한다. $p = mu + n\bar{p}$. 이때 p는 어떠한 기업이 생산한 제품의 가격, $\bar{p}$는 그 기업이 속한 산업 있어서의 가중 평균이고, u는 소위 prime cost이며 m, n은 각각 상수이다. prime cost는 대략적으로(생산물 단위당) 임금과 원재료의 합이다. 이는 기업은 자신의 prime cost와 그 산업에 속한 다른 기업들이 책정한 가격을 m과 n이라는 가중치를 부여하여 자신의 가격을 책정한다는 것을 의미한다. 그 산업의 어떤 대표적인 기업, 즉 $p = \bar{p}$인 경우, 위의 식은 $p = mu + np$가 되며 이를 정리하면 $\frac{p}{u} = \frac{m}{1-n}$가 성립하게 된다. 즉, 가격은 프라임코스트에 대하여 적절한 계수 ($\frac{m}{1-n}$)를 곱하는 방식의 마크업으로 결정된다는 것이다. 이때 ($\frac{m}{1-n}$)은 독점의 정도를 대변할 수 있다. 즉, m, n이 높을 수록, ($\frac{m}{1-n}$)은 높아진다. 보다 자세한 내용은 M Kalecki. 1954 *Theory of Economic Dynamics-An Essay on Cyclical and Long-Run Changes in Capitalist Economy*, Routledge 12-18 참고.

이 있고, 그로 인하여 이윤을 줄이는 댓가로 임금이 전체에서 차지하는 몫을 증가시킬 수 있다고 칼레츠키는 생각하게 되었다.

가격 설정 문제에 대한 다른 접근방식도 영향력이 있다. '필립 앤드루스(Philip Andrews 1949)'와 '파올로 시로스 라비니(Paolo Sylos-Labini 1961)'가 제시한 가격설정 모형에서는 시장에 새로운 경쟁사의 진입을 막기 위한 욕구를 달성하기 위한 중요한 요인으로서 '마크업'가격 결정이 활용되고 있다. 즉, 가격결정은 본질적으로 미래 지향적이라는 것이다. 에드리언 우드(Adrian Wood 1975) 및 제프 하코트와 피터 케논(Geoff Harcourt and Peter Kenyon 1976) 등의 영국 케임브리지 가격설정 모형에서 중요한 요인은 회사의 내부 금융에 대한 필요성이다. 이때 회사의 모토는 '이윤을 유보하고 재투자한다'라는 것이며, 이때 이윤이라는 것은 성장을 위한 중요한 경로가 된다. 또한 이는 회사의 안정성을 유지하기 위한 길이기도 한데, 왜냐하면 규모가 커지고 빠르게 성장하는 기업들은 다른 기업에 의한 인수합병의 대상으로 전락하거나 혹은 회사의 부도 가능성 등의 위험으로부터 비교적 멀어질 수 있기 때문이다.

아이러니하게도 이러한 기업 가격 결정에 대한 시각은 서방 자본주의보다 후기 사회주의 헝가리에 더 직접적으로 연관되어 있는 것으로 보였다. 1980년대 헝가리의 준시장체제의 경영자에게는 투자에 대한 끊임없는 욕구가 있었고, 그에 따라 가격을 설정하였다. "이윤 동기가 사라질수록 오히려 이윤 수준은 높아지는 경향이 있다. 왜냐하면 분권화된 사회주의 경제에서의 투자 결정은 오로지 기업의 성장에만 관심을 가진 경영자에 의하여 이루어지기 때문이다."(Szego 1991, p. 336, 원래의 강조는 제거). 서방 자본주의에서의 기업 경영자들도 유사한 동기를 가지게 되는데, 이는 가격 설정과 투자에 관한 최초의 포괄적인 포스트 케인지언적 모형을 구축한 알프레드 아이히너(Alfred Eichner, 1975, 1987)에서 볼 수 있다. 반면, 종합적인 모형은 마크 라부와(Marc

Lavoie 2014, 제3장)에 의하여 정리되어 있는데, 그의 모형에서는 회사의 성장률과 이윤율은 '금융 프론티어(finance frontier)'(내부 유보 이윤 규모에 의하여 결정됨) 및 '확장프론티어(expansion frontier)'(이것은 회사의 이윤율과 산출 성장률 간의 역U자형 관계를 나타낸다)의 교차점에 의하여서 정해진다[역주 65].

[역주 65] 이는 다음과 같은 도표로 설명할 수 있다.

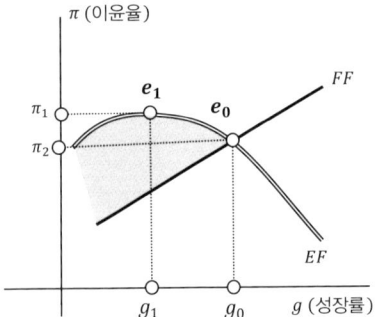

기업의 성장은 투자활동을 통하여 달성되는데, 금융프론티어 (FF)는 금융제약하에 달성 가능한 이윤율과 성장률의 조합이다. 즉, 이는 어떤 성장률을 달성하기 위한 금융조달을 가능하게 하는 최소한의 필요 이윤율수준을 나타낸다. 고성장을 달성하기 위하여서는 보다 많은 투자가 필요하며, 그 금융을 위하여서는 더욱 높은 이윤율이 요구되기에 FF곡선은 우상향하는 형태를 가진다. 동일한 이윤율하에서는 이 곡선의 경계선 우측에 위치한 성장률은 달성불가능하기에, 가능한 영역은 경계선 상이나 혹은 그의 좌측에만 위치한다. 반면 기업의 확장프론티어(FF)는 기업이 당면한 상업적, 기술적 제약을 보여준다. 즉, 시장 상황과 가능한 기술적 수준에서 어떠한 투자활동 (내지는 성장률)으로 인하여 최대한으로 달성 가능한 이윤율을 나타내고 있다. 그런데 최초에는 규모의 경제로 인하여 성장률이 높아지면 이윤율도 증가하다가 투자 규모가 커지고, 성장률이 높아질수록 기업 내부의 비효율성이 증가하여 (이를 펜로즈 (Penrose)효과라고 한다), 어떠한 일정 수준의 성장률 (그림에서는 g_1)을 넘어서면 이윤율은 저하되는 경향이 있기에, 그 곡선은 그림과 같이 역 U자 형태처럼 나타난다. 이 확장 프론티어의 경계를 넘어 상위의 내용이 아주 대략적인 설명이라고 할 수 있다. 조금 더 세밀한 접근은 프레드 리(*Fred Lee*)에 의하여 수행되었는데(1998년, 2013년), 그는 조직이론과 관리회계들의 다양한 문헌을 참고하여 대기업들에 의하여 적용되는 '마크업'을 결정하는, 일견 서로 유사하게 보이지만 흥미로운 차별화점이 존재하는 규칙들을 구별하였다. 그런데, 그는 그 연구의 결과에 대하여서는 그다지 만족스럽게 느끼지 않았다. "내 입장은 결국 이윤의 '마크업'이 어떻게 결정되는가를 알지 못한다는 것이다. 왜냐하면, 아무도 기업들의 내부에 들어가서 그러한 '마크업'을 하는 규칙들을 알아내는 고된 작업을 한 바가 없기 때문이다"(개인적 서신, 2014년 4월 22일). 애석하게도 프레드 리는 그러한 규칙을 파악하는 고된 작업을 완수하기 전인 2014년 작고하였다(Jo and Todorova 2015).

대부분의-제4장에서 본 것처럼 전부는 아니지만-포스트 케인지언은 '미시적 기초'라는 메타포를 피하고 있다. 하지만 기업 이론이 소득의 상대적 점유율, 총투자, '유효수요', 고용 및 (장기적으로는) 경제성장률 등의 거시경제적 결정 요인 등에 실질적으로 중요한 함의를 가지고 있음은 충분히 인식하고 있는 것이다. 따라서 요세프 슈타인들은, 기업과 상품의 라이프 사이클에 관한

위에 위치한 영역은 기술적, 상업적으로 달성 불가능하다. 따라서 두 프론티어를 종합할 때, 기업이 선택 가능한 영역은 그림 상 회색부분으로 한정된다. 그런데, 이 달성 가능한 영역 중의 최종 선택은 기업의 목표에 따라 다르게 나타난다. 최대 성장률을 추구하는 전문 경영자가 지배하는 기업은 e_0를 선택할 것이며, 반면 주주자본주의의 부활과 금융화의 진전에 따라 이윤율 극대화를 추구하는 기업은 성장률을 포기하고 이윤율이 극대화되는 e_1을 선택하기 마련이다. 이에 대한 최근의 논의는 다음을 참고. Dallery, T. (2009), 'Post-Keynesian theories of the firm under financialisation,' *Review of Radical Political Economics*, 41(4), 492-515; Rabinovich, J. (2021), 'Financialisation and the 'supply-side' face of the investment-profit puzzle,' *Journal of Post Keynesian Economics* Volume 44-Issue 3.

그의 생각을 '체제로서의 미국 자본주의의 성숙과 정체'를 분석하기 위하여 확장시킨 바 있다. 하지만 그는 이후에 이같은 생각을 재고하였다(King 1995b). 그의 초기 저작은 폴 바란(Paul Baran)과 폴 스위지(Paul Sweezy)가 주도하였던 미국 마르크스주의의 독점 자본주의 학파에 영향을 주었는데, 그의 초기 생각들은 글로벌 자본주의의 상이한 발전 단계에 주목하는 최근의 포스트 케인지언적 모형에 훨씬 잘 부합한다. 우리는 이러한 포스트 케인지언적 모형들을 다음 장들에서 성장이론을 논의하거나(제 6장), 혹은 글로벌 금융위기의 원인을 논의할 때(제 8장) 다시금 고찰할 예정이다.

반면, 불가피하게도 아직 해결하지 못한 다양한 문제들은 존재한다. 특히 디지털 경제에 있어서 무엇이 생산되고 있는 가는 불분명하지만(디스크인가? 사용설명서인가? 혹은 지식 또는 오락?) 평균 변동비는 아주 낮음에 반하여 초기 고정비는 상당히 크다. 이러한 경우에서는 단순히 다양한 종류의 가변비용에 대한 '마크업' 가격 결정은 적용되기 힘든 것 같으며 오히려 전체 비용에 대한 가격 결정이 주효할 것 같다. 특히 이러한 경향은 무형자산, 무엇보다도 지적 재산의 가치가 큰 폭으로 증가하고 있고, 특허, 상표권 또는 저작권 등의 수단을 통하여 아주 강력한(물론 일시적일 수 있지만) 진입장벽을 형성하는 것 등에 의하여 가속되고 있다. 조세프 슘페터가 살아있다면 이러한 새로운 형태의 디지털 기업을 충분히 인식하고 있었을 것이지만 반면 칼레츠키나 요세프 슈타인들은 다소 당황하였을 것도 같다. 또한, 새로운 단계의 금융 자본이 등장함으로 인하여 실로 무수히 많은 질문들이 추가적으로 생겨나게 된다. 이러한 금융 자본의 등장은 기존의 '기업의 이해관계자 이론(stakeholder theory of the firm)'[역주 66]을 진부한 것으로 만들고, 경영진의 자율성을 축소시키는 결과를

[역주 66] 본문의 195페이지를 참고할 것

초래하게 되었다. 이같은 질문은 본서 제8장에서 좀더 자세히 다룰 예정인데, 어찌되었건 그러한 경향은 기업이 노동을 취급하는 방식 상의 큰 변화를 야기하게 된 것이다. 이러한 점에 대하여서는 다음의 절에서 설명을 하겠다.

5.3. 노동 시장

미시경제이론의 다른 어떤 측면보다도 노동시장 분석에 있어서 '구성의 오류'는 심각할 수 있다. 이 노동시장에 있어서는 '다른 조건은 불변(ceteris paribus)'이라는 가정을 적용하는 것은 명백히 불가능한데, 왜냐하면 고용으로부터 창출되는 소득은 국가 전체 소득의 절반 이상을 점유하고 있는 것이 현실이고, 소비 지출 항목을 결정함에 있어서 단일 항목으로는 가장 중요한 요소이기 때문이다. 만약 임금을 삭감한다면 그것은 소비지출을 감소시키고 그에 따라 상품 수요와 노동 수요 곡선 모두를 수축시키는 방향으로 경제를 이동시키기 마련이다. 더욱이 이미 본서 제2장에서 본 것처럼, '노동시장'이라는 것은 왈라스적인 의미에서의 '진정한' 시장이 아니다. 왜냐하면, 노동 가격(즉, 실질임금)이 변동하더라도 노동 시장은 청산되지 않기 때문이다. 따라서 고용 수준과 실업률은 노동시장 외부적 요인, 구체적으로 말하자면 '유효수요' 수준에 의존하고 있으며, 따라서 고용 수준과 실업률은 상품 시장에서 결정되는 것이지 노동의 수요와 공급에서 결정되는 것은 아니다.

포스트 케인지언들이 노동시장을 주류경제학식의 소위 '미시적 기초'에 의하여 분석하는 것을 거부하는 것은 또 다른 하나의 중요한 함의를 가진다. '하향인과성'이 이 경우 특별히 중요한데, 왜냐하면 완전고용 하에서의 노동시장들에서 나타나는 특징들은, 현저히 비자발적 실업이 존재하는 경우에서 보여지는 바와는 근본적으로 다르기 때문이다. 완전고용 하에서만 노동자는 일자리를 잃어도 무관심할 수 있고, 그 경우에만 그는 똑같이 좋은 일자리를 쉽게 찾을 수 있기 때문이다. 그러한 완전 고용 상태에서만 기업이 처하는 노동공급 곡선이 완전히 탄력적일 수 있으며, 또한 노동시장이 완전히 경쟁적일 수 있다. 하지만, 상당한 '비자발적 실업'이 있을 때는 노동시장이 항상 완전경쟁적이지는 못하다. 즉, 노동자들의 입장에서는 자신의 직장에 연연할 수 밖에 없는데, 왜냐하면 현재의 직장과 같은 적당한 일자리를 찾는 것이 결코 쉽지 않다는 것을 예상할 수 있기 때문이다. 따라서 어느 정도의 임금 삭감을 감수할 수 밖에 없는 처지에 놓이게 된다. 따라서 완전고용 상태가 아닌 한, 기업이 직면하는 노동의 공급곡선의 경사는 우상향하지 않으며, 고용주는 일종의 수요 독점(monopsony)을 할 수 있는 힘을 가지게 된다. 이에 따라 노동시장에서는 실질임금과 고용수준 사이에 존재하는 것처럼 여겨지는 단순한 부(負)의 관계는 미시경제 차원에서도 더 이상 존재하지 않게 된다.

  이러한 분석은 사실 신고전학파의 기업 이론에서도 직접적으로 도출할 수 있는 결론임에도 불구하고 주류 경제학의 노동 경제학에서는 충분히 고려되어 있지는 않다. 그러나 조금 더 포괄적으로 생각하였을 때, 신고전학파의 노동경제학이 문제가 있다는 충분한 이유가 존재함을 알 수 있다. '제한적 합리성(bounded rationality)'은 다른 어떠한 경제생활의 영역보다도 노동 현장에 더 적용된다고 생각된다. "노동자들은 자신이 현재 하고 있는 일에서 느끼는 불만족이 아주 강한 경우에만 더 좋은 직장으로 전직을 고려한다. 마찬가지로 고용주들도 매일 아침에 전체의 노동력을 평가하고, 등급을 매기고, 해고하고 다시 재고용하는 행위를 반복하지는 않는다"(King 2001, p. 66). 그리고 직장이라는 곳은 단순히 소득 수입을 얻기 위한 곳은 아니다. 직장은 일종의 '사회적 제도'인데, 그 안에서는 모방과 질투심, 다른 한편에서는 공평성과 연대성이 동시에 고려되고 있으며, 이러한 것들은 개인들이 조합에 가입하거나, 비공식적 작업 그룹에 강한 의지를 표명함에서 엿볼 수 있다. 혹은 주류경제학에서

흔히 말하듯이 노동자가 여가시간과 소득안에 존재하는 일종의 트레이드 오프에 신경쓴다기 보다는, 그러한 '사회적제도'로서의 직장 내에서는 (케인즈가 생각하였듯이) 오히려 노동자들 간의 상대적인 임금 차이에 더욱 신경을 쓰는 것이다(p.66). 이러한 일련의 생각들은 고용 관계에 관하여서 포스트 케인지언의 노동 경제학, 제도주의자 그리고 마르크스주의 모두가 가지는 공통적인 생각이다. 제도주의자들은 노동시장이라는 것은 사회관계들 속에 깊숙이 편입되어 있다는(embedded) 점을 늘 강조하여 왔다. 마르크스주의자와 마찬가지로 포스트 케인지언은 생산을 왈라스적 교환관계에서 나타나는 현상이라기보다는 홉스적 현상으로 인식하고 있으며, 고용계약이라는 것은 단순히 상호간의 호혜적인 교환 관계가 아닌, 본질적으로 '권력관계(power relationship)'라고 생각한다.

또한 주목할 점은, 위의 이러한 분석들은 뉴케인지언들이 주장하는 소위 '효율임금(efficiency wages)'과도 어떠한 연관성은 있다. 왜냐하면 두 경우 모두 '노력협정(effort bargain)'[역주 67]이 아주 중요한 고려 사항이며, 그것이 '상호간의 호혜적 선물교환(mutual gift exchange)'임의 증거임과 동시에 잠재적 갈등의 원인이기 때문이다. 포스트 케인지언은 조셉 스티글리츠(Joseph Stiglitz)가 내세운 3가지 뉴케인지언 원칙을 지지하는데, 그는 노동의 경우에는 다음과 같이 말하였다. 즉, "'수요와 공급의 법칙(The Law of Supply and Demand)'은 타당하지 않게 되었다. 그리고 '일물 일가의 법칙(The Law of the Single Price)' 또한 타당하지 않게 되었다. 그리고 '후생경제학의 근본 정리(The Fundamental Theorem of Welfare Economics)'[역주 68]도 유효하지 않음이 보

[역주 67] 노사간에 임금과 노력을 연동시키는 합의
[역주 68] 소비자가 특정 선호체계(강단조성)를 가지고 외부성이 없으면 일반균형 경쟁

여졌다"(Stiglitz 1987, p. 41). 노동시장에서 고용주는 더 낮은 임금으로 일하겠다는 외부자의 제의가 있다고 하더라도 그를 받아들이는 동기가 없는데, 이는 기존 종업원과의 협력관계를 위험에 처하게 하지 않기 위함이다(다만 이는 '유효수요원리'을 보완하는 것이지 이를 대체하는 것이 아님을 주의할 것). 노동시장은 '분리(segmented)'되어 있는데, 이는 부분적으로는 임금과 생산성 간에 존재하는 정(正)의 관계의 정도는 각 기업마다 상이하며, 따라서(소위 '인적자본(human capital)'의 부존량을 포함하여) 아주 유사한 자질을 가진 노동자라도 각 기업에 따라서 받는 임금의 차이가 존재하는 것이다. 또한 공정성(fairness)과 정의(justice)라는 감정은 노동자가 제공하는 노력에 영향을 주고, 이를 통하여 생산 수준에 영향을 주기 때문에, 일의 할당과 분배를 분리하는 것은 불가능하다.

그러나 신자유주의 시대의 현저한 특징으로 되어 왔던 임금 격차의 확대와 그 결과로 인한 고용으로부터의 소득 불평등의 확대를 감안할 때에는 필히 고려하여야만 할 다른 중요한 측면도 있다. 주류 노동경제학자들은 기술적 변화에 가장 중점을 두고 있으며, 그들에 따르자면 그러한 기술 변화는 저숙련 노동자를 희생시키는 반면 고도의 숙련도와 교육을 겸비한 근로자에 대한 수요를 증가시킨다. 그런데, 포스트 케인지언들은 이에 더하여 두 가지 중요한 요소들을 추가한다. 첫번째 요소는, '글로벌화'인데, 그것은 저임금에 기초한 개발도상국의 생산자와의 경쟁이 심화되어 선진 자본주의 국가에서의 비숙련 노동자가 노동시장에서 가지는 위상이 격하된다는 것이다. 두 번째 요소는 첫 번째 요소와 관련되어 있는데, 신자유주의 시대에 들어서 조직화된 노동자의 힘을 약화시키는 광범위한 사회적 정치적 변화가 존재한

은 파레토 최적이며(1정리), 만일 선호체계가 볼록성(convexity)을 가지면 파레토 효율적 배분은 일반경쟁 균형이 된다(제2 정리).

다. 이러한 변화의 결과로서 고용상의 안정성이 저하되고, 노동시장에 대한 규제 상의 균형추가 현저히 고용주를 위하여 기울어 지게 되었고, 또한 장기적으로 법정 최저임금의 상대적인(미국의 경우는 절대적인) 가치의 하락이 초래된다.

더 심각한 일이 발생되고 있는지도 모른다. 제럴드 프리드먼(Gerald Friedman 2014)은 '기그 경제(gig economy)'[역주 69]의 대두를 지적하고 있는데, 그러한 경제에서는 이미 많은 노동자들이 기업과의 장기적인 관계를 의미하는 '직업'을 가지지 못한다(또한 이것은 그들이 영미법(common law)이나 노동시장법에서 보장된 권리를 박탈 당함을 의미한다). 대신 그들은 독립적인 하도급업자 내지는 컨설턴트라는 형식으로 일하게 되며, 음악가들이 공연에서 어떠한(단기적으로) 주어진 시간 동안 어떤 특정한 과업을 완수하는 것과 같은 형태로 일한다(호주의 경우 대학에서 일자리를 찾기 위하여 분투하는 젊은 학자들은 이러한 문제점을 너무도 잘 알고 있을 것이다). 이러한 현상으로 인하여 그나마 노동시장에 관련된 규제를 통하여 노동자를 보호하기 위한 장치들은 현저히 약화시키는 결과를 초래하였으며, '시장의' 위험에 대한 책임을 기업으로부터 노동자 개인, 그리고 결국은 가계로 이전시키게 된다. 이는 쿠어트 로스차일드가 이미 수년 전에 지적한 바(1945), 기업가라고 불리는 독특한 투입재 내지는 생산요소가 사업의 위험을 부담하기에 그렇지 못한 노동자에 비해 더 많이 분배를 받는다는 신고전학파경제학의 주장을 무색하게 만든다. 동시에, 이러한 현상은 금융 지배자본주의 시대에 있어서 소위 '기업의 이해관계자 이론(stakeholder model)'의 몰락이 초래한 또 다른 결과라고 볼 수 있다(Slater and Spencer 2014).

지난 30년에서 40년 사이에 발생한 불평등의 증가에는 거시경제적인 측면도 있다. 그것은 미국뿐 아니라 거의 모든 선진 자본주의 국가에서 있어서

[역주 69] 독립형 일자리라고도 불리우는 형태의 고용으로, 기업은 노동력이 필요할 때마다 건 별로 계약을 하여 노동을 채용하는 형태

총생산에서 임금과 이윤이 차지하는 비율에 관한 것으로, 이는 시드니 웨인트롭(Sidney Weintraub)의 예상을 뒤엎는 결과이다. 임금 점유율은 일정 수준을 유지하지 못하고 오히려 현저하고 지속적으로 저하되고 있으며 그에 따라 이윤 점유율은 반대로 증가하고 있다. 따라서 이윤 점유율은 60년대 후반 내지는 70년대 초반에 있어서 잠깐 동안 지속되었던 뚜렷한 '이윤압박'을 역전시키기 위하여 필요한 수준 이상으로 상승하였다. 이에 대하여서는, (이론적인 모순성을 내포하는) 신고전학파 한계생산성 이론에서 이야기하는 상대적 점유율이나, 혹은 그에 대한 대안인 (영국) 케임브리지가 주장하는, 투자의 소득에 대한 비율의 변화에 의존하는 이론도 설득력 있는 설명을 제공하지 못한다. '글로벌화', '금융화' 그리고 만성적인 높은 실업률에 의하여 야기된 노동조합이 가지는 교섭력의 붕괴는 이미 이러한 임금이 전체에서 차지하는 비율을 하락 시킴에 있어서 중요한 역할을 하였으며, 또한 그러한 경향은 현재에도 진행되고 있다 (Glyn 2006; Hein 2012, 제2장).

결론으로서 두 가지 점을 거듭 강조할 필요가 있다. 첫째로, 지금까지 본 것처럼, 포스트 케인지언에서의 노동경제학은, 본질적으로 그리고 불가피하게 '다학제적(multi-disciplinary)'이다. 정치의 역할은 글로벌화가 가지는 위력, '금융화', 그리고 그에 따른 계급 권력과 사회제도상에 있어서의 변화라는 측면에서 볼 때 불가피하게 중요하다. 이점에 있어서 마르크스주의 정치경제학이나 제도주의와의 뚜렷한 관련이 존재하는데, 이는 본서의 제9장에서 고찰할 것이다. 두 번째로, 노동 시장의 상세한 연구는, 썰월의 핵심적 명제 중의 하나를 보강한다(제2장 참조). 고용 수준은 본질적으로 거시경제의 문제이기 때문에 단순한 미시적인 경제정책 상의 개혁은(비록 그것이 올바른 방향으로 작용 하였다 하더라도) 실업에 미치는 영향은 매우 제한적이다. 즉, 거시적 원리로서 '유효수요원리'는 한층 더 중요하다.

5.4. 소비자와 가계

소비자와 가계문제에 대한 출발점은 역시 '본원적 불확실성'이다. 인간이라는 것은 주류 경제학에서 말하듯 예산 제약하에서 평생에 걸친 효용을 극대화하는 존재는 아니다. 일단, 이러한 야심에 찬 목적을 만족시킬 만한 정보라는 것은 얻을 수 없으며, 더욱이 확률적으로 얻는 것 조차도 불가능하기 때문이다. 하지만 이렇게 말한다고 하여서 인간이 비 합리적으로 행동한다는 것은 절대로 아니다. 단지 그 합리성이라는 것은 '제한적(bounded)'이라는 것이며, 사람들은 최적화를 추구하는 것이 아니라, 단지 '만족도(satisfaction)'를 추구하는 선택을 하는 경향이 있다는 것뿐이다(Simon 1991). 혹은 케인즈가 말하듯 자신들이 얻을 수 있는 정보가 주어진 하에서 합리적으로 행동한다. 이에 한가지 추가하여 언급할 점이 있다. 경제주체에 대한 포스트 케인지언적 접근법은 주류경제이론에서 채택하고 있는 '방법론적 개인주의'와, 이와 반대의 위치에 있는, 극단적인 '방법론적 전체주의' 모두를 거부한다. 후자의 경우에 있어서는 개인의 특성이 사회구조에 의하여 완전히 결정된다. 이 두 가지 극단을 거부하고 포스트 케인지언들은 경제주체와 사회구조가 서로 상호 의존적인 중도적 방법론을 채택하고 있다. 소비자의 기호는 어느 정도는 내생적(endogenous)[역주 70]이기는 하지만, 기업의 광고 선전에 의하여 완전히 조작되거나 착취는 되지 않는 어느 정도의 재량은 가지고 있다는 것이다.

이러한 방법론적 고찰에 근거하여 라부와는 포스트 케인지언에서 주장하는 소비자 이론의 7가지 원칙을 정리하였다(Lavoie 2014, 제2장). 첫째는 '절차적 합리성(procedural rationality)'인데, 이는 최적의 결과가 아니라 '만족스러

[역주 70] 주류경제학의 가정처럼, 철저히 외부적으로 주어져서 고정되어 있다는 것이 아니라, 경제 제체 내의 다른 요인에 의하여 영향을 받는 다는 것이다.

운(satisfactory)' 결과를 추구하는 것, 현재와 최근의 과거를 미래에 대한 지침으로 사용하는 것, 뚜렷한 반대의 이유가 없는 한 다수파의 의견에 따르는 것, '불확실성'의 크기를 줄이려고 하며, 그러한 불확실성을 줄이는 것이 불가능함이 증명되었을 때 결정을 미루는 것 등을 포함한다. 습관, 일상, '경험칙', 관습 등은 '합리적'이라고 하기 보다는 충분히 '수긍할 수 있는(reasonable)' 행위를 구성하는 요소들이며, 그것은 거부할 명백한 이유가 없을 때는 타인들의 의견을 따르는 성향에서 비롯되는 것들이다.

두번째 원칙은, 욕구는 어느 수준까지 달성되면, '충분히 충족이 된다(needs are satiable)'는 것이다. 어떤 소비 수준의 이상에 도달하면 더 이상의 재화를 구매하지 않으며, 이것은 가격이 아무리 저렴하더라도 마찬가지이다. 이것은 신고전학파 수요이론에서 강조되고 있는 대체효과의 중요성에 의문을 제기한다. 셋째로, '욕구는 분리 가능하다(needs are separable)'. 욕구에는 서열이 있는데, 제일 먼저 가장 필수적인 욕구가 만족되어야하고, 그러한 연후에야 그보다 더 상위의 욕구를 달성하려고 한다. 따라서 소비자의 결정은 세밀히 구분이 된 다단계 결정과정으로 분해된다. 이러한 각 범주의 욕구 간에는 대체성이라는 것은 없으며, 이 또한 역시 신고전학파의 가격 변화에 따른 상품의 대체원칙에 대하여 의문을 제기할 수 밖에 없게 한다. 아주 많은 경우에 있어서 수요의 '자기 가격 탄력성(own-price elasticities)' 및 '교차가격탄력성(cross-price elasticities)' 그 자체들은 높지 않음이 많은 증거를 통하여 입증될 수 있다.

이것은 제4의 원칙인 '욕구의 종속성(subordination of needs)'과 밀접하게 관련되어 있다. 욕구의 서열이라는 개념은 필수품과 사치품 사이의 고전적인 구별(혹은 스라파의 '기본적 재화(basic goods)'와 '비기본적 재화(non-basic goods)' 간의 구별)을 보다 정교화 시킨 개념이다. 이것은 '절차적 합리성'과 부합하는데, 왜냐하면 소비자는 모든 재화에 대하여 일일이 선호도의 순서를 정할 필요가 없으며, 또한 같은 맥락에서 볼 때, 효용이라는 단일 척도를 사용하는 것을 배제한다. 이러한 원칙은 기존 신고전학파에서 이야기하는 소비자 선호의 연속성(*continuity of preferences*), 무차별성(*indifference*), 그리고 조대체성(*gross substitution*)이라는 원칙들을 부정한다. 이는 다시 말하자면 소비자들은 '사전편찬식(*lexicographic*) 선호 체계'를 가진다는 것이다(Lavoie 2014, pp. 105-14).

다섯째 원칙은, '욕구의 성장(*growth of needs*)'이다. 어떤 일차적인 욕구가 충족이 되면, 소비자는 자신의 예산이 허용하는 한, 한 단계 더 높은 차원의 대상으로 옮겨간다. 이는 일반적으로 소득효과가 대체효과보다 더(혹은 훨씬 더) 중요하다는 것을 의미한다. 이것은, 라부와에 의하면, "포스트 케인지언의 초점이 '유효수요' 즉 거시적으로 측면에서의 소득 효과에 맞추어져 있는 것과 대응하는 미시적인 측면이다"(p. 102). 이러한 관점은 최근의 소비자 신용과 가계 부채의 증가와 연관되어 중요성이 커지고 있다.

여섯째 원칙은 '비독립성'이다. 어떤 개인의 기호나 취향은 타인들의 소비 결정에 영향을 받는다. 우리는 친구나 이웃의 선택을 관찰하고 모방하며, 사회 서열상 자기보다 바로 위에 위치한 사람들이 이미 선택한 상품을 소비하려고 애쓴다. 모든 소비는 과시적 소비[역주 71]이며, 이는 쏘스타인 베블런(*Thorstein Veblen*)으로부터 존 케네스 갈브레이스(1958년)까지 이르는 제도주의

[역주 71] 의식적인 과시와 더불어서, 무의식적으로 체화되는 경우도 많다. 후자의 경우의 분석은 부르디외을 참고할 필요가 있는데, 그의 저작들은 포스트 케인지언의 연구주제와 밀접한 관련이 많이 있다. Pierre Bourdieu, 1984, *Distinction: A Social Critique of the Judgement of Taste*, Harvard University Press 참조. (구별짓기, 피에르 부르디외 저, 최종철 역, 새물결, 2005년)

자들이 항상 주장하여 온 것이다. 이것은 소위 '지위재 혹은 위치재(positional goods)'라는 개념과 연관이 되어 있는데, 이러한 상품은 다른 사람이 쉽게 접하여 소비할 수 없는 한에서만 가치를 지니게 된다. 왜냐하면, 그렇지 않은 경우에는 그 상품은 어떠한 사회적으로 특별한 것을 할 수 있는 사람에게만 해당되는 것이 아니기 때문이다. 이것은 이미 잘 알려진 '행복의 패러독스(paradox of happiness)'의 주요 요인처럼 보인다. 1인당 실질소득은 시간이 지날수록 상승하지만 행복은 그렇지 않다(Skidelsky and Skidelsky 2012).

마지막으로, 행동경제학자들에 의하여서 지적되고 있는 '보유효과(endowment effect)'와 밀접하게 결합된 '유전(遺傳)의 원리(the principle of heredity)'가 있다. 선택이라는 것은 그것이 행해지는 순서에 의존하고 있으며, 비록 반대급부로 더 좋은 것을 제공받는다고 하더라도 사람들은 이미 가진 것을 상실하는 것을 싫어한다. 이것은 소비자의 선호가 내생적이고 또한 사회적으로 결정되고 있다고 생각하는 또 하나의 주된 이유다. 거듭 강조하지만, 이 모든 것들은 포스트 케인지언과 제도주의 이론 사이에 중요한 연관성을 부여하고 있다.

이러한 논의에 추가하여 성(性)의 문제와 가계에 대한 언급도 필요하다 (Danby 2012). 노동은 생산을 위한 투입물이지만, 그 자체로는 생산된 것이다. 단지 이윤을 얻고 판매하기 위하여 생산된 상품만이 아닐 뿐이다. 노동자는 단기적으로는 식사와 의복이 제공되어야 만하고 장기적으로는 재생산되어야 한다. 이러한 노동을 생산하는 가계 부문은, 상품을 생산하는 모형에 추가될 수 있다. 보다 광의의 차원에서 볼 때, '가계'라는 범주 자체는 사회적, 정치적인 산물로서, 각종 법률, 공공 정책 그리고 정부 규제 등에 의하여 영향을 받을 수도 있기 마련이다. 앞 장에서 모든 경제관계에 중요한 영향을 미친다고 강조한 '하향인과성'은 이점에서 특히 중요하다.

마지막으로 언급하고 싶은 내용은 일과 여가 간의 선택에 관한 것이다.

케인즈가 1928년부터 1930년에 걸쳐 여러 번 고쳐 쓴 유명한 에세이에서 그는 '우리 손자 세대에서의 경제적 전망'에 대하여 논하고 있다. 미래의 인류는 경제문제를 해결하여 나가고 있다고 그는 주장하였다. 따라서 노동의 생산성이 꾸준히 향상되면, 100년 이내에는 소위 재화의 희소성이라는 것은 과거의 일이 되며, 인간이 하루에 단지 세 시간만 노동을 하더라도 전 인류의 욕구를 충족시킬 수 있는, 여가와 풍요의 시대가 도래할 것이라고 말하였다. 케인즈는 그러한 미래에 대하여 다음과 같이 예상하였다.

"화폐에의 애착은... 어쩌면 구역질 나는 정신질환, 그리고 조금 오싹하게 느끼면서 정신 질환의 전문의에게 상담을 요하는 반은 범죄적이고 반은 병리학적인 성향으로 간주될 것이다"(Keynes 1930 [2008], pp. 23-4).

그가 예견하였던 것처럼 노동시간은 그의 에세이가 발표된 이후 대략 40년동안의 지난 세기 동안 대폭 감소하였다. 하지만 1970년대 초 이후 감소세가 멈추고 약간 역전되기 시작하였고, '화폐에 대한 애착'은 사라질 기미가 전혀 보이지 않는다. 이것은, 우리가 위에서 언급한 소비자 이론의 여섯째 원칙에 아주 인상적으로 부합하는 현상인데, 그 여섯째 원칙에 따르자면 개인의 기호는 사회적으로 결정되며, 소비자의 선택은 모방에 의하여 영향을 받는다(Stiglitz 2008). 이는 포스트 케인지언 경제학과 후생경제학간의 연관성을 제공한다.

5.5. 후생경제학

1992년 후반에 세계를 여행하던 중, 포스트 케인지언 경제학자들과 이야기를 나눈 바가 있었는데, 당시 몇몇 사람들과 인터뷰하면서 그들의 후생경제학에 대한 의견을 물은 바 있었다. 윌리엄 밀버그(William Milberg)는 신고전학파적 후생경제학의 접근에 대한 비판만 있었지만 포스트 케인지언이론 상의 어떠한 긍정적인 연구는 거의 이뤄지지 않았다고 지적하였다. 말콤 소이어는 포스트 케인지언들이 취향과 기호가 내생적임을 강조하기 때문에 선과 악의 개념 또한 항상 유동적인 것으로 간주할 수 밖에 없고, 따라서 이러한 후생의 문제에 대하여 포스트 케인지언들이 이야기를 할 수 있는 여지가 있을지에 대한 의심을 표명한 바 있다. 그리고, 피터 레이놀즈(Peter Reynolds)의 경우에 있어서는 이러한 후생의 문제 전체는 실업의 감소라는 보다 중요한 거시 경제 문제에 비하여 이차적인 것으로 여겨졌다(King 1995a, pp. 61, 130-31, 149-50).

그로부터 거의 20년이 지났음에도 불구하고, 조태희가 "포스트 케인지언의 후생 이론은 아직 유아기 단계에 있다"라고 결론지었을 정도로 그 동안 상황이 변한 것은 거의 없다(Jo 2012, p. 594). 하지만 다음의 점에서는 대체로 의견의 일치는 존재한다. 즉, 후생의 기준은(말콤 소이어가 인식하고 있던 것처럼) 사회적, 역사적으로 조건화된 것이다. 또한 주류경제학의 파레토(Pareto) 후생경제학에서는 사회적 에이전트(social agency)의 성격이 잘못 규정되어 있는데, 왜냐하면 지배적인 사회적 에이전트로서의 경제주체(국가나 대기업)의 결정은 대다수의 개인이나 가계의 선택보다 훨씬 영향력이 있기 때문이다. 또한 포스트 케인지언은 국가를 자비롭고 계급 중립적인 것으로서 취급하는 것에도 의문을 제기하고 있고(이는 케인즈가 피구와 공유하였던 전제 중의 하나이다), 또한 자본과 노동이 동시에 공급 과잉 상태에 있는 경우에는 '기회 비용'이라는 개념이 어떠한 유용성을 가지는 것을 부정하고 있다.

그러나 이들은 모두 본질적으로 부정적인 논의이며, 예를 들어(탄소 가격 설정 자체가 지구 온난화 대책의 현명한 수단으로 받아들일 수 있다고 가정하는 경우) 탄소 배출량에 대한 과세의 적절한 수준은 1톤당 20달러로 설정하여야 할지 120달러에 설정하여야 하는지 등의 문제에 대하여서는 거의 도움이 되지 못한다. 또 다른 예는, 최근 호주 정부에 제출된 보고서에서 권장되고 있듯이 담배 소비를 20% 줄이고 동시에 수천명의 목숨을 구하기 위하여 필요한 담배세의 50% 증세가 타당한 것인가? 만약 아니라면 그 이유는? 즉, 우리가 주류경제학 상의 후생경제학을 거부하는 경우, 위의 질문에 답하기 위한 대안은 무엇인가?

5.6. 마지막 남은 질문

케인즈는 《일반이론》의 '마지막 노트'에서 "만약 우리의 중앙집권적 관리가 실제 가능한 한 최대한 완전고용에 대응하는 생산량을 달성하는 것에 성공할 경우, 고전학파 이론은 이 시점 이후부터는 다시 그 힘을 발휘하게 될 것" 이라고 쓴 바 있다(Keynes 1936년 p. 378). 여기서 고전학파 이론이란 알프레드 마샬과 그의 제자들이 추종하고 있는 신고전학파 미시경제 이론을 의미한다는 점을 잊지 말아야 한다. 케인즈는, 완전고용 하에서는 "민간들이 자신들의 이기심에 의하여 어떤 특정한 상품을 생산하고, 그것들을 생산하기 위한 생산요소의 결합 방식에 대하여 결정하고, 또한 생산된 제품의 가치를 생산 요소들 간에 어떻게 배분하는 지에 관한 고전학파의 분석에 대하여 이의를 제기하지 않는다"라고 기술하였다. 오히려 반대로, "나는 현존 체제하에서 사용되고 있는 생산 요소들이 심각할 정도로 잘못 사용되고 있다고 생각할 이유는 없다고 생각한다"라고 기술하기도 하였다(pp. 378-9).

이 장에서 고려하였던 여러 견해에서 이미 드러났듯이 포스트 케인지언의 대다수는 이러한 근본적인 문제에 대하여는 케인즈와 의견이 일치하지 않으며, 그가 자유시장 자유주의로서 '맨체스터 체제(*Manchester System*)'라고 부른 것이 최대 다수에게 최대의 행복을 가져다 주는 최선의 체제이라고 주장하였던 바에 대하여 부정할 것이다. 《일반이론》 출판 1년 후, 조안 로빈슨은 교과서에 나오는 이상적인 체제라는 것은 "사유 기업들의 자유로운 경쟁을 통한 활동에 의하여 사회에서 가용한 생산적 자원들로부터 최대로 가능한 물질적 복지를 생산할 수 있는" 체제이다(Robinson 1937 [1970], p. 50). 그러면서 그녀는 그렇게 "경제학 교과서에 그려진 이상적인 체제"에 대하여 짧지만 아주 신랄한 비판을 하고 있다(Robinson 1937[1970], p. 50). 1937년 이후의 포스트 케인지언의 후생경제학은 그 발전이 매우 제약되어 있다는 점에서 볼 때, 오늘날은 거시경제학에의 회귀보다 지적인 관심을 조금 더 미시경제학으로 돌리고, 특히 포스트 케인지언들이 가지고 있는 지적 자원을 후생경제학에 실질적으로 보다 많이 바치고, 대신 거시경제학에는 조금 줄이는 것이 필요할 것이라고 생각한다.

6. 경제 성장, 경제발전, 그리고 세계 경제

6.1. 해로드의 성장 모형

《일반이론》에서는, 케인즈는 순투자가 플러스라고 상정하였지만 그럼에도 불구하고 자본 스톡의 양이 일정하다고 가정하였는데, 피구는 서평 속에서 그 모순성을 비판하였다(Pigou 1936). 케인즈의 첫 세대 케임브리지 대학의 제자들은 그 이후 25년가량 경제 성장이론을 개발하기 위하여 바쳤는데, 조안 로빈슨이 표현하였듯이 그것들은 "《일반이론》을 장기로 연장시켜 일반화시킨 것이다"(Harcourt 2006). 결과로 탄생한 포스트 케인지언 성장 이론은 마르크스가 《자본론》 제2권에서 구상하고 그 이후 펠트만(G. A. Feldman)이나 칼레츠키 같은 사회주의 이론가에 의하여서 정치화된 자본의 '확대 재생산' 모형과 강한 유사성을 가지고 있었다(Dobb 1973, pp. 226-40; Sardoni 2013).[역주 72] 미국에서는 러시아 태생의 성장 이론가 도마(Evsey Domar, 1957)가 중요한 기여를 하였다.

하지만 포스트 케인지언 성장이론을 위한 최초의 실질적인 진보는 옥스퍼드의 경제학자(겸 최초의 케인즈 전기 작가)인 로이 해로드(Roy Harrod)에 의하여 시작되었는데, 그는 세가지 종류의 성장률 간에 중요한 구분을 제시하였다. 그것들은, '실세성장률(G)', 기업가의 입장에서 그들이 만족스럽다고 생각하는

[역주 72] 케인즈의 체계(특히 '사용자 비용(user cost)')와 마르크스의 I 부문과 II부문의 재생산 표식과의 관련성에 대하여서는 Maurice Dobb의 제자였고 당시 케임브리지 대학에 있었던 Fan-Hung(1939) Keynes and Marx on the Theory of Capital Accumulation, Money and Interest, The Review of Economic Studies, Vol. 7, No. 1(Oct., 1939), pp. 28-41를 참고할 것.

생산 능력 하에서 달성할 수 있는 '보증성장률(G_w)',[역주 73] 그리고 '자연적' 혹은 최대로 가능한 '자연성장률(G_n)'이 그것이다. 해로드는 이 세가지 성장률이 같아질 것이라고 기대할 어떤 이유가 없는 것이며, 이러한 불일치가 잠재적인 경제 불안정성의 큰 원인이라고 지적하였다.

해로드의 '실제성장률'은 $G = s/C$로 정의되는데[역주 74] 여기서 $s = S/Y$로서, 소득 중 저축의 비율이며, $C = \Delta K / \Delta Y$로서(K는 자본), 자본가가 희망하는 '한계자본계수(incremental (marginal) capital-output ratio)'이다.[역주 75] 다소 오해를 불러일으키는 그의 방정식에도 불구하고, 해로드의 모형에서의 성장이라는 것은 기업의 투자 결정에 의하여 결정되는 것이고, 저축에 의하여 결정되는 것은 아니다. 즉, 현재 자본 스톡을 증가시킴으로써 기대되는 이윤, 다시 말하자면 케인즈의 '자본의 한계효율(marginal efficiency of capital)'에 의하여 결정되는 것이다. 이때 희망하는 '한계자본계수'는 해로드가 이자율에 어느 정도도 의존한다고 하였음에도 불구하고, 우선적으로 기술수준에 의하여 결정된다. 잠정적으로 C는 일정하고 그 값이 4라고 가정하자. 그리고 산출의 10%

[역주 73] 해로드의 정의에 따르자면 "그에 따른 성장이 실현되었을 경우, 모든 이들이 만족스럽게 생각하여 그 이상도 이하도 생산하지 않는 수준의 성장률"(Harrod, 1939, p. 16).

[역주 74] 이에 대한 간단한 증명은 다음과 같다. 일단 투자(I) = 저축(S)이라는 항등식에서 출발하자. 투자는 자본 스톡의 증가이므로, $I = \Delta K$. 이는 $I = \Delta K = \frac{\Delta K}{\Delta Y} \cdot \Delta Y$ $= C \cdot \Delta Y$.
저축은 $S = sY$. 투자와 저축이 같으면, 결국 $C \cdot \Delta Y = sY$가 된다. 이를 다시 정리하자면, 이는 $\Delta Y / Y = s/C$. 그런데, 좌변 $\Delta Y / Y \equiv G$, 즉 성장률이다. 따라서 $G = s/C$가 성립된다.

[역주 75] 어느 정해진 기간 동안 생산을 증가시키기 위하여(ΔY) 요구되어지는 자본재의 가치(ΔK)

가 순투자에 사용된다고 가정한다면, 실제성장률은 연2.5%(=10%/4)가 된다(Harrod 1939, pp. 16-17).

이제 '실제성장률'과 '보증성장률'의 관계를 살펴보자. G가 G_w를 넘으면 실제 '한계자본계수'가 기업의 희망하는 수준보다 작기 때문에[역주 76] 투자를 늘려 실제성장률을 더욱 높이고 따라서 G와 G_w의 격차를 더욱 크게 만든다. 반대로 G가 G_w보다 작은 경우에는 반대의 과정이 진행된다. "균형에서 이탈하는 경우 '자기 보정'이 아니라, 반대로 '자기 악화'가 되는 것이다. 이때 G_w는 도망가는 균형점(moving equilibrium)을 나타내고 있으며 또한 매우 불안정하다"(p. 22). 해로드의 성장 모형에 의하면, 자본주의 경제는 면도날(knife-edge) 위의 불안정한 균형 상태에 놓여있다(그런데 해로드 자신은 이 용어를 싫어하였다).

이 문제에 대한 올드케인지언의 대응은 제2장에서 언급하였다. 솔로우-스완의 성장 모형에서는 자본 스톡을 산출과 연관시키는 매끄럽고(smooth), 단조성을 가지는(monotonic)[역주 77] 2번 미분 가능한 생산 함수가 있으며, 그에 의하여 '노동생산성(output per unit of labour)'이 '자본노동비율(capital-labour ratio)'[역주 78]과 연결된다. 이자율은 자본의 한계생산물에 의하여 결정되며, 이때 해로드의 C에 해당하는 '한계자본계수'는 상수가 아닌 변수로 취급된다. 생산은 노동과 자본이라는 두 요소의 상대가격 변화에 따라 기업가들이 자본과 노동을 대체함에 따라서 결정되는데, 이때 상대 가격이라는 것은 노동과

[역주 76] $G = s/C$이므로 G의 변화와 C는 서로 역관계임에 주목하자. 만약 $G > G_w$인 경우, $\frac{s}{C} > \frac{s}{C_w}$ 이고 따라서 $C_w > C$, 즉, 기업이 원하는 한계자본계수(C_w)가 실제값보다 크게 된다.

[역주 77] 역주 34를 참고

[역주 78] 자본 장비율이라고도 한다.

자본의 한계 생산성에 의해 결정된다. 만약 투자가 과잉상태인 경우는 '자본의 한계 생산성이 감소하므로' 이자율은 낮아 지고, 그에 의하여 C의 균형값 (또는 적정 값)을 증가시켜[역주 79] G와 Gw 사이의 격차를 해소하게 된다.

자본이론에 있어서의 케임브리지 자본논쟁(Harcourt 1972)은 이러한 신고전학파의 자본과 노동간의 대체 가능성에 대하여 중대한 의문을 제기하였다. 신고전학파의 해법과는 달리, 초기 포스트케인지언들은 이러한 면도날의 문제를 해결하기 위하여 C는 고정상수라고 가정하되, 저축 성향 s를 가변적인 것으로 상정하였다. 즉, 자본이 소득에서 가지는 상대적인 몫이 증가하고, 이때 자본의 소유자는 높은 저축성향을 가지며, 반면 노동자는 저축성향이 아주 낮아서 0에 근접하기 때문에, 사회 전체로 볼 때 평균저축성향 s가 높아진다고 보았다.[역주 80](Kaldor 1956).

그러나 이것 자체로는 해로드가 파악한 '자연성장률' 혹은 최대성장률(Gn)에 관한(즉, 실제성장률이 과연 자연성장률 Gn과 일치할 수 있는가에 관한-역자) 두 번째 문제를 해결할 수는 없었다. '자연성장률'은 노동력의 성장률과 노동생산성의 성장률의 합계와 같은 것이었다. 아마도 Gn은 완전 고용 성장률로서 보다 잘 특징지어 질 수 있는데, 왜냐하면, 실제성장률이 이 자연성장률보다 하회하는 경우는 완전 고용을 유지할 수 없기 때문이다. 포스트 케인지언의 성장이론에서는 심지어 장기적인 경우에도 노동력이 완전히 고용된다는 것은

[역주 79] $C = \Delta K / \Delta Y$임을 상기할 것. 단위 산출을 생산하기 위하여 자본이 더 많이 필요하게 됨을 의미함.

[역주 80]   예를 들어 G가 Gw보다 큰 경우, 해로드 모형에 의하면 G는 더 커진다. 하지만, $G = s/C$에서 소득이 증가함에 따라 자본가들이 저축을 더욱 많이 하여 사회 전체적으로 저축 성향 s가 높아지고 따라서 G가 커지는 것을 제약할 수 있다.

전제되지 않는다. 하지만 완전고용 상태에서 출발한다고 가정하는 경우, 노동력이 연 1.5%로 성장하고 노동시간당 생산량이 1%로 성장하면 Gn은 2.5%가 된다. 즉 실제성장률은 2.5%를 넘을 수 없다. 만약 2.5%를 하회하는 경우에는 '비자발적 실업'이 발생하는 것이다.

포스트 케인지언적 성장이론에서는 완전고용을 회복시키기 위하여 신고전학파 이론처럼 자본과 노동의 대체가 가능하다는 가정에 의존할 수는 없다. 장기적으로도 어떠한 형태의 정부의 개입은 필요한 것이며, 이에는 금융정책이나 재정정책, 혹은 케인즈가 《일반이론》에서 제안한 다소 포괄적인 '투자의 사회화' 등이 포함된다. 조안 로빈슨은 완전고용 하에서 안정적 성장이 달성되는 경우를(즉 $G = Gw = Gn$이 되는 경우) "황금시대(golden age)"라고 표현하였는데, 이는 바람직하지만 실제로 일어날 가능성은 극히 희박한 것이었다 (Robinson 1956, pp. 99-100). 대부분의 선진 자본주의 국가에서는 1945-73년의 기간의 대부분 완전고용이 실제로 만연하였던 예외적인 시대였는데, 그리하여 그 때가 '자본주의의 황금시대(golden age of capitalism)'로 알려지게 되었다 (Marglin and Schor 1990). 하지만 이러한 기간은 이후 다시 재연되지는 못하였고, 심지어 1992년부터 2007년 사이의 '대평온(Great Moderation)'이라고 불리는 시기에서 조차도 모든 선진 자본주의 국가에서 그 전기간에 비하여 실업은 지속적으로 높았음을 볼 수 있다.

6.2. 몇 가지 혼란들

이 해로드(또는 해로드-도마) 모형은 포스트 케인지언 경제성장 이론 중 가장 단순한 형태라고 볼 수 있다. 이것은 아주 단순화된 3개의 가정들에 의거하고 있는데, 후대 이론가들은 이러한 제약적인 가정들을 완화시키려고 시도하여 왔다. 그 제약적인 주요 가정들은 다음과 같다. 첫째로, 기술진보는 '외생적(exogenous)'인데, 즉 그것은 과학과 기술이라는 경제 외적인 힘에 의하여 경제 모형 밖에서 결정되는 것이다. 둘째, 경제는 단일 상품체제이다. 따라서 자본재와 소비재를 구별할 필요가 없으며, 경제에서의 1차, 2차, 3차 부문 등의 아주 기본적인 산업 분류조차도 무시된다. 셋째, 경제는 폐쇄 경제로써 따라서 대외무역이나 국제자본의 이동 같은 요소는 경제성장을 설명할 때 고려되지 않았다. 본서의 아래의 논의에서는 이러한 가정들은 차례로 완화하여 나갈 것이다.

'내생적(endogenous)' 기술 변화에 관한 포스트 케인지언의 생각은 칼도 (1957)로부터 시작되었는데, 그가 제시한 최초의 성장 모형은 솔로우-스완의 접근 방식에 대한 명시적이고도 직접적인 비판을 담고 있었다. 칼도는 신고전학파가 구분하는 두 가지 형태의 서로 다른 생산 기술 상의 변화에 대하여 비판적이었다. 신고전학파에 의하면, 기술 수준이 이미 주어진 상태에서 자본과 노동의 투입 비율만 달리하는 생산방식의 변화와, 기술발달 자체에 기인하는 변화를 구분하고 있다. 하지만 칼도에 의하면 전자의 방식처럼 자본과 노동 간의 투입비율 만 조정되는 생산방식은 비현실적이며,[역주 81] '자본노동비

[역주 81] 소위 '퍼티-클레이(putty-clay) 모형'이라고 한다. 즉, 창틀을 고정시키 위하여, 아니면 공작 모형을 만들 때 사용하는 퍼티나 진흙처럼 자본과 노동의 투입을 마음대로 조정할 수 있는 생산형태이다. 이러한 생산 형태는 현실에서는 거의 존재하지 않는다. 대규모 정유소를 운영하는데, 자본 장비를 줄이고 노동력을 증가시키면 동일한 생산량을 생산할 수 있는가? 대부분 기계 장치의 경우에는 그것을 운영하는 적정 노동자의 수는 이미 정하여져 있는 것이다(물론 웃지 못할 예외도 있다. 역자가 기억하기에 1990년대 중반까지도 중국의 석탄화력발전소에서는 발전소 내에서 석탄을 운반하기 위하여 컨베이어 벨트를 사용하지 않고 인력으로 석탄을 실어 날랐다고 한다-이경우 조차도 단순히 노동력의 가격이 저렴하기 때문이 아니라, 시설자동화설비에 투자할 금융상

율(혹은 자본 장비율)'이 높아진다는 것은 일반적으로 새로운 기술을 도입한다는 것을 의미한다. 즉, 새로운 기술의 도입이라는 것은 일반적으로 새로운 자본재에 체화된 형태로 나타나는 것이다. 따라서, 신고전학파적인 구분, 즉, 주어진 생산함수 위에서 노동과 자본의 투입 비율만 바꾸면서 생산방식을 변화시키는 것과, 생산 함수 자체의 변화를 구분하는 것은 아무런 근거도 없는 이야기이다. 이때 칼도가 주장하는 바는 소위 자본 스톡의 '연식 모형(年式模型 vintage model)'인데, 우리가 일반적으로 사용하는 와인의 연식(vintage)과의 차이는 최근의 것이 오래된 것보다 우위에 있다는 점이다.

칼도는 신고전학파의 총생산을 '기술진보 함수(技術進步函數 Technical Progress Function)'로 대체하였다. 이는 노동자 1인당 자본의 증가율을 노동자 1인당 생산량 증가율의 함수로 표현한 것이었다.[역주 82] 이때 기술 진보는 소득에 대한 투자의 비율(즉, 해로드의 s)[역주 83]에 의존하며, 따라서 내생적인 것이 된다.[역주 84] 그 때부터 5년 후 칼도는 한 걸음 더 나아가, 분석에서 '자본'이라는 개념을 완전히 배제하였다. 이제, 생산성 성장률은 노동자 1인당 자본의 증가율을 거치는 것이 아니라 직접 노동자 1인당 투자 성장률에 따라 결정되게 되었다(Kaldor and Mirrlees 1962). 이러한 분석은 명백하게 공공연한 반(反)신고전학파적이다. 이 분석에는 상대적 요소 가격의 변화에 의하여 유발되는 자본-노동간의 대체라는 것은 존재하지 않으며, 총 생산 함수라는 개념도 없고,[역주

의 제약이 존재하였고, 또한 실업을 해결할 정치적 목표가 있었기 때문이었다).

[역주 82] 즉, 인과관계가 산출의 크기에서 생산성으로 흐른다.
[역주 83] 투자와 저축은 항상 사후적으로 같게 된다는 것을 기억하자.
[역주 84] 이때 인과관계는, ($s \Rightarrow$ 1인당 자본 증가율 $\Rightarrow$ 1인당 노동 생산성 증가율)로 진행된다.

85] 또한 수확체감의 법칙이라는 것도 없다. 그리고 '세의 법칙'은 거꾸로 서있는 형태로 보여지는데, 공급이 수요를 낳는 것이 아니라, 반대로 수요가 공급을 낳기 때문이다.

칼도의 생각은 이른바 '신성장이론(new growth theory)'이라는 신고전학파의 성장 이론가들에 의하여(가끔은 적절한 인정도 받으며) 수용되었다. 아이러니컬하게도, '신성장이론'에서 말하는 소위 'AK모형' 또는 자본에 대한 '수익 불변(constant returns to capital)'을 가정하는 신고전학파의 성장 모형은 해로드의 성장모형의 방정식과 차이가 없다. AK모형은 다음으로 표현된다. 즉, Y는 생산이고 K는 자본스톡, 그리고 A는 기술을 나타내는 상수이다.

$$Y = AK$$

이 식을 전미분(total differentiation)하고, 그 다음 Y로 나눈다고 하자.

$$dY/Y = (A \cdot dK)/Y = (A \cdot I)/Y$$

이때, 당연히 $I/Y = s$, 그리고 $dY/Y = G$이므로, 위의 식은:

$$G = A \cdot s$$

이 식을 해로드 모형의 $G = s/C$와 비교하여 보면 쉽게 알 수 있는 바는, 'AK모형'에서의 A는 단순히 해로드의 성장모형의 방정식 상의 C, 즉, '한계자본계수'의 역수일 뿐이다(Thirlwall 2013, p. 38).

이에 더하여 더욱 흥미로운 결론들이 있다. '내생적' 기술 변화를 고려할 때는 Gn이 더 이상 G와 Gw 모두와 독립적이 아님을 시사하고 있기 때문에

[역주 85] 총공급함수라는 개념이 가지는 문제들에 대한 비판은 다음을 참고할 것. Jesus Felipe and John S. L. McCombie 2013, *The Aggregate Production Function and The Measurement of Technical Change*, Edward Elgar. 4장과 5장.

해로드의 '면도날' 문제는 당초 생각하였던 것보다 심각하지 않을지도 모른다(Setterfield 2013, pp). 세 가지 성장률 간의 상호의존성을 지지하는 경험적 증거는 벨기에의 경제학자 버도른(P. J. Verdoorn)이 '노동생산성'의 성장률과 생산의 성장률 사이에 정(正)의 상관 관계가 있음을 통하여 제시되었으며, '버도른의 법칙(Verdoorn's Law)'으로 명명되었다. 그로써 동학적(dynamic)인 '규모의 경제'가 존재함을 확인한 것이다. '내생적' 기술적 변화는 아마도 이러한 '버도른의 법칙'을 설명하기 위한 가장 명백한 요인이다. 이에 따르면 최대성장률 Gn도 실제성장률 G에 영향을 받아서 변화 될 수 있음을 예상할 수 있다. 그러나, 그 이외에도 최대성장률 Gn을 변화시킬 수 있는 요인이 있다. 그것은 노동력의 성장률인데 노동력의 성장률도 무조건 외생적인 것이 아니라 내생적인 요인으로 변화할 수 있는 것이다. 노동력의 성장률의 상승은 아마도 인구증가의 가속화에 영향을 받지만, 보다 확실한 것은 더욱 급속한 산출의 증가와 그로 인한 노동에 대한 수요의 증가의 결과로서 '노동 참여율(labour force participation rates)'의 증가에 의존할 수 있다.

이는 '경로의존성(path dependence)', 혹은 '이력성(hysteresis)' 현상의 중요성을 보여주는 현저한 예인데, 그에 따르면, 균형점의 위치가 고정되어 있는 것이 아니라 경제가 그 균형으로 향할 때, 그 균형점의 위치도 움직이는 것을 의미한다. 그리고 '경로의존성'은 음과 양의 성장 어느 쪽의 방향으로도 작용한다. 생산이 어떤 이유에서 저하되는 경우, 그것이 '잠재적' 산출도 저하시킨다는 것을 의미하고, 실제 생산의 성장률이 저하되면 잠재적인 산출 성장률의 저하로도 연결될 수 있는 것이다. 2008년에 시작된 대불황(the Great Recession)은 이러한 현상을 보여주는 것으로 간주될 수 있다. 로렌스 볼(Laurence Ball 2014)은 경제협력개발기구(OECD)와 국제통화기금(IMF)가 주류경제학적 예측기법에 의거하여 추정한 잠재 산출 자료를 이용하여 그 기간 중의 OECD회원국의 잠재 산출 상의 손실을 계산하였다. 가장 피해가 컸던 나라는 그리스, 헝가리, 아일랜드로서, 손실규모는 30%를 넘었는데, 이 나라들에서는 잠재 산출 성장률이 계속 저하되고 있었다.

투자 감소와 그 결과로서의 인한 자본 스톡의 감소(그리고 노후화)는 그러한 잠재 산출의 감소에 영향을 주었던 가장 중요한 인과적 요소이며, 그 다음으로 중요한 요소는 노동력에 미치는 영향이었다. 로렌스 볼은 또 다른 중요한 내생성(endogeneity)의 원천을 시사하고 있는데, 이번에는 '금융적'인 것이다. 보다 엄격해진 '신용할당'은 중소기업의 신규 설립을 어렵게 만들고, 따라서 자금 부족으로 인하여 이노베이션이 저해되는 것이다. 이러한 보다 장기적인 결과 이외에도 '이력성'은 단기적으로 영향을 주기도 한다. 소위 '비가속적 인플레이션 실업률(NAIRU)'은 어떤 의미에서도 통화주의자들이 주장하는 '자연실업률'은 아니며, 오히려 실제 실업률과 정(正)의 관계를 가지는 함수인 것으로 생각될 수 있다.

'버도른의 법칙'은 농업이나 서비스 분야가 아닌 제조업에만 적용되는 것을 염두에 둔 것이었다. 1945년 이후 20년간의 프랑스, 이탈리아, 서독과 비교하여 영국 경제가 비교적 느린 성장을 하였다는 점을 고려할 때, 칼도는 '다부문을 고려한 성장 모형이 아닌' 단지 1개 부문만이 존재하는 성장 모형들은 타당한 모형이 아니라고 결론지었다. 그의 '제1성장 법칙(first growth law)'은 제조업의 산출 성장률과 GDP 성장률 사이에는 강한 인과관계가 있는 것을 말하고 있는데, 이점에서 농업이나 서비스업과는 달리 제조업은 성장을 위한 동력이라는 것이다(Thirlwall 2013, p. 43). 반세기 전의 칼도가 주장한 이 법칙은 단순한 형태에서는 거의 확실히 들어맞았지만, 2015년의 크게 변화한 환경에 부합하기 위하여서는 재정립이 필요하다. 특히, 저 기술 제조업과 하이테크 제조업과의 구분이나, 정보 및 통신이라는 요소가 대규모화되면서 급속히 성장하고 있는3차 산업에 있어서의 동학적 '규모의 경제'는 고려되어야만 할 요소이다. 포스트 케인지언들은 애플, 구글, 마이크로소프트가 현재 시가 총액 기준으로 세계 1위, 2위, 4위의 대기업이라는 사실을 잊어서는 안 된다. 본 저서의 집필 시점(2014년 12월) 현재, 엑슨 모빌사는 2위에서 3위로 전락하였으며, 톱 4기업에는 제조업이 포함되지 않았다.

또 다른 버전의 포스트 케인지언 성장이론에서는 '구조변화'가 보다 중요한 역할을 한다. 실제로 역사적, 제도적, 사회적, 정치적 힘들이 성장에 중요한 역할을 하고 있기에, 원칙적으로는 단일하고 보편적인 포스트 케인지언의 성장이론은 존재할 수 없다고 이야기할 수도 있다(Kriesler 2013, pp. 539-40). 구조적인 성장의 분석에 있어서 가장 영향력이 있는 두 개 모형을 들자면, 에드워드 넬(Edward Nell 1998)의 '구조전환성장모형(transformational growth)'과 루이지 파시네티(Luigi Pasinetti 1993, 2007)의 '구조적 경제동학의 다부문 분석(multi-sectoral analysis of structural economic dynamics)'이다. 두 모형 모두에 있어서 마르크스주의 정치경제학과의 연결고리는 분명하다. 또한 이노베이션(innovation)과 기업가 정신이 강조되고 있는데, 이는 조세프 슘페터의 연구들을 상기시키고 동시에 제도주의와 진화경제학과도 강한 연관을 시사하고 있다. 이러한 관련성에 대하여서는 제9장에서 자세히 다룰 예정이다.

세 번째의 단순화를 위한 가정을 완화시키는 경우, '개방 경제'에서의 경제성장이라는 측면을 고려할 수 있다. 여기서도 칼도가 우리의 출발점이어야만 할 필요가 있다. 20세기 제3분기 영국 경제 성장 실적 악화를 면밀히 검토한 후, 그는 유일하게 수출만이 진정으로 외생적인 수요의 원천이라고 믿게 되었다. 왜냐하면, 소비와 정부 지출은 소득에 의존하고, 투자는('가속도원리(accelerator)'를 통하여서) 소비의 성장에 직접 의존하고 결국 간접적으로는 소득에 의존하기 때문이다(Kaldor 1966). 특히 소규모 개방 경제에서 그 나라 수출 제품에 대한 수요의 성장이 그 나라 경제 성장 전반에 있어서 중요한 결정 요인이라는 사실은 이론의 여지가 없는 사실이다.

이러한 통찰은 '국제수지균형제약 성장모형(balance of payments-constrained growth)'로 형식화 되었는데, 이는 해로드가 1933년 발표한 '대외무역승수(foreign trade multiplier)'를 동학화한 소위 '썰월의 법칙(Thirlwall's Law)'으로 알려져 있다(McCombie and Thirlwall 1994). 이 모형을 간단히 설명하자면 다음과 같다. g_b를 '국제수지균형제약 성장률', ε는 세계의 소득에 대한 자국 수출제품의 수요의 탄력성, π는 자국의 소득에 대한 해외 제품 수입 수요에 대한 탄력성, z은 세계 소득 성장률, x은 수출 성장률이라고 하자. 이때 우선 $x = \varepsilon \cdot z$[역주 86]가 성립한다. 이 법칙의 가장 단순한 형태는 다음과 같다(이에 대한 보다 정교한 정식화에 대하여서는 Thirlwall 2013의 제5장 참조).[역주 87]

[역주 86] Z: 세계 소득, X: 자국의 수출이라고 정의하고 각각의 성장률은 소문자로 표기하자. 즉, $x = \frac{dX}{X}$, $z = \frac{dZ}{Z}$이다. 세계의 소득이 변하는 경우 자국의 수출의 탄력성 ε은 정의에 의하면, $\varepsilon \equiv (\frac{dX}{X})/(\frac{dZ}{Z}) = \frac{x}{z}$이다. 따라서, $\varepsilon \cdot z = x$가 성립한다.

[역주 87] 이 식은 다음에서 유도된다. 일단 다음과 같이 표기하자. 수입 M, 수출 X, 환율 E, 국내 소득 Y, 해외 소득 Z, 국내가격 P_d, 해외가격 P_f이다. 각각의 성장률은 소문자로 표기한다. (1) 경상 수지가 균형인 경우, 수입(M)과 수출(X)은 동일하므로, $P_d \cdot X = P_f \cdot M \cdot E$. 이에 대하여 성장률을 적용하면, $p_d + x = p_f + m + e$ 관계가 성립한다. (2) 수출에 대한 방정식 상의 변수들은 다음과 같이 정의한다. η은 수출의 상대가격에 대한 탄력성($\eta < 0$), 그리고 ε는 세계의 소득이 변하는 경우 자국의 수출의 탄력성($\varepsilon > 0$). 이때 상대 가격비율은 환율로 환산하는 경우 $[P_d/(P_f E)]$가 된다. 수출이 이 상대가격의 비율과 해외의 소득(Z)의 함수라고 가정하는 경우, 통상적으로 사용하는 함수의 형태는 다음과 같다. A는 고정 계수이다. $X = A \left(\frac{P_d}{P_f E}\right)^\eta Z^\varepsilon$, 이 함수를 성장률로 바꾸면, $x = \eta(p_d - p_f - e) + \varepsilon \cdot z$가 성립한다. (3) 마찬가지로 수입데 대한 방정식 상의 변수들을 다음과 같이 정의한다. 이때 ψ는 수입의 상대가격에 대한 탄력성이고, π는 수입

$$g_b = \frac{\varepsilon}{\pi} \cdot z = \frac{x}{\pi}$$

이 '썰월의 법칙'의 배후에 있는 통찰은 다음과 같다. 즉, 수입에 대한 지출이, 수출로 수취하는 외화보다 빠르게 성장하지 않도록 하는 것이 중요한 제약조건이며, 그에 의하여 자국의 성장이 결정된다는 것이다. 민감도 분석 결과를 볼 때, '자본의 수입'을 허용하여도 이 제약 조건은 크게 완화되지 않는 것으로 나타난다(Thirlwall 2013, pp. 106-7).

1973년 이전의 고정환율 체제 하에서는 국제수지균형 상의 제약이 명백하였고, 영국의 경우는 디플레이션적인 재정 및 금융정책을 지속적으로 실시할 수 밖에 없었는데, 그것들은 '파운드를 구하기 위하여' 경제성장을 희생시키는 소위 '스톱-고 주기(stop-go cycle)'[역주 88]를 초래하였다(Dow 1964). 브레튼 우즈 체제가 붕괴되고 나서는, 환율 평가절하는 일시적으로 완화되었지만,

---

의 자국 소득에 대한 탄력성이다. B는 고정 계수이다. 이때, $M = B \cdot \left(\frac{P_f E}{P_d}\right)^\psi Y^\pi$이며 성장률로 바꾸면 $m = \psi(p_f + e - p_d) + \pi \cdot y$ (4) 이 두식을 이용하여 $p_d + x = p_f + m + e$에서 x와 m을 치환한 후, 국내 소득 성장률 y의 해를 구하면 다음과 같다. 이때 해를 국제수지균형 제약하의 성장률이라고 하고, g_b로 표시한다.

$$g_b = \frac{[(1 + \eta + \psi)(p_d - p_f - e) + \varepsilon \cdot z]}{\pi}$$

또한, 상대가격 체계가 불변이라고 가정한다면, $p_d - p_f - e = 0$이며 따라서 위의 식은 다음과 같이 표현된다.

$$g_b = \frac{\varepsilon \cdot z}{\pi} = \frac{x}{\pi}$$

[역주 88] 경제가 빠른 속도로 성장하다가 속도가 현저히 저하되거나 혹은 멈추는 상태가 주기적으로 반복되는 것.

장기적으로는(혹은 '매우' 장기적으로는) 계속적인 평가절하에 의하여서는 결코 이러한 국제수지균형 상의 제약을 회피할 수 없다고 하는 증거가 상당히 존재한다(Blecker 2013, p. 394-6). 중기적으로 볼 때는 칼도의 통찰을 다소 수정한 '수출주도 누적적 인과관계(export-led cumulative causation)' 모형이 보다 유효한 것으로 보인다(Blecker 2013, p. 403-8). '국제수지균형제약 성장모형'과 '수출주도 누적적 인과관계 모형' 모두에서 시사하는 바는, 보다 현실을 잘 반영하는 포스트 케인지언 경제성장이론들은 수출 수요와 '경로의존성'을 충분히 고려하여야만 한다는 점이다.

6.3. 경제 발전

성장에 대한 포스트 케인지언들의 접근방식에 있어서는 역사, 제도, 그리고 사회적-정치적 역학이 중요성을 가지며, 따라서 선진 자본주의 세계를 따라 잡으려는 빈곤국가들이 직면하고 있는 특정의 문제를 이해하기 위하여서는 그에 부합하는 개발 경제학이 필요하다. 칼도와 칼레츠키 모두 오늘날 부유한 국가들의 공업화 초기 단계에서의 경험과, 현재의 가난한 나라들의 상황 사이에는 뚜렷한 유사점을 발견한 바 있다. 칼도가 1956년에 중국에서의 강연 중 청중에게 말한 것처럼, 19세기 당시에 만연하였던 유럽에서의 실업은, '유효수요'의 만성적인 부족의 결과라기보다는, (마르크스가 묘사한 것처럼) 자본 부족현상이 영구적으로 지속된 결과이며, 따라서 그 해결책은, 케인즈적인 수요 관리 정책이 아닌, 대규모 투자의 증가를 수반하여야만 하는 것이다(Kaldor 1960). 칼레츠키가 선진 자본주의 국가에서 나타날 수 있는 '투자의 비극(the tragedy of investment)'이라고 표현한 현상, 즉 투자는 '유효수요'를 증가시키지만 동시에 자본 스톡을 증가시켜 미래의 투자 기회를 감소시키는 가능성은 개발 도상국에는 적용되지 않는다. 왜냐하면, 개발 도상국에서는 그러한 제한

이 없이 투자는 무제한적으로 일어날 수 있는 것이고, 따라서 그러한 '양날의 칼(double-edged sword)'이라는 문제에는 직면하지 않는다(Kalecki 1960; Kriesler 2013, pp. 541-4).

칼도가 주장한 세 가지의 성장 법칙들은 모두 개발도상국에 적용되는 것으로 생각된다. 썰월은 아프리카 45개 국가, 중국의 28개 지역 및 라틴 아메리카 7개 국가에 대한 조사를 인용하였다. 세 가지 지역 사례 모두에서 제조업 산출의 성장과 GDP의 성장, 제조업 산출의 성장과 제조업에서의 노동 생산성의 성장(소위 '버도른의 법칙'), 그리고 제조업에서의 산출의 성장과 제조업 이외 부문에서의 노동 생산성의 성장 간에는 강한 정(正)의 상관 관계가 있음을 보여준다. 이 때, 세번째의 경우는 생산성이 낮은 농업이나 소규모 서비스업에서 노동력이 제조업으로 이전함에 기인한다(Thirlwall 2013, pp. 43-50).

'최대성장률' 또는 '자연성장률'의 '내생성(endogeneity)'은 개발도상국에서 강하게 보여지며, 오히려 선진 자본주의보다 더 강하게 나타난다. 라틴 아메리카에 대하여서도 이러한 경향을 나타내는 상당한 증거가 존재한다(Thirlwall 2013, pp. 63-70). 이는 개발도상국에서는 실업이나 불완전고용이 훨씬 많이 존재하고, 노동력이 농촌에서 도시로 이주할 수 있는 기회가 훨씬 많다는 점에 기인한다. 농촌에서 도시로의 이주 비율이 발전 과정에서 가장 중요한 요인이라고 주장하는 '루이스 모형(Lewis model)'은 이들 문제에 관한 포스트 케인지언의 생각과 완전히 일치한다고 볼 수 있다(Kriesler 2013, pp. 544-8). 이는 "수요는 어떠한 범위 내에서는 스스로 공급을 창출한다"(Thirlwall 2013, p. 70)라는 점을 시사하고 있기 때문에, 국가간의 상이한 성장은 수요의 강도의 차이, 특히 수요에 대한 제약의 차이에 상당한 정도 의존하고 있다. 개발도상국에 있어서 가장 절박한 제약은 국제수지의 어려움과 국내 공급의 병목현상(예를 들어 식량과 기본적인 원자재 공급)으로서, 그것들이 인플레이션의 원인이 되고 있다.

경제발전 문제에 대한 포스트 케인지언의 사고와 라울 프레비시(*Raul Prebisch*)에 의하여 형성된 '구조주의자들(*structuralist*)'과의 사이에는 분명한 상호 친화성이 존재한다. 프레비시의 이론은 남미에서의 경험, 특히 자신의 나라인 아르헨티나의 경험에서 출발한다. 그 이름이 시사하듯이 라틴아메리카의 '구조주의'는 부유한 국가와 빈곤한 국가간에 존재하는 여러 가지 형태의 구조적 차이를 강조한다. 그러한 차이는 1차산업 생산과 그에 대비하여 상대적으로 중요한 제조업의 비율의 차이, 그리고 그 결과로 야기되는 수출 수요에 대한 소득 탄력성의 차이 등을 들 수 있다. 그의 이론은 국제 수지 균형 조건에 의한 제약 조건을 강조하는 이후의 경제 발전 모형에 많은 영감을 주었는데, 그러한 모형들은 부유한 국가와 빈곤한 국가간의 격차는 시간이 지남에 따라 오히려 더 커진다고 예측한다. 이러한 논의의 결과로 제시된 '중심-주변부(*centre-periphery*)'모형은 오늘날에는 보다 일반적으로는 '남-북모형(*North-South Model*)'으로 불려지는데, 이는 '글로벌 사우스(*Global South*)'라는 개념이 일반화되었기 때문이다(하지만, 그 대부분은 사실 적도보다 북쪽에 위치한다)(Dutt 2002) 혹은 OECD회원국과 비OECD 국가간의 구별로도 분류된다.

그러나, 이러한 포스트 케인지언-구조주의적 접근의 중심적인 메시지는 여전히 동일하다(Blankenburg and Palma 2012, p. 139). "세계경제의 장기적 성장은 북반구의 수요에 의하여 결정되며, 장기적 균형이라는 측면에서 볼 때, 북반구의 수입 탄력성이 남반구의 수입탄력성보다 더 낮기 때문에, 전자의 자본과 산출이 후자의 그것들보다 더욱 빠른 속도로 성장한다는 의미에서 불균등한 발전이 존재한다(Thirlwall 2013, p. 109). 이러한 기본적인 모형은, 남반구에서 생산되는 다양한 재화들, 즉 기본적인 것부터 비교적 고기술집약적인 것까지에 걸쳐 연속적 스펙트럼으로 존재하는 재화들을 고려할 수 있도록, 또한 장기적 자본의 이동, 채무 부담, 그리고 채무 탕감의 이득 등의 요소 등도 고려할 수 있도록 확장될 수 있다(Vera 2006). 연관 실증 연구를 썰월이 요약한 표는 42편의 논문을 인용하고 있으며 4페이지에 걸쳐 게재되어 있다(Thirlwall 2013, pp. 112-15).

이러한 논의들이 정책적으로 시사하는 바는 실로 깊다. 썰월은 개발도상국의 무역자유화가 야기하는 결과에 대한 여러 증거를 간결하게 정리하여 제시하고 있다. 자유무역은 1인당 소득을 증가시키는 것처럼 보이지만 소득 성장률을 증가시키는 것은 아니다. 무역자유화가 세계 빈곤을 구제하기 위한 역할은 사실 아주 경미하였으며, 오히려 소득의 국가간 분배를 더욱 불평등하게 만들었는데, 이는 부유한 국가와 가난한 국가간의 격차를 넓히고, 빈곤국가의 비 숙련 노동자의 임금과 여타 모든 국가에서의 모든 노동자의 임금 간의 차이만을 확대시켰다(이는 비단 선진국에서의 비숙련 노동자와 숙련 노동자간의 차이만을 확대시킨 것이 아니며, 그러한 면에서 '새뮤얼슨-스톨퍼 정리(Samuelson-Stolper theorem)'[역주 89]는 틀리다). 마지막으로 언급하고 싶은 바는, 무역 자유화를 시

[역주 89] 주류경제학의 무역이론의 핵심 정리로서, 자유무역하에서는 각국에서 부존량이 상대적으로 풍부한 생산 요소가 소득 분배면에서 이득을 본다는 이론. 즉, 선진국은 자본이 풍부하고 저개발국은 노동이 풍부하기 때문에, 자유무역을 하게 되면 결국 저개발국 노동자의 임금이 상승하며, 반대로 선진국의 노동자들은 피해를 볼 수 있다는 것. 이를 통해 자유무역이 저개발국 빈곤을 해소하는 바에 기여한다는 다분 이데올로기적인 주장을 도출할 수 있다. 하지만, 일단 이 정리는 경험적으로 검증되지 않았다. 오히려 경험적 자료를 통하여 보건데, 선진국 후진국 모두에 있어서 소득분배는 악화되었다(Stockhammer 2013:18). 또한 이 정리의 핵심가정 중의 하나는 자본이나 노동 모두 국경을 넘어 움직일 수 없다는 것이며, 선진국이나 후진국 모두 이미 노동이 완전고용상태라는 것이다. 하지만 글로발화하에서는 자본은 자유로이 움직일 수 있는 반면 노동은 그렇지 못하고, 또한 저개발국에서 노동이 완전고용되었다는 가정은 절대로 현실적일 수 없다. 따라서 이 정리를 저개발 노동자에 적용하는 것은 이론적으로도 문제점을 야

행한 국가가 무역 자유화에 실패한 국가들보다 전체적으로 좋은 결과를 실현하였다는 명확한 증거는 없다는 점이다(Thirlwall 2013, 6장).

따라서 포스트 케인지언은 개발 도상국에서의 금융과 무역의 자유화, 그리고 환율 평가절하를 부르짖는 IMF의 주장에는 반대하고 있는데, 그 이유는 그러한 조치들은 종종 성장을 위한 국제수지상의 제약들을 악화시키고, 환율의 불안정성을 크게 가중시킬 수 있다는 점들 때문이다. 금융자유화라는 것은, 2007-08년의 세계 금융 위기의 이전에도 이미 금융시장의 심화나, 혹은 산출 성장률의 상승보다는 경제의 불안정성과 위기를 종종 초래하였다. 따라서, 국가간 자본 규제는 필요한 것이고, 최소한 단기 자본이동에 대한 규제는 필요하며, 또한 환율에 대한 어느 정도의 규제는 필수 불가결하다(Stallings and Studart 2005).

6.4. 국제 경제

포스트 케인지언들이 신고전학파의 국제 무역에서의 '비교우위론(theory of comparative advantage)'을 비판하는 것은 비단 개발도상국에 한정되는 것이 아니다. 그들은 세 가지 기본적인 비판을 제기하고 있으며, 이는 선진 자본주의 세계에도 당연히 해당한다. 첫째, '비교우위론'은 '비자발적 실업'은 존재하지 않는다고 가정하고 있지만, 이는 거의 모든 빈곤국가에는 적용될 수 없는 가정이라는 것은 당연하며, 또한 1970년대 초 황금시대의 종언 이후 선진 자본주의 경제에서도 적용될 수 없는 가정이다. 둘째, 신고전학파에 있어서는

기한다. 참고: Engelbert Stockhammer (2013), *Why have wage shares fallen? A panel analysis of the determination of functional income distribution*, International Labour Office, International Labour Organization, Geneva.

환율의 변동이나 자본이동을 통한 국제수지 조정이 자동적으로 그리고 신속하고도 아무런 고통 없이 달성되는 것을 전제로 하고 있으며, 그 이론에 의하면 국제적으로도 그리고 국내 거시경제 이론에서도 화폐는 중요하지 않다는 비현실적인 가정을 하고 있다. 셋째, 신고전학파 이론에서는 정학적(static)으로만 무역에 의한 혜택을 분석하고 있다. 즉, 주어진 생산 기능과 불변의 기술하에 무역을 통하여 새로운 국제적인 분업을 한다는 비현실적인 가정을 하고 있다.

이러한 반론 중, 세 번째 반론은 특히 강력한 힘을 가지고 있다. 포스트 케인지언은 교역으로 인한 '동학적(dynamic)'인 혜택이 '정학적(static)'인 혜택보다 그 크기에 있어서 훨씬 중요하다는 점을 강조한다. 포스트 케인지언이 말하는 무역에 의한 혜택에는 신고전학파 무역이론에서는 단순히 불변이라고 가정해버린 요소들이 포함되어 있다. 즉 아이디어 흐름의 개선, 새로운 지식, 투자, 규모의 경제들이 그것들인데, 이것들 중 규모의 경제 면에 있어서는 특히 칼도의 '제2성장 법칙'과 '제3성장 법칙'의 배후에 있는 '동학적 외부 규모의 경제(external economies of scale)'가 포함된다. 이것은 교역 상의 '절대우위'가 '비교우위'보다 중요하다는 점을 시사하고 있다(Milberg 1994). 이는 또한 '유치산업 보호'를 강력히 지지 하고 있는데, 그러한 '유치산업 보호'는 오늘날의 모든 부유한 나라들이 자국의 공업회의 초기단계에 있을 때 실제로 실행하였던 것이었다(Chang 2002). 이러한 보호는 워싱턴 컨센서스의 자유무역 원칙과는 모순되지만, 포스트케인지언 뿐만 아니라, 폴 크루그만이나 조셉 스티글리츠와 같은 저명한 뉴케인지언에 의하여도 주장되고 있다(2006년, p. 72, Thirlwall 2013년, p. 128).

여기에서도 썰월은 이들 모든 문제에 관한 광범위한 증거를 특히 라틴아메리카의 자료에 기초하여 제시하고 있다(Thirlwall 2013, pp. 133-41). 그가 내린 결론은 대부분의 포스트 케인지언 개발 경제학자들에 의하여 지지를 받을 것이라고 생각된다.

> "궁극적으로는 자국 내에서 생산되는 교역재에 대한 '해외' 수요를 늘리는 것을 도와주는 구조개혁 만이 가난한 개발도상국이 지속 가능한 방법으로 신속히 성장할 수 있는 유일한 방법이다. 국가의 도움 없이 시장 기능의 작동 만으로는 필요한 구조변화를 가져올 수 없다"(Thirlwall 2013, p. 156).

그리고 이러한 논의는 '관리환율'이 필요하다는 주장에 힘을 더하고 있다. 국제 자본의 흐름이라는 것은 '적극적'이며 '자율적'인 투자가의 포트폴리오의 결정에 의존하고 있다. 즉, 그러한 국제자본의 흐름은 그들의 행위의 부침(浮沈)에 의존하며, 무역 흐름에 대한 금융을 제공하기 위한 것이 아니다. 따라서, "안정성, 효율성, 최적성이라는 특징을 가지고 있는 시장"에서 환율이 형성되는 것이 아니라, 오히려 환율은 "경제주체들이 불완전한 방식으로 자신들의 결정을 수시로 번복하는" 그러한 시장에서 설정되는 것이다(Harvey 2012, pp. 186, 188). 거듭 말하지만 워싱턴 컨센서스가 요구하는 '금융자유화'가 최적의 결과를 만들어낸다고 믿어서는 안된다.

6.5. 몇 가지 방법론 상의 결론

우리는 이 장의 결론으로써, 성장과 발전 문제에 대하여서 포스트 케인지언의 접근법이 가지고 있는 보다 광범위한 방법론적 의미를 고려하고자 한다. 무엇보다도 첫째, '경로의존성', '이력성', '순환적 누적적 인과성'의 중요성과, 단지 분석적인 방법 만을 사용하는 것에 반하여 역사적 시간을 고려하여야 할 필요성의 존재를 인식하여야 한다(Robinson 1962, pp. 23-6). 마크 세터필드(*Mark*

Setterfield)는 '경로의존성'에는 '약'한 버전과 '강'한 형태를 구분할 수 있다고 하였다. 전자는 경제의 성장 경로는 '초기조건'에 민감함을 의미한다. 후자의 경우에 있어서는, 일련의 '성장 체제들(growth regimes)' 간의 구분을 도입하여야만 할 필요성이 있다는 것인데, 즉, 제도적, 사회적, 그리고 정치적 변화는 경제성장의 과정과 불가분하게 연결되어 있다는 것을 인식하여야만 한다는 것이다. 세터필드는 '황금시대(1945-73)', 그에 이은 '쇠락의 시대(1973-89)' 그리고 대략 1990년경에 시작된 '금융화 성장 체제'를 구별한다. 이 마지막 '성장 체제'는 2007-08년의 세계적인 금융위기 시에 정점에 도달하였으며, 거의 모든 부유한 국가에서 경제성장을 제약하는 대불황을 초래하였다(Setterfield 2013, pp. 243-6). 이는 존 콘월과 웬디 콘월(John Cornwall and Wendy Cornwall 2001)에서 비롯된 진화론적 케인지언의 생각을 응용한 것인데, 그들은 경제성장 분석에 있어서의 단순한 '균형론적 접근법(equilibrium approach)'에 강한 의문을 던지고 있다.

둘째, 모든 포스트 케인지언의 성장이론에 있어서의 투자의 역할(따라서 '유효수요'의 역할)을 고려할 때, '단기 분석(short-period analysis)'과 '장기 분석(long-period analysis)' 간에는 어떠한 뚜렷한 구분을 할 수 없음을 시사하고 있다. 똑 같은 힘이 '단기'와 '장기'의 경우 모두에 있어서 작용하고 있는데, 칼레츠키는 '장기'라는 것은 그 자체로서는 독립적인 실체가 아니라고 생각하였다. 즉, "장기 경향이라는 것은 단기적인 상황들이 연쇄적으로 발생하는 과정 중에 존재하는 천천히 변화하는 요소에 불과하며, 그 자체로서는 어떠한 독립적인 존재를 가지고 있는 것이 아니다"(Kalecki 1971, p. 165). 이처럼 포스트 케인지언의 성장 모형은 항상 불안정하고 순환적인 성장모형인데, 이는 경기변동 주기에 관한 이론을 창출하기 위하여 '케인지언 승수(the Keynesian multiplier)'와 '가속도원리(the accelerator principle)'를 연계시키려 하였던 해로드의 초기 노력(Harrod 1936)에서부터, 1960년대 리처드 구드윈(*Richard Goodwin*)에 의한 로트카-우오루테라(*Lotka-Volterra*)의 '포식자-피식자 모형(*predator-prey model*)'의 응용(Blatt 1983), 그리고 성장을 설명하기 위하여 '민스키 부채동학(*Minskyian debt dynamics*)'을 정교한 컴퓨터 시뮬레이션 모형에 의하여 설명하는 방식에 이르기 까지(Keen 2013)의 모든 노력에 공통적인 것들이다. 이에 스티브 킨(*Steve Keen*)은 다음과 같이 결론을 내린다. "이것이 포스트 케인지언적 성장론 상의 접근법과 신고전학파 성장 모형을 구별하는 대표적인 차이점들이다"(Keen 2012, p. 275).

그리고 방법론 상에 있어서 마지막으로 언급하고 싶은 바가 있다. 포스트 케인지언의 성장이론가들에게는 형식적인 성장 모형 그 자체는 절대로 충분한 것이 아니며, 제도, 정치, 그리고 역사라는 것들이 성장에 대하여 가지는 역할에 대한 분석이 필요한 것이 사실이다. 하지만, 그럼에도 불구하고, 형식적 모형은 필요한 것이며, 이는 해로드, 칼도, 로빈슨, 그리고 기타 선구자들의 깊은 통찰을 우리가 실제로 살고 있는 복잡하고 어려운 세계를 이해하기 위하여 효과적으로 이용하기 위하여 불가결한 것이다.

7. 왜 그것이 모두 중요한가?: 경제 정책

7.1. 포스트 케인지언에 있어서 정치적인 것이 가지는 중요성

케인즈는 경제학 그 자체만의 목적을 위하여 경제이론에 큰 관심을 가졌던 것은 아니며, 대신 경제학을 정책 제안의 과학이나 기술로 인식하고 있었다. 포스트 케인지언은 이러한 현실적인 참여에 대한 케인즈의 관심을 공유하면서 거시경제정책의 대상과 수단 모두에 관한 독특한 접근 방식을 발전시켜왔다. 포스트 케인지언들이 가지고 있는 매우 폭넓은 경제정책 문제에 대한 견해는 주류 경제학과는 확연히 차별화 되는데, 반면 포스트 케인지언들은 얀 틴버겐(Jan Tinbergen, 1956)이 남긴 고전적 조언도 잊지 않는다. 즉, 정책 목표들의 수만큼 최소한 같은 수 이상의 정책 수단들을 활용하되, 단 어떤 특정 목표들과 어떤 수단들 간의 관계를 불변의 것으로 고정시키지는 말라는 것이다.

포스트 케인지언은 네 가지 주요한 정책 목표를 옹호한다. 즉, 완전고용, 낮은 정(正)의 수준의 인플레이션율, 소득과 부의 공정한 분배, 금융의 안정이 그것이다. 세 번째와 네 번째 목표는 교조적인 주류 경제학에서는 완전히 무시되어 있으며, 첫 번째 목표는 실제 산출과 잠재적인 산출 간의 소위 '산출 갭'이라는 개념을 통하여서만 간접적으로만 연관이 되어 있고 그들에 있어서는 어떠한 특정 수준의 실업률 목표가 수치로서 제시되는 경우는 거의 없다고 보여진다. 따라서, (주류경제학에 비하여 더 많은 정책 목표를 추구하는) 포스트 케인지언에게 있어서는 주류경제학에 비하여 훨씬 폭 넓은 범위의 정책 수단을 필요로 하고 있다(Arestis 2013). 본서는 그러한 정책 수단들을 크게 5개의 제목하에 논의를 할 예정이다. 그것들은 금융정책, 재정정책, 물가·소득정책, 국제경제정책 그리고 환경정책이다.

그러나 그보다 앞서 우선 정치에 대하여 몇 마디를 언급할 필요성이 있다. 포스트 케인지언들 간에는 동일한 정치적 입장을 공유하고 있는 것일까? 나는 일반적으로 현재의 포스트 케인지언들은 그 이전 세대에 비하여, 중심점을 기준으로 좌측에 위치하고 있다는 점에는 모두 의견을 같이할 것이라고 생각한다(물론, 이러한 정치적 성향을 판가름하는 중심점 자체는 지난 40년간 오른쪽으로 크게 이동하여 온 것은 사실이다). 다분히 한정적인 의미에서, 케인즈 자신은 대체로 좌파에 가까웠다고 생각되지만, 그가 어느 정도까지 좌파였는지는 논란의 여지가 있다. 그의 전기 작가들은 케인즈의 '중도적 노선(*middle way*)'을 높이 평가한다(Skidelsky 2009, 제7장). 그 자신도《일반이론》의 정치적 위치는 "다소 보수적(*moderately conservative*)"이라고 표현한 바가 있다(Keynes 1936, p. 377).

케임브리지 포스트 케인지언의 제1세대 사람들은 대체로 사회민주주의자였고 조안 로빈슨은 마오쩌둥의 중국에 매료된 바가 있었는데, 중도적 성향을 지닌 노동당의 당원이면서 노년기에는 마거릿 대처에 대한 반동으로 다소 좌경화 성향을 가지고 있었던 칼도와 구별된다. 미국에서는 웨인트롭과 하이만 민스키는 모두 민주당원이었으며 폴 데이빗슨은 현재도 그러하다. 1960년대까지만 하더라도 그들은 거의 중도적인 입장으로 간주되었는데, 반세기가 지난 뒤인 2009년 버락 오바마가 경제 고문을 선출하는 과정에서 폴 크루그만(*Paul Krugman*)이나 조셉 스티글리츠 같은 뉴케인지언을 임명하였을 때, 그러한 인사조치 조차도 너무도 과격한 것이라고 여겨졌던 것과는 대조적이라고 생각된다. 이후 세대의 대서양 양안의 포스트 케인지언들은 대체로 '개혁주의적 사회민주주의(*reformist social democracy*)'로 기울었고, 반면 칼레츠키언들은 칼레츠키가 가지고 있던, 마르크스 정치경제학에 대한 비교조적 해석에 어느 정도 공감을 가지고 있었다.

포스트 케인지언들이 좌측으로 친화적인데는 그만한 이유가 있다. 케인즈는 자본주의 체제에는 근본적인 개혁이 필요하다는 확고한 신념 아래《일반이론》을 저술하였다. 이러한 입장은 1930년대에서는 매우 일반적인 견해로, 케인즈보다도 고전학파 거시경제학에 대하여 덜 비판적이었던 많은 사람들도 이 같은 생각을 공유하고 있었다. 예를 들자면 피구가 저술한 《사회주의 대 자본주의》(Socialism Versus Capitalism 1937)를 보면 이와 같은 경향이 확연히 보인다. 포스트 케인지언들은 항상 시장에 대한 체계적인 규제를 주장하여 왔고, 특히 금융시장에 대한 '경계적 규제(vigilant regulation)'[역주 90]를 강조하였는데, 이는 시장의 실패는 일반적으로 국가의 실패보다 더욱 위험하다는 견해에서 비롯된 것이었다. (1930년대와 달리) 신자유주의 시대가 도래하자 이러한 입장을 가지고 있다는 것 자체만으로도 대다수의 경제학자들의 입장에 비하여 좌측의 성향을 가지고 있는 것으로 분류되기에 충분하였다.

소득과 부의 분배 문제에 대하여 포스트 케인지언이 가지고 있는 우려도 강조될 필요가 있다. 이는 한편으로는 사회정의에 대한 우려를 반영한 것이고 또 다른 한편으로는 주류경제학에서 주장하는 한계 생산성 이론에 따른 상대적 소득분배 원리를 거부함에서 따르는 불가피한 결과이다. 이는 일찍이 클라크(J. B. Clark)가 개진하였던 이윤의 정당화에 대한 이론을 거부하는 것도 의미한다. 클라크는 자본의 소유자는 노동력의 공급자와 마찬가지로 그들의 생산에 대한 공헌에 대한 보수를 받을 만한 자격이 있다고 주장하였다. 그런데, 케임브리지에서 벌어진, 주류경제학에서 사용하고 있는 자본이라는 개념에 관한 '자본논쟁'은, 이같은 클라크식의 변명을 위한 여지를 영원히 무색하게 만들었던 것이다.

포스트 케인지언에 있어서는 피할 수 없는 거시경제적인 차원의 문제도 존재한다. 어떠한 소득분배가 수용 가능할 지의 여부를 가늠하는 첫 번째 원

[역주 90] 시장 참여자들의 행동을 규칙과 제도 등의 설립을 통하여 규제하는 것

칙은 거시경제의 안정성을 유지할 수 있어야 하는 것인데, 그럼으로써 수요 견인 인플레이션을 유발하지 않는 완전고용과의 공존할 수 있어야만 한다. 빈곤층이 부유층보다 자신의 소득에서 소비로 지출하는 비율이 큰 경향이 있음을 감안할 때, 소득 분배 상의 보다 큰 평등이 필요한 것이며, 또한 GDP에서 임금이 차지하는 비율이 최소한 안정되어 있거나 혹은 증가할 필요가 있는 것이다.《일반이론》의 마지막 장에서 케인즈 자신도 그러한 필요성을 인정하였다(Keynes 1936, pp. 372-6). 이것은 많은 포스트 케인지언들이 그 근저에 가지고 있는 평등주의적 견해를 지지하여 주는 것으로서, 소득(또는 지출)에 대한 강력한 누진 과세와 특히 자녀가 있는 가정 등에는 보다 관대한 복지 지출이 필요하다는 견해들을 지지하는 것이다(Pressman 2014).

7.2. 금융 정책(통화정책?)

금융정책에 대한 포스트 케인지언의 사고에 있어서 기본적인 이론적 주장들은 이미 본서 2장과 3장에서 요약한 바 있다. 이는, '세의 법칙'과 '고전학파적 이분법'에 대한 반대, 화폐의 '내생성', '대부자금설'상의 이자이론과 그와 연관된 '자연이자율'이라는 개념의 부정, 금융 체제의 불안정성에 대한 인식, 금융 이노베이션이 야기할 수 있는 결과에 대한 항시적인 주의의 필요성 등이다.

이와 같이, 포스트 케인지언의 제1세대는, 이론상의 측면과 정책 제안의 측면 모두에 있어서 통화주의에 대하여 강하게 비판적이었다. 화폐는 내생적이기 때문에 인과관계의 방향은 밀튼 프리드만이나 시카고학파가 주장한 것과는 반대라고 이들은 주장하였다. 인플레이션은 '실물' 경제에서 발생하는 것이며, 이에는 상품 시장, 특히 노동력과 원자재 시장이 해당된다. 통화량 증가를 엄격히 통제함으로써 인플레이션을 억제하려는 시도는 성공하지 못할 것이며 오히려 그에 따른 재정 긴축, 고이자율, 환율의 과대평가로 인하여 생산과 고용에 심각한 피해를 끼치게 될 것이라는 것이 포스트 케인지언의 생각이다(Kaldor 1982). 통화주의는 "마르크스가 말한 소득정책에 다름아니며"(Balogh 1982, p. p.77), 이는 곧 노동의 조직화를 억제하고 공장에서의 규율을 유지하기 위하여 실업자라는 '노동 예비군(산업예비군, *reserve army*)'을 양산하기 위하여 이용되는 수단인 것이다.

포스트 케인지언에게 있어서는 통화주의를 비판함에 있어서 중요한 정치적인 원칙들이 있었다. 즉, 금융정책은 대다수 국민들의 혜택을 위하여 민주적으로 관리되어야만 하는 것이며, 중앙은행의 손에 맡겨져서는 안 된다는 것이다. 왜냐하면 중앙은행은 겉으로만 '독립적'이라고 주장하지만, 실제로는 금융시장에서의 극소수의 부자들에 의하여 결국은 좌우되기 때문이다. 사실 픽슬리(*Pixley* 2013)등이 시사하는 바와 같이, 중앙은행은 항상 경제적 혹은 정치적인 측면에서의 연합 내지는 갈등 관계 속에 편입되어 있는 존재이며, '독립성'이라는 단어는 조심스럽게 한정적인 의미로만 사용되어야만 한다. 중앙은행을 '독립적'인 것으로 잘 못 이해하는 대신, 그것은 다른 형태의 의존성을 가지고 있다고 생각되어야만 한다. 즉, 중앙은행은 결국 지난 2007-8년의 세계 금융위기의 발발에 앞서 세계 금융 체제에 있어서의 규제완화를 지원하고 있던 이해관계자들의 연합에 의하여 영향을 받고 있다는 것이다(제8장 참조). 사실상 1990년대의 중앙은행의 '독립성'으로의 이행은 실제적인 민영화를 가장하기 위한(영란 은행의 경우 채 민영화) 하나의 형태이며, 따라서 중앙은행의 활동에 대한 정부의 통제체제를 다시 회복할 필요가 있다.

포스트 케인지언의 통화주의에 대한 비판의 대부분은, 예를 들어 대처하에서의 영국에서의 경험에 의하여 곧바로 사실로 입증되었으며, 그러한 비판의 일부는 소위 뉴신고전학파종합에 의하여(물론 무의식적으로) 수용되었는데,

이렇게 수용된 견해들은 수평적인 LM 곡선, 따라서 통화량의 관리보다는 이 자율을 관리하는 금융정책이 보다 실용적인 금융 정책 수단이라는 생각 등이었다. 하지만, 포스트 케인지언 입장에서는 여전히 주류 경제학 상의 금융정책을 강도 높게 비판하고 있는데, 특히 주류경제학에서 주장하는, 타당한 정책적 목표는 오로지 '산출물 가격 인플레이션(output price inflation)'이라는 교조적 입장에 대하여 비판적이다. 이러한 교조적 입장은 다른 중요한 목표들을 경시하는 결과를 초래할 수 있고, 특히 자산 가격의 인플레이션이나, 금융 체제 전체의 안정성 문제를 경시할 수도 있다. 하지만 이렇게 경시될 수 있는 요소들은 '거시건전성(macroprudential regulation)'상 핵심적 중요성을 가지고 있다.

또한 포스트 케인지언은 주류경제학이 단일 정책 수단에만 의존하고 있음에도 비판적이다. 이전에는 주류 경제학은 통화량의 통제를 주장하였으나 그것이 통화 당국의 통제 범위 밖에 놓인 것을 알자 이제는 이자율 통제로 옮겨가게 되었다. 그런데 이와 같은 편협한 정책들에 집착하는 경우 다른 목표 변수들에 대한 영향력의 행사에는 무력하게 되며, 이러한 무력감은 특히 자산 가격 인플레이션과 관련되어 뚜렷하게 보여진다. 주택 거품이나 주가 거품은 재발 가능성이 있는 매우 위험한 현상인데, 물론 조기에 이자율을 급격히 상승시킴으로써 자산 가격의 디플레이션을 유도하거나 혹은 그것을 완전히 예방할 수 있을지도 모른다. 그러나, 이는 생산량과 고용에 있어서는 수용 불가능한 재앙적 결과를 야기할 수 있으며 이러한 경우 금융 당국에게 남아있는 정책 수단이라는 것은 기껏 (주택투기 등을 위한) 차입자나 (특히) 대출자에게 구두 엄포 만을 하는 것인데, 이마저도 시장 분위기가 비합리적으로 고양된 상황에서는 무시 당하기 마련이다.

뉴신고전학파종합의 금융정책은 저축과 (아마도) 기업투자에 영향을 미칠 수도 있는 이자율 변화에 의하여서만 작동되지만, 포스트 케인지언의 경우에 있어서는 위와 같은 이자율 채널보다도 훨씬 더 중요한 네 가지의 추가적인 채널을 지적하고 있다. 그런데 그 네 가지는 상호간에 서로 느슨하게 연관이 되어있으며 다음과 같은 부정적인 면들과 관련이 되어 있다. (1) 불황기에는 '신용할당'을 하고 호황기에는(신용 공급)을 하는 재앙적 관행, (2) 자산가격의 변화, 특히 자산의 '기대가격'의 변화, 그리고 이와 관련하여 자산가격 버블과 그 버블의 갑작스러운 붕괴, (3) 금융 채무 불이행에 대한 우려, 특히 이러한 것은 금융 주기 상 시간에 따라서 변화할 수 있고, 주기의 어느 특정 시점에서는 심각한 '신용할당'을 유발할 가능성, 그리고 (4) (이와 관련된) 기업 도산의 전망이다. 주류 경제학에서 현재 애용되고 있는 소위 '동태확률일반균형(DSGE)'에서는 세 번째와 네 번째 요인을 그들이 상정한 '비 폰지 게임(Non-Ponzi Game)'이라는 비현실적 가정에 의하여 애당초부터 존재하지 않는 것이라고 상정을 하고 경제를 분석한다. 이러한 위에 열거한 네 가지 요소들은, 금융 정책이 가져올 수 있는 '부(富)의 효과'상의 중대한 '비대칭성'을 야기할 수 있는데, 이는 일찍이 어빙 피셔(Irving Fisher)가 금융위기에 대한 그의 '채무 디플레이션(debt deflation)' 이론을 주장한 이래 자주 보여져 왔던 현상이다.

포스트 케인지언 사이에서는 한가지 이상의 추가적인 금융정책 수단을 부활시켜야 한다는 의견이 일반적으로 받아들여지고 있다. 포스트 케인지언의 많은 학자들은 예를 들어 주택 가격 거품이 우려될 경우 주택담보대출의 제한을 두거나 혹은 주식 시장이 차입 비율이 높은(highly leveraged) 투자자들의 과열적 매집 때문에 가격이 폭등하는 경우 주식 금융에 대한 증거금(margin) 규제를 강화하는 등의 직접적 규제로 복귀하는 것을 지지하고 있다. 또한 일부의 학자들은 일종의 간접적인 통제 방법도 제시하고 있다. 예를 들자면, 금융기관이 대출하여 주는 자산의 종류에 따라 차별화된 지급준비금에 대한 요건을 부과함으로써 특정 형태의 대출에 대하여 실질적으로 억제하는 효과를 만들어 냄으로써 자산 가격의 거품 발생을 방지하거나 혹은 그것을 서서히 축소시킬 수 있다. 이렇듯, 간접적인 통제 방법은 금융기관으로 하여금 책임 있는 행동을 취할 수 있도록 하는 강력한 유인을 부여할 수 있다(Palley 2004). 반면 소위 금융정책상의 '미세조정(fine-tuning)'의 효과에 대하여서는 논란이 존재하는데, 많은 포스트 케인지언들은 그 효과에 대하여 부정적인 입장이다. 즉, 그들은 이자율의 잦은 변경에 대하여 반대하며, 대신 아주 낮은 수준에서 안정적으로 유지되는 이자율 정책을 주장하고 있다.[역주 91] 그리고 또한 '저금리 정책(cheap money policy)'은 윤리적인 면에서도 매력적인 옵션인 것은 분명하다. '불로자산소득자(rentier)'들이 비교적 부유한 사람들인 것을 감안하면 이자율을 매우 낮게 유지함으로써 이들의 소득을 제한하는 것은 바람직한 평등주의적 결과를 가져올 것이다. 또한 이러한 정책은 소비와(특히) 투자를 완전고용과 일치하는 수준으로 유지하는 바에도 기여할 수 있다.

그럼에도 불구하고, 신용화폐가 내생적으로 창조된다는 관점에서 보았을 때, 포스트 케인지언은 금융정책이 실제로 어느 정도의 성과를 거둘 수 있

[역주 91] 참고로, 케인즈에 있어서는 장기 이자율은 '이자율의 안정성'의 함수이다. 즉, 이자율이 안정적 수준으로 정착이 되면, 그 이자율은 낮게 된다는 것이다. 그 이유는 이자율이 안정적으로 유지된다면, 화폐의 투기적 수요는 줄어들기 마련이고, 그런 경우 장기 채권 보유가 늘고, 채권 가격이 상승하고 이자율은 떨어지기 때문이다. 따라서 결국 가장 중요한 인과관계는 미래의 이자율의 안정성에 의한 것이며, 결국은 투자자가 가지는 미래의 이자율 수준에 대한 '확신도(Degree of Confidence)'에 의존한다. 이점에서 기존 주류 경제학의 거시 경제학 교과서에 나와있는 도식적이고 기계적인 설명과는 상이한 것이다. 이에 관하여 관심있는 독자들은 다음을 참고할 것. Aspromourgos, Tony(2018), *Keynes, Public Debt and the Complex of Interest Rates*, Journal of the History of Economic Thought, Vol 40, Issue 4

는지에 대하여서는 의문시하는 경향이 있다. 포스트 케인지언에게 있어서는 세계 금융위기 이후 미국과 영국에서 경제 회복을 자극하기 위하여 실시된 소위 '양적완화(QE)'가 성공을 거두지 못하였음은 그다지 놀라운 일이 아니었다. 민간부문에서는 대출금을 상환하여 부채를 줄이고 그에 따라 신용 화폐에 대한 수요(은행입장에서는 신용화폐의 공급)를 줄이려는 것을 감안하였을 때, '양적완화'는 결국 총수요를 자극하는 것이 아니라 오히려 상대적 자산가격을 변화시켜 주가나 주택의 가격만 상승시키는 결과를 초래하였고, 반면 실물경제에 대한 기여는 상대적으로 적었다(Culham and King 2013). 확장 금융정책의 약점을 보완하기 위하여 투자의 사회적 통제를 주창한 케인즈처럼, 포스트 케인지언은 금융정책으로서는 달성될 수 없는 부문에 보다 초점을 맞추어, 보다 강력한 일련의 대체 수단들을 하나의 세트로서 실행하여야 한다고 생각하는 경향이 있다. 이에는 첫째 재정정책이 중요하다.

7.3. 재정 정책

주류 경제학 내의 올드케인지언과 뉴케인지언의 경제학 간의 큰 차이점 중의 하나는 재정 정책에 대한 견해의 차이이다. 올드케인지언(이들은 포스트 케인지언과도 어느 정도 공통점이 있다)은 정부의 재정적자에 의한 정부 지출은 수요 부족에 시달리는 경제에 있어서 실업을 줄이기 위한 중요한 무기이며, 한편으로 재정 흑자는 수요견인형의 인플레이션을 억제하기 위하여서 사용되어야 한다고 주장하였다. 하지만, 뉴고전학파와 많은 뉴케인지언들은 재정정책의 효과에 대한 의문을 제기하며, 그의 근거로서 '리카르도의 등가정리'를 언급하고 있다. 즉, 합리적인 경제주체는 현재의 정부차입의 증가는 미래에 필히 증세를 수반한다는 것을 명확히 예상하고 그에 따라서 현재의 소비지출을 줄이기 때문에, 정부지출 증가로 인한 경기 부양 효과는 무력화 된다고 주장하고 있다. 반대로 재정흑자를 추구하는 정부의 긴축정책은 '유효수요'를 감소시키지 않는다는 것이다.

'리카르도의 등가정리'는 리카르도에 의하여 2세기전에 주장되었는데, 그 때는 나름의 정당한 이유도 있었다. 즉, 1815년 영국 정부의 부채는 GDP의 300%에 달하였고, 연간 이자 지급은 총 국민소득의 10%를 차지하였으며, 부유층들은 만일 필수품에 대한 과세가 더 늘어나는 경우 노동자 계층이 강한 저항을 할 것이라는 위협에 당면하고 있었고 동시에 그들 부유층 자신이 미래에 더 많은 세금을 지불하여야만 할 것이라는 걱정을 가지고 있었다. 그런데, 심지어 이러한 극단적인 상황에 있어서도 리카르도는 현대에서 그의 이름의 딱지가 붙여진 '리카르도의 등가정리'에 대하여서는 회의적이었다. 그는 심지어 아주 교육수준이 높은 사람이라도 이러한 원칙을 절대로 이해하지 못할 것이라고 믿었다. 이러한 점에서 그는 거의 옳았다.

재정정책의 비효율적이라는 주장을 정당화하는 방법으로 주류경제학자들은 금융정책적인 면에 있어서의 논의를 이용한다. 즉, 만약 재정적자가 이자율을 올리고 그로 인하여 민간 기업투자를 '구축(驅逐 crowding out)'하게 된다는 것이다. 반면 긴축재정은 민간 기업투자를 유발할 수 있어서 '유효수요' 수준에 악영향을 미치지는 않는다는 것이다. 그러나 이와 같은 주장은 단지 '대부자금설'상의 이자율이론이 타당한 경우에만 작동한다. 만일 이자율이 금융당국의 결정에 따라서 결정되는 순수한 화폐적 현상이라고 한다면, 이자율 수준 자체는 확대 재정정책의 여부에 따라서 상승되지는 않을 것이다. 오히려 반대의 결과가 나올 수도 있다. 즉, 정부의 차입이 증가하는 경우, 일반 상업은행이 중앙은행에 보유하고 있는 준비금의 잔고는 증가하고, 따라서 상업은행들이 차입할 필요성은 줄어들 수도 있다. 지방 자치체, 연방제의 주정부, 그리고(물론) 유로존을 구성하는 개별 국가는, 금융의 부족에 의하여서 지출 결정에 제약을 받을 가능성이 있다. 그러나, 독자적인 통화 주권을 가지는 독립국가에서는, 그러한 '금융적 제약'은 정부 지출 상에는 존재하지 않는다(Hart 2011; Wray2014).

'리카르도의 등가정리'과 '건전재정(sound finance)'이라는 두가지 원칙 사이에는 일종의 갈등이 존재하는데, 후자는 메르켈 독일 수상이 언급하여 유명해진 '슈바벤 주부의 논리(Swabian housewife logic)'에서 보여진다. 즉, "모든 주부들은 수입을 초과하여 살 수 없다는 것을 너무 잘 알고 있다"는 주장이다. 사실 이 두 가지 원칙들은 상호 모순적이다. 만약 재정정책이 비효과적이라면 재정적자도 마찬가지로 그것이 악영향이건 아니건 어떠한 효과를 가져올 수는 없다. 그러나 포스트 케인지언은 재정정책의 비효율성과 메르켈 총리가 주창한 건전재정 원칙을 모두 부정하고 있다. 그 대신 70년 전 아바 러너(Abba Lerner)가 《통제의 경제학(The Economics of Control)》이라는 자신의 짧은 논문 속에서 자세히 서술한 '기능적 재정(functional finance)'을 주장하고 있다. 즉, 재정 정책의 운영에 있어서 오로지 중요한 것은 완전고용을 달성하며 동시에 수요 견인 인플레이션을 억제하는 것이다(Lerner 1943, 1944, chapter 24; see also Burger 2003).

'기능적 재정'의 원칙은 완전고용을 유지하기 위한 민간부문의 지출이 부족할 것으로 예상될 경우 정부는 적자 재정을 통하여 그것을 만회하고, 반대로, 민간부문의 지출이 과다하여 수요 견인형 인플레이션을 일으킬 것으로 예상될 경우 정부는 흑자재정을 목표할 것을 요구하고 있다. 정부의 균형 예산이 필요한 것은 민간부문의 지출이 적당할 것으로 예상되는 예외적인 경우 뿐이다. 소비자가 신뢰감을 상실하고 또한 기업의 미래에 대한 예상이 움츠러든 불황 속에서 메르켈식의 논리를 적용하는 것은 자멸적인 결과만을 초래할 수 있는데, 이는 '유효 수요'를 줄이고 따라서 세수도 줄이기 때문에 오히려 재정

적자를 확대할 수 있다. 이러한 사실들은 1930년대 대공황에서 배울 수 있는 가장 중요한 교훈 중 하나였으며, 우리는 이제 다시 한번 모든 것을 대공황에서 배워야만 한다.

이처럼 메르켈식의 '슈바벤 주부의 논리'는 근본적으로 틀린 것이다. 국가 채무는 후세의 부담이 아닌 것이고, 국가의 부담도 아니고 국가의 빈곤의 상징도 아니다. 국가 채무에 대한 이자는 국가 부담이 아니다. 국가는 파산에 몰릴 수는 없다. 왜냐하면, 국가나 정부는 일반 민간 기업이 아니기 때문이다('슈바벤 주부'는 더욱이 아니다). 러너의 말을 빌리자면 다음과 같다.

"정부는 다른 국민으로부터 자금을 빌리거나 혹은 화폐를 발행하였을 때, 설령 세금으로 자금을 조달하지 않는 경우라도, 어느 국민에 대한 채무도 반드시 변제할 수 있다. 국가는 채무자라는 감옥에 갇히거나 혹은 파산명령으로 인하여 그 자격을 박탈될 수도 없다. 국내 부채를 많이 가지고 있는 국가가 파산한다고 하는 기묘한 환상은 자본가들이 자신들이 생각하는 허구의 방식대로 국가에 대한 이미지를 날조하여 만든 다음, 이러한 자본주의자들의 신화를 그 자본주의 사회의 다른 구성원들에게 각인시킨 결과라고 밖에 설명할 수 없다"(Lerner 1944, p. 304)

하지만, 그는 해외에서 국가채무의 대부분을 소유하고 있는 경우는 심각한 문제가 발생할 수 있음은 충분히 인정하였다. 러너는 이러한 문제 중 특히 두 가지를 인식하고 있었다. 즉, 국가가 채무 변제를 강요 받을 수 있는 상황이나(혹은 물론 국가 부도의 옵션을 선택할 수도 있다), 이자 지급이 결국 국가로서는 손해가 되는 경우이다. 그런데 그는 잠재적으로 중요한 세 번째 요인에 대한 언급은 하지 않았다. 그것은 환율의 불안정성에 관한 것인데, 환율은 외국의 투자자들이 가지는 채무국의 부채의 원리금 상환 능력에 대한 신뢰의 수준이 변화함에 따라서 좌우될 수 있다. 이것은 다분히 경험적인 문제이기도 한데, 환율 불안정성은 성장에 부정적인 영향을 끼칠 수도 있는 것이 경험적 문제인 것과 마찬가지이다. 하지만, 이 모든 것은 외국으로부터의 차입이 반드시 부정적이라는 것을 시사하는 것은 아니다. 즉, 러너에 의하면, "각 개별 차입은 그 당시의 상황에 따라서 현명할 수도 있고 혹은 우둔한 선택일 수도 있다"(p. 305). 즉, 만일 정부 부채를 대다수 자국 국민들이 가지고 있는 경우에 있어서는 위와 같은 문제는 크게 발생하지 않을 것이다.

    러너에게 '기능적 재정'의 원칙은 케인즈의 《일반이론》에서 개진된 거시경제학에서 도출되는 필연적 귀결이었다. 하지만 케인즈 자신은 그것을 받아 들이는 것에는 그다지 탐탁하게 생각하지 않았는데, 그 이유는 사실 모호한 것으로 남아있다. 아마도 그것은 그가 그러한 제안이 정치적으로 수용될 가능성이 높지 않았다고 생각하고 있던 것을 반영하고 있었을지도 모른다 (Aspromourgos 2014). 이것은 다음 장에서 보듯이, 세계 금융 위기 이후에 영국이나 유로존국가들이 채용한 긴축 재정정책을 비판하기 위한 매우 명확한 근거를 제공하고 있다. 그러나 그 구체적인 정책상 실행 내용에 대하여서는 의견이 일치하지 않을 여지는 존재한다. 포스트 케인지언 사이에서는 금융정책과 마찬가지로 재정적 '미세조정(fine-tuning)'의 장점에 대하여서는 논란의 여지가 있다. 예를 들자면 민스키는 이러한 '미세조정'에 대하여 항상 반대적인 입장이었는데, 그것은 어떤 정책 변화를 기안하고 집행하는 과정에서 항상 시간적 지체가 있을 수 있으며, 따라서 그로 인하여 예상 밖의 부정적 결과가 야기될 수 있다는 이유에 기인했다. 즉, 경제가 이미 회복 상태에 있는 경우에도 불필요한 재정 확장을 시행하게 될 수 있고, 반대로 경제가 하강 국면에 있는데도, 뒤 늦게 긴축 재정을 시행하는 결과를 초래할 수 있다는 것이었다. 이에 대한 고전적인 설명은 1945년부터 1960년 동안 영국에서 발생한 이러한 종류의 예측 오류와 그로 인한 부정적 결과에 대한 크리스토퍼 다우(Christopher Dow 1964)의 연구이다.

하지만, 이는 국가의 규모를 축소하기 위한 논의가 아님에 유의할 필요가 있다. 사실 민스키는 두 가지 이유에서 '큰 정부'를 지지하는 학자였다. 정부 지출이 GDP 대비 높은 비율을 유지하는 것이 바람직한 이유는 소위 '플로우'라는 차원에서 이해할 수 있다. 즉, G/Y가 10%미만일 때(예를 들자면 1929년, 대공황의 시작기)보다도, (1945년 이후의 미국과 같이) 30%이상일 때에 있어서 '재정 자동안정화 장치(built-in fiscal stabilizers)'가 훨씬 강력하게 작용한다는 것이다. '스톡' 차원에 있어서는, 정부가 재정 적자를 소위 무위험 채권인 정부채를 발행하여 조달하는 경우, 민간 금융기관의 대차대조표 상에는 무위험 자산의 비중이 높아진다. 그로 인하여 1945년 이후의 미국 경제에서의 금융상 취약성은 1929년의 상황과 비교하여 대폭 감소될 수 있었다(Minsky 1982). 이러한 논의에서 중요한 점은 2007년 위니 고들리(Wynne Godley)와 마크 라부와(Marc Lavoie 2007)에 의하여 정리된 소위 스톡 플로우 일관 모형(stock-flow consistent modelling, 혹은 SFC모형의 기법을 적극 활용할 필요성이다.[역주 92]

7.4. 가격 정책과 '소득정책'

긴축 재정정책은 수요견인 인플레이션에 대항하는 적절한 무기라고 생각되지만, 반세기 전에 웨인트롭이 이미 논의하였듯이 비용압박 인플레이션의 상황에 적용될 경우에는 효과가 없거니와 오히려 해악을 미칠 가능성이 높다. 후자의 경우에는 상품과 요소 시장에의 직접적인 정부의 개입이 필요할

[역주 92] 스톡 플로우 일관 모형(자세한 내용은 본서 185 페이지 참고)

수도 있다. 노동자들이 고도로 노조화되었던 1945년 이후 30년간의 소위 '황금시대'에서는 화폐임금이 급격히 상승하지 않도록 하는 것이 가장 중요한 원칙이었다. 이미 1951년에는 칼도는 이에 대한 기본적인 원칙을 확립하여 놓았는데, 당시에는 어떠한 이유에서인지 발표되지 못하였다. 그 원칙에 따르자면, 자본과 노동이 현재 총생산량에서 차지하는 비율이 수용 가능한 수준이라고 가정할 때, 모든 산업에서의 화폐임금은 노동생산성과 같은 성장률로 상승하여야 한다는 것이다. 생산성 성장이 평균 이하인 산업은 그 제품 가격을 인상하는 것이 허용되어야 하며, 생산성 성장이 빠른 산업은 물가를 하락시키게 함으로써 전체 물가수준이 거의 일정하도록 유지하도록 하는 것이다.

칼도는 평균 이상의 노동 생산성 성장을 보이는 산업(또는 개별 기업)에서는 노동자 전체의 평균 이상 수준의 임금 인상을 하는 것을 지지하지 않았다. 왜냐하면 그러한 인상은 다른 산업에 있는 노동자들의 임금 인상을 평균 이하로 만들게 하는 것이며, 이는 결국 그 낮은 임금 상승률을 보이는 산업의 노동자들이 비효율적인 그들의 고용주들에게 보조금을 지급하는 것과 같다고 그는 지적하였다. 따라서 그는 산업이나 기업 차원에서의 '생산성 교섭(productivity bargaining)'의 실행에는 공감하지 않았다. 또한 소규모 개방경제에서는 '교역조건(the terms of trade)'상의 변화가 있을 수 있다는 점을 고려되어야만 하므로 칼도의 법칙에 대한 수정이 필요할 것인데, 그러한 '교역조건'의 변화는 실제 생산성 성장률에 영향을 미치게 되기 때문이다. 따라서 '교역조건'이 개선되면 임금은 약간 상승하도록 허용되며, 반대로, 그것이 악화되는 경우에는 임금은 약간 하락하도록 하는 것이 허용되는 것이다(Kaldor 1964).

이러한 종류의 물가와 '소득정책'은 여러 가지 방법으로 실행할 수 있다. 즉, 1990년 이전의 호주처럼 법적 구속력이 있는 강제 중재에 의할 수도 있고, 또는 북유럽의 과거 사회민주주의국가나 '조합주의국가(corporatist)'에서 볼 수 있는 것처럼 '사회적 동반자들(social partners)' 간의 합의에 의한 것이든, 혹은 왈리치와 웨인트롭(Wallich and Weintraub 1971)이 미국에서 제안한 것처럼 세제상의 동기부여 내지는 동기 저하 요인들을 활용하는 것(그러나 미국이나 여하 다른 나라에서도 실시된 바는 없음)에 의한 것이 될 수도 있다. '세제기반 소득정책(Tax-based Incomes Policy; TIP) 을 지지하는 이 마지막 제안에 있어서는 만일 기업이 가이드 라인을 넘어서는 임금 인상에 동의하는 경우, 그 초과하는 분에 대하여서는 누진적 과세가 부과되고, 따라서 기업은 임금상승에 있어서 절도를 유지하여야만 하는 충분한 재무적 동기를 가질 수 있다.

포스트 케인지언 중에는 임금상승에 의한 인플레이션을 억제하는 다른 방법을 제창하는 사람도 있다. 하이만 민스키가 제안하였 듯이 만일 국가가 '최후고용자(employer of last resort; ELR)'로서 기능하고 민간 부문에서 일자리를 찾지 못하는 모든 이들에게 민간 부분보다는 낮은 수준이지만 사회적으로 용인될 수 있는 임금수준에서 일자리를 제공한다면 수요 부족으로 인한 실업을 해소할 수 있을 뿐만 아니라 임금상승에 의한 인플레이션을 억제할 수도 있다. 만일 노조가 과도한 임금 상승을 요구하는 경우, 조합원들은 실직하여 불가피하게 공공부문에서 저임금 하에서 고용될 것을 두려워할 것이며, 따라서 그러한 두려움에 의하여 과도한 노조의 요구는 제약 받을 수 있게 된다(Minsky 2008, pp. 310-13). 이러한 제안은 뉴딜시대에 설립된 공공사업진흥국(the Works Progress Administration)에서 착안한 생각으로서 어느 정도 지지는 얻고 있다 (Tcherneva 1998). 그러나 다른 포스트 케인지언들은 이러한 제안은 오히려 징벌적인 조치라고 비판하고 있는데, 그들에 의하면 이러한 조치는 마치 신자유주의 시대에 보수적인 정부가 부과한, 절대로 용납할 수 없는 '실업수당 수취를 위한 근로(work for the dole)'제도와 차이점이 없는 제도라고 간주하고 있으며, 이러한 제도가 과연 완전고용이나 물가안정을 실현할 수 있을지에 대한 의심을 표명하고 있다(Sawyer 2003).

모든 종류의 소득정책은 1970년대 스태그플레이션 위기 동안 붕괴되었으나, 이는 원재료 가격의 급격한 상승의 압박 하에서 결과된 것이었다(사실 이는 전혀 다른 문제를 제기하고 있는데 이에 관하여서는 다음 절에서 논의할 예정이다). 그 이후 선진 자본주의 세계의 거의 모든 지역에서 노동조합이 실질적으로 약화되고 있으며, 따라서 임금 압박형 인플레이션이 다시 발생할 위협은 현재로서는 다소 멀어지고 있는 것으로 보인다. 오늘날의 소득정책은 과거와는 달리, 주로 디플레이션의 위험을 줄이거나 임금이 전체에서 가지는 몫이 지속적으로 저하되는 위험을 피하기 위하여서 사용된다. 소득정책이 필요한 이유는 단순히 기존의 실질임금을 유지하는 것이 아니라 노동생산성의 향상에 따라 임금이 상승하여, 단위노동비용은 하락하지 않게끔 하기 위한 것이다. 2014년 7월까지는, 독일의 실질 임금은 과거 15년간 정체를 지속하고 있었기에, 골수적인 반 인플레이션 정책을 집행하여 온 독일의 중앙은행인 분데스방크조차도 실질임금의 상승을 요구하고 있었다(Hermann 2014). 독일 금융당국은 이제는 GDP 대비 이윤이 차지하는 비중이 상승하는 것을 저지하여야만 할 때라고 생각하였던 것이었다. 이러한 여러 가지 제안 중의 어떤 것이 현재의 신자유주의 체제하에서 실현될 수 있을지 여부는 확실하지 않다. 현재의 체제에서는 노동조합의 힘은 이미 대폭 약화되었고, 노동시장에서의 규제완화는 지속되고 있고(즉, 이는 자본의 이해와 부합하기 위한 '재 규제'라고 볼 수도 있다), 또한 독일과 같은 주요국에서 조차 법정 최저임금이라는 것은(2014년 12월 현재까지) 존재하지 않는다.

이에는 두 가지 중요한 더욱 광범위한 문제가 관련되어 있다. 첫 번째는, 문제 자체는 사실 '다학제적(inter-disciplinary)'인 성격을 가지고 있다. 거시경제적 문제는 경제가 편입되어 있는 정치적이며 사회적인 체제와 고립되어 논의할 수 없는 것이며, 또한 일반적으로 받아들여지고 있는 사회의 교조적 이데올로기와 분리하여 이해될 수 없는 것이다. 포스트 케인지언의 입장은 교조주의 주류 경제학에 속하는 대다수 경제학자들보다도 이러한 상호의존성의 중요성에 대하여 잘 파악하고 있으며, 이는 향후에도 항상 유념할 필요가 있다.

두 번째 문제는 보다 협의의 경제학적인 것이다. 칼레츠키의 전통에 속하는 포스트 케인지언들은 '임금주도(wage-led)'와 '이윤주도(profit-led)'의 성장 체제간의 구별을 명확히 하였는데, 이것은 임금 정책상 아주 중요한 의미를 지니고 있다. 임금 점유율의 저하는 소비지출을 감소시키지만 반면(이윤을 증가시킴으로써) 투자 지출을 늘릴 수도 있고 또한 순 수출을 증가시키는 경향이 있는 것이 사실이다.[역주 93](후자의 경우는 결국 국내 생산 비용의 저하, 따라서 수출과 수입 제품간의 상대가격의 저하를 통하여서 달성될 것이다). 만일 임금 점유율 저하로 인한 부정적 효과가 투자와 순수출의 증가로 인한 긍정적 효과보다 큰 경우, 우리는 '임금주도(wage-led)' 체제라고 하고, 반대의 경우는 '이윤주도(prof-

---

[역주 93] 이윤이 투자를 촉진한다는 명제에 주의를 기울일 필요가 있다. 물론 기업은 이윤이 나지 않는 사업은 투자를 하지 않는다. 하지만, 이윤이 있다고 해서 항상 투자를 하는 것은 아니다. 단순히 감세를 하거나 노동자의 임금을 삭감하여 이윤이 증가하더라도 매출이 동시에 증가하지 않는 이상 기업은 생산설비를 증설할 어떠한 이유도 찾지 못한다. 그렇게 늘어난 이윤은 물론 향후에 좋은 기회가 생긴다면 그 때의 투자 재원으로 사용될 수는 있겠지만, 당장은 배당을 늘리거나 혹은 금융자산의 취득에 사용될 뿐이다. 감세나 노동자의 임금 삭감이 제품의 가격 경쟁력을 향상시키고 더 나아가 매출의 증대와 연결될 때에 한하여 설비투자가 실행되는 것이다. 반면 경제 전체의 임금삭감은 경제의 유효수요를 감소시킴으로써 매출이 오히려 줄어들 수 있는 부작용이 있으며, 감세는 그로 인하여 정부가 재원이 부족하여 지출을 줄이게 되면 마찬가지로 기업의 매출에 악영향을 끼칠 수도 있다. 그리고 매출 증가와 투자증가로 연결되지 않는 기업의 이윤의 증가는 자칫 금융자산의 가격 상승 등을 야기할 위험을 내포한다.

it-led)'체제라고 일컫는다. 경험적 결과에 의하면, 대부분의 부유한 국가에서 내수 만을 고려하는 경우는 그것 자체로는 '임금주도(wage-led) 체제'라고 볼 수 있지만, 내수와 외수를 모두 고려할 때 순 수출 증가 효과가 강력히 보여져서, '이윤주도(profit-led)체제'적 성격이 커질 수도 있다.

이점에서 다소 명백히 보여지는 소위 구성상의 오류를 지적하지 않을 수 없다. 즉, 지구상의 모든 국가가 동시에 순 수출을 증가시킬 수 있는 것은 불가능하므로, 일개 국가만을 생각할 때보다 지구 전체적으로 볼 때는 '임금주도 체제'일 가능성이 훨씬 높을 것이다. 따라서, 2000년대 초기에 들어서 독일에서 실업자에 대한 복지 급여금을 대폭 삭감(악명 높은 하츠 4호 계획(Hartz IV programme)) 시키는 등에 의하여 행하여진 '임금주도의 디플레이션'은, 1930년대에 각국에 큰 부정적 영향을 야기하였던 소위 환율의 경쟁적 절하를 지칭하는 '근린궁핍화정책(beggar-my-neighbour policies)'과 다름이 없다. 가장 최신의 추정에 의하면, 전 세계적으로 임금 점유율이 일률적으로 1%포인트 낮아지면, 세계 전체의 GDP는 0.36%포인트 감소되는 것으로 보여지고 있다 (Stockhammer and Onaran 2013, p. 70). 다음 장에서는 이 문제에 대한 논의를 진전시킬 예정이다.

7.5. 국제 경제 정책

거시경제정책상에 있어서 국제적 공조의 필요성은 특히 임금정책의 맥락에서 분명하지만, 그것은 단지 노동 비용과 소득분배의 문제에만 국한된 것은 아니다. 1945년부터 1973년까지의 선진 자본주의의 황금 시대에서는, 실업률과 인플레이션율은 매우 낮았고, 산출은 급속히 증가하였으며, 경제 활동의 침체는 단기적이었으며 그다지 심각한 것이 아니었다. 그런데, 그러한 결과는 어느 정도 1944년의 브레튼 우즈 회의에서 수립된 국제 경제 질서 덕택이라고 할 수 있다. 그 브레튼 우즈를 통하여 케인즈는 전후의 금융의 부흥을 위한 그의 야심적인 제안 중의 일부만이라도 실행시키는 것에 성공하였다. 고정환율 체제는 안정성을 회복시켰고, 1930년대의 자멸적인 경쟁적 통화의 평가절하를 없애는 것에 일조하였으며, 자본 이동에 대한 통제는 30년대에 볼 수 있었던 소위 핫머니의 유출입으로 인한 경제의 불안정성을 방지하게 해주었다. 1950년대부터 1960년대에 걸쳐서 무역은 급속도로 성장하였지만 반면 국제금융은 의도적으로 억제되었다. 브레튼 우즈 시대는 1973년 미국 달러화의 평가절하, 그에 따른 변동환율제로의 복귀, 그리고 글로벌 자본 흐름 상의 자유화를 동반하면서 막을 내렸다. 많은 포스트 케인지언들은 지금으로부터 과거 40년간의 거시 경제상의 불만족스러운 성과의 일부 이유는 이전의 브레튼 우즈 체제가 붕괴하였음에 기인한다고 생각하고 있다.

하지만 국제 통화 체제의 개혁 방향에 대하여서는 몇 가지 이견이 존재한다. 물론 기본적인 원칙에 있어서는 대략적인 합의가 존재한다. 그러한 기본 원칙에는, 세계 금융시장에 어느 정도의 '재규제'를 도입할 것, 그리고 전 절에서 비판하였던 바, 디플레이션적 임금정책과 같은 '신중상주의적(*neo-mercantilist*)' 전략을 방지할 것을 포함한다. 또한, 추가로 세계적인 불균형을 시정할 책임을 적자국에만 전가할 것이 아니라 흑자국과 적자국, 그리고 채권국과 채무국이 다 같이 분담하여야 한다는 원칙이 포함되는데, 이것은 사실 1944년 케인즈가 브레튼 우즈에서 주장하였지만 달성하지는 못하였던 바이다.

하지만 항상 그렇듯이 문제는 세부적 사항에 있다. 국제통화체제 개혁에 대한 가장 야심적 제안은 폴 데이빗슨이 주장하였는데, 그는 케인즈가 주창한 국제청산동맹(ICU)의 도입을 요구하고 있다. 이는 고정환율 제도를 재정립하며 동시에 모든 국제적인 지불에 대한 청산은 각 정부가 ICU를 통하여 하는 것을 요구하는 것이다. 이러한 방식에 의하여 외환 시장에 있어서의 민간 부문의 거래는 완전하게 배제되어 그로 인하여 소위 글로벌 금융의 거래량과 그 영향력은 대폭 줄어들게 되는 결과가 초래될 수 있다(Davidson 2009).

이러한 정책은 많은 포스트 케인지언에게 있어서는 너무나 과격하다고 생각되고 있다. 특히, 랜달 레이(Randall Wray)와 같은 현대통화이론(Modern Monetary Theory; MMT)의 제창자는 고정환율로의 회귀는 국가의 주권의 용납 할 수 없는 상실을 초래한다는 이유로 반대하고 있다(Wray 2006). 반면 이와 같은 레이의 주장에 대하여, 다른 포스트 케인지언들은 자국 통화의 가치를 투기적인 글로벌 환율 시장의 변덕에 맡기는 것이 과연 '국가 주권'을 가지는 것으로 해석하는 것인가 하는 반박을 제기하고는 있다. 하지만 변동환율 지지자들에게도 일리가 있다. 이미 잘 알려진 먼델-플레밍의 '트릴레마'에 의하면, 한 국가는 고정환율제도, 자유로운 자본이동, 그리고 독립된 금융정책의 모두를 동시에 선택할 수 없는 것이다. 하지만 이러한 '트릴레마'에 직면하여, 대다수 포스트 케인지언들은 고정환율 제도 대신 변동환율의 채택을 주장하지 않고 대신 자본 규제를 제창하고 있다.

국제통화기금(IMF)을 개혁하여 그것을 케인즈가 바라던 것과 같은 '세계의 중앙은행화'하여, 그것에 충분한 재원을 지원하며, 동시에 전 세계적 규모의 완전고용 촉진하는 의지를 수립하게 하는 바에는 포스트 케인지언들 간에 일반적인 합의가 존재한다. 마찬가지로 세계은행으로부터 워싱턴 컨센서스의 남아있는 흔적을 제거하고, 그것을 이미 본서의 전 장에서 개진하였던 경제 발전 모형에 기초하여 최빈국의 경제 발전을 촉진하는 기관으로 전환하는 것에 대한 강력한 지지도 존재하고 있다(D'Arista and Erturk 2013). 대부분의 포스트 케인지언은 국제금융거래에 있어서 '거래세'(이른바 토빈세(稅))의 도입에 찬성하고 있으며, 이는 세입 증가와 더불어, 아마도 투기적인 국제금융의 "바퀴에 모래를 뿌리는 것"이 될 것이다(Grahland Lysandrou 2003). 여기서도 국제적인 합의가 필요한데, 그러한 제안이 가지는 장점은 환율시장이 가지는 변동성(*volatility*)의 현저한 저하가 포함될 것이다.[역주 94]

최근 원재료 상품시장의 '금융화'를 볼 때, 그러한 '금융화'는 상품의 수요와 공급이라는 가장 기본적인 원칙에 의하는 것이 아니었다. 오히려 투기적 영향력에 의하여 원자재 가격이 결정되어 왔다. 그 결과로 식품 및 원자재 가격의 불안정성이 증대되었다. 따라서 1960년대에 칼도와 얀 팀버겐(*Jan Tinbergen*)이 제안한 바와 같이, 원재료시장에 개입하여 상품가격을 안정시키기 위한 국제적인 펀드를 설립하는 것에 대한 관심이 부활되었다(Ussher 2009). 이러한 제도들이 시행되는 경우, 비용 압박 인플레이션의 주요 원인 중 하나를 제거할 수 있게 되며, 원자재 생산국의 가난한 사람들이 보다 큰 혜택을 누리도록 '공정한 무역'의 원칙을 일반적으로 도입하는 것이 가능할 수 있게 될 것이다.

7.6. 환경 정책

미시경제 차원에서의 환경 정책을 둘러싼 많은 문제에 대하여서, 포스트 케인지언은 지금까지 비교적 간헐적 이었음에도 불구하고, 이 분야에 특징적으로 중요한 공헌을 하여왔다. 이러한 공헌은 포스트 케인지언들은 생산과 소비의 양 측면에 있어서 주류경제학에서 말하는 대체 효과의 역할이 매우 한정적이라는 견해를 가지고 있으며, 이것과 관련하여, 과점적인 '시장지배력'을 가지는 대기업이 지배하는 경제에 있어서의 가격의 역할에 대한 의심을 가지고 있는 바에 기인하고 있다. 즉, 공해라는 문제에 대한 '사회적 한계피해비용

[역주 94] 이는 물론 투자은행들의 수입의 현저한 감소를 초래하는데, 투자은행들은 외환의 변동성이 큰 경우 그것을 헷지하거나 혹은 투기함에 의하여 막대한 이익을 발생시키기 때문이다.

(Marginal Social Damage; MSD)'나 '한계감축비용(Marginal Abatement Cost; MAC)' 에 대한 신뢰할 수 있는 지표를 시장은 제공할 수 없다. 공해세 그 자체가 MSD를 MAC와 일치하도록 하는데 충분하다고 생각할 수 없기 때문에, 가격 메커니즘을 보완하기 위하여 정부가 직접 개입하는 것이 강하게 요구되고 있다. 포스트 케인지언은 많은 형태의 직접적 행동을 주장하고 있는데, 이것들에는 환경기준이나 재생가능 에너지 사용의 최저 목표 설정, 소비자의 기호나 습관을 바꾸기 위한 대책, 이노베이션을 촉진하고 금융기관이 녹색산업투자에 대하여 부과하는 '신용할당' 등을 완하하고, 잠재적 차입자가 직면하고 있는 '본원적 불확실성'을 극복하기 위한 공공투자 정책 등이 포함된다(Holt et al. 2009; Perry 2013).

이러한 미시경제학적인 제안은 환경정책에 관한 포스트 케인지언의 사고방식을 주류경제학의 사고방식과는 크게 차별화시킨다. 그러나 이 문제에는 매우 중요하고 불가역적인 거시경제적 차원이 추가되어 있다. 지구온난화로 인한 위험과 되돌릴 수 없는 환경파괴를 막기 위하여서는 총 소비량을 줄이거나 적어도 소비증가율을 낮추어야만 한다면, 그 경우 야기될 수 있는 심각한 불황을 어떻게 극복할 수 있을 것인가? 이러한 문제는 주류 거시 경제학에서는 크게 문제될 것이 없는데, 왜냐하면, 소비의 삭감이 어떠한 형태로든 예기치 않게(즉 '쇼크'로서) 발생하였다고 하여도, 경제주체들은 다시 적절한 균형으로 복귀할 것이기 때문이다. 즉, 여가 시간이 증가하고, 반면, 비자발적인 실업은 늘지 않는다. 하지만 포스트 케인지언들은, 이렇게 태평한 방식으로 세계가 돌아간다는 것을 전혀 믿지 않는 평범한 우리 모두의 우려를 공유하고 있다. 따라서 이들은 유효수요를 유지하고 '비자발적 실업'의 급증을 막기 위하여, 친환경 공공투자를 대폭 증가시킬 것을 제창하고 있다. 환경적으로 지속 가능한 세계 경제로의 이행에 대하여서는, 피터 빅터(Peter Victor 2008)의 영향력 있는 책의 부제를 인용하자면 "재앙적 수준이 아닌 설계상 조금 느린 성장(slower by design, not disaster)"이 필요하다.

포스트 케인지언에 고유한 환경 거시경제학의 세부 논의들은 현재도 진행 중이다(Fontana and Sawyer 2013). 이러한 정책을 실시하기 위하여서는 확실히 상당한 정도의 국제협력이 필요할 것인데 이는 적어도 다음의 두 가지와 밀접하게 관련된 이유에 기인한다. 즉, 첫째, 제6장에서 검토하였던 국제수지 균형 상의 제약은 각 개별 국가가 적절한 규모로 녹색투자를 집행하는 능력을 제약할 가능성이 있다는 것이다. 둘째, 산출 성장률과 생산성 성장률 간의 '버도른의 법칙(본서 147 페이지-역자)'이 작용될 때, 타 경쟁국보다 성장 속도가 늦은 국가는 국제경쟁력의 저하라는 현상으로 인한 추가적인 비용을 부담하여야 할 가능성이 있음을 시사하고 있다. 이러한 문제들이 해결되면, 대규모 녹색 투자 지출의 거시적 경제 효과는 기존 다른 투자와 마찬가지로 똑같이 크며, 고용에 있어서도 매우 유익한 결과를 가져올 것이다(Pollin et al. 2014, 제6-7장).

7장 주

[역주 92] 스톡 플로우 일관 모형

'스톡 플로우 일관 모형'(Stock-Flow Consistent Modelling; SFC)은 위니 고들리(Wynne Godley)와 제임스 토빈(James Tobin)이 1970년대에 발표한 논문들을 기초로 포스트 케인지언들에 의하여 개발되어 넓게 응용되고 있는 모형으로서, 그 적용은 점차 주류 경제학에서도 부분적으로 활용되고 있다.

이 SFC분석 기법의 가장 중요한 특징은 경제 전체를 하나의 거대한 재무제표로 파악하는 것이며, 구체적으로는 경제 전체의 대차대조표와 거래 현금흐름표(Transaction Flow), 그리고, 자산재평가표를 작성함으로서 분석을 시작한다. 이 분석에 포함되는 경제 주체들은 가계, 기업, 은행, 정부 그리고 중앙은행 등 모든 주요 경제 주체들이 망라된다. 가장 중요한 원칙은 복식 회계원리인데, 기존의 기업 회계와의 차이점이라면 어떤 한 거래가 이루어지는 경우, 당연히 거래를 하는 두 거래 상대방 각각의 장부상 차변과 대변에 거래가 기재가 됨으로써, 사실 4번의 기장이 이루어진다는 점이다. 예를 들자면 가계가 기업으로부터 상품을 구입하는 거래는 가계의 입장에서는 은행예금의 감소와 소비재의 증가, 기업에게 있어서는 재고의 감소와 은행예금의 증가를 동시에 의미한다. 기업이 은행에서 차입하는 경우에는 기업에 있어서는 채무의 증가와 동시에 은행예금 잔고의 증가를 야기하며, 은행에 있어서는 대출채권의 증가와 부채로서의 은행예금의 증가를 동시에 의미하는 등의 방식으로 기재를 한다. 단순히 재무재표상에 표현되는 스톡의 양만이 기재되는 것이 아니라, 그 스톡의 양을 변경시키는 현금흐름표도 동시에 작성을 하는데, 어떠한 스톡의 증감이 있을 때, 그 증감을 야기하는 자금의 조달과 사용이 표시된다. 마지막으로 분석을 행함에 있어서 추가되어야만 하는 바는 연구자의 관점에 따라 중요하게 생각되는 변수를 규정하는 '행동방정식'(Behavioral Equations)이다. 예를 들자면, 가계가 가지는 자산 내지는 투자자가 가지는 자산의 배분은 일정 포트폴리오 원칙을 따른다고 상정할 수 있고, 가계의 소비는 소득이나 혹은 부와 같은 어떤 특정한 변수에 의존한다고 상정할 수도 있다. 이러한 분석은 수많은 방정식으로 구성이 되어 있고 따라서 (특히 비선형 방정식이 등장하는 경우) 분석적인 해의 도출은 힘들기에 많은 경우 컴퓨터 시뮬레이션을 사용하여 변수의 움직임들을 추적한다.

이렇듯 분석자는 자신이 분석하고자하는 변수들을 중심으로 중요한 거래 관계들을 빠짐없이 기재하고, 그 이후 복식 회계 원리에 나타나는 항등 관계에 의거하여 각 관계의 정합성을 검증한다. 위의 예에서 볼 때, 상품 거래상에서의 경제 전체의 예금 증감은 0이 될 수 밖에 없다. 기업이 투자를 하는 경우 기업의 채무의 증가 내지는 현금의 감소와 투자자산의 증가는 일치하여야만 한다. 이러한 방식으로 방정식을 구성하는 경우, 중요한 관계들을 자칫 간과할 수 있는 위험이 최소화될 수 있으며, 또한 이러한 회계항등관계를 정립할 때, 그 항등관계가 하나의 제약으로 작용하기에 비정합적이고도 자의적인 방정식의 설정을 사전에 제거할 수 있고 그럼으로써 경제 모델을 구성함에 있어서 상당히 많은 부분의 불필요한 논쟁을 제거할 수 있는 장점이 있다.

그러나 SFC분석이 가지는 가장 큰 장점은 실물경제와 금융경제를 통합시켜서 분석할 수 있다는 점에 있다. 위의 예에서 볼 수 있듯이, 기업의 투자 행위는 아무런 제약없이 발생하는 것이 아니며, 필히 주식의 발행, 차입의 증가 내지는 기업 유보 이윤의 활용 등 재무적인 측면과 불가분하게 연결되어 있는 것이고, 또한 당연히 은행이나 금융기관, 그리고 그 투자재를 공급하는 기업들의 재무제표와 동시에 연동되어 움직인다. 따라서 금융과 화폐가 실물경제와 가지는 밀접한 관계에로 분석의 지평이 확대된다. 특히 금융자산의 변동은 플로우와 스톡 상의 변화를 동시에 초래하게 된다. 이러한 점에서 단순히 '실물적'인 변수에 의존하고 화폐나 금융이 생략되어버린 (혹은 형식상으로만 존재하는) 주류경제학의 소위 동태확률일반균형(DGSE) 모형과는 차별화된다.

또한 이러한 기법에 의거할 때, 시간의 흐름에 따라 경제 주체들 간의 거래 플로우에 의하여 대차대조표상의 스톡이 변화되는 모습을 파악할 수 있다. 즉, 시간의 흐름에 따른 경제의 주요 변수의 움직임을 나타낼 수 있는 것이다.

물론 이 기법은 포스트 케인지언만의 전유물은 아니며, 주류경제학에서도 충분히 응용가능하다. 그럼에도 불구하고 양 진영을 가르는 핵심적인 견해는 화폐와 금융에 대한 견해 (주류경제학에서는 사실 화폐와 금융은 사실상 실종되어 있고, 효율적 시장 가설이 모든 것을 대체해 버린다)와 각 경제 주체들의 행동을 규정하는 행동방정식이다. 후자의 경우, 포스트 케인지언의 견지에서는 주류 경제학이 항상 상정하는, '합리적인 경제 주체들의 제약조건하의 극대화'라는 가정을 채택하는 대신, 보다 현실적인 경제주체들의 목표들을 상정한다. 예를 들어, 관리자 자본주의 기업의 운영에 있어서 수익 극대화 대신 성장률의 최대화 등의 보다 현실적이고 관찰 가능한 목표들을 말한다.

참고로 이러한 분석 기법은 일찍이 민스키 등에 의하여서도 그 중요성이 강조된 바 있다. 이에 대한 보다 자세한 설명은 Marc Lavoie(2014) *Post-Keynesian Economics: New Foundations*, Edward Elgar pp. 263-269참조

8. 사례 연구: 글로벌 금융위기

8.1. 민스키에 대한 재고찰

포스트 케인지언 중 2007~2008년 사건의 정확한 시기와 구체적인 내용을 예견하였다는 의미에서 세계 금융위기(GFC; Global Financial Crisis)를 예측하였다고 주장하는 사람은 거의 없지만, 이들은 이러한 글로벌 금융위기에 대하여 전혀 놀라지는 않았다. 본서 이전의 장에서 보았듯이 포스트 케인지언은 화폐는 중립적이 아니며, '고전학파적 이분법'은 잘못되었다고 비판하여 왔다. 특히 '실물적 경기변동이론(RBC, Real Business Cycle Theory)'을 주장하는 뉴고전학파·뉴신고전학파종합은 한편으로는 화폐와 금융 사이의 중요한 상호작용, 다른 한편으로는 생산과 고용 사이의 중요한 상호작용에 대하여서는 이론적으로 경시하고 있다고 포스트 케인지언들은 판단하고 있다.

하이만 민스키의 금융 불안정성에 관한 연구는 GFC를 이해하는데 있어서 가장 근본적으로 중요하다고 할 수 있다(King 2010). 민스키는 금융이 지배하는 자본주의의 주기적 불안정성과 그에 있어서 금융 이노베이션(나아가 제도적·구조적 변화)의 '부정적' 역할을 모두 강조하였다. 계량적 확률로 환원 가능한 '위험(risk)'이 아니라, 미래의 전망에 관한 '본원적 불확실성'으로 특징지어지는 세계에서는 차입자와 대출자의 '기대상태'가 주기적으로 반복되는 정형화된 과정을 겪으면서(자주 극적으로) 변동한다. 소심함은 자신감으로 바뀌고, 좌절의 나락으로 빠지기 바로 전에는 들뜸과 흥분으로 희열하기도 한다. 이러한 심리의 전환은 금융거래에 반영되는데, 신중함은 낙관주의로 먼저 대치되고, 그 다음은 도취로 바뀌게 된다.

민스키에게 있어서는 소비도 투자도 이자율에 대하여 특별히 탄력적인 것이 아니고, 이자율변동으로 인한 효과는 어차피 다른 요인들에 의하여 묻혀

버리는 경우가 많다. 그는 금융적 사태가 실물 경제에 중요한 영향을 미치는 세 가지 경로를 구별하였다. 첫째, 자산가격의 변화는 소비와 투자 지출 모두에 변화를 가져온다. 이에는 두 개의 서로 다른 메커니즘이 작동하고 있다. 소비는 소득에 의존함과 동시에 부(富 wealth)에도 의존하고 있기 때문에 토지나 유가증권 가격이 상승하면 소비지출이 증가하고 그 반대로 가격이 하락하면 소비지출은 감소한다. 반면 투자는 기존 자산과 새로 생산된 자본재 간의 상대적 가격 차이에(특히) 의존하고 있다. 금융적 채무를 상환하기 위한 급매물이 증가하여 자산 가격이 폭락하면 새로운 자본재를 구입하고자 하는 동기가 하락하기 마련이다. 반대로, 만일 자산가격이 상승하면(비록 앞의 경우의 자산 매각의 경우에 비하여는 아마도 강도는 약하지만), 자본재에의 투자는 증가한다.

금융 상황이 총지출, 나아가 생산과 고용에 영향을 미치는 두 번째 경로는 '기대'의 변화를 통한 것이다. 민스키는 '합리적 기대'라는 것을 절대로 믿지 않았다. 그의 '금융불안정성가설'은 오히려 '주기적 비합리적 기대' 이론으로 요약될 수 있다. '투기적 금융(speculative finance)'이 '폰지 금융(Ponzi finance)'으로 이행하고, 신용 붕괴로 거품이 꺼지고 시간이 경과되면 다시 '헤지금융(hedge finance)'으로 이행한다.[역주 95] 이 과정에서 정말로 중요한 것은 자산가격에 대한 '기대'이다. 일반적으로 정의되는 장래의 생산물의 가격 상승률에 관한 '인플레이션 기대'는 그다지 중요하지 않다는 점에 주의가 필요하다.

금융이 생산과 고용에 영향을 미치는 세 번째 경로는 금융 공황과 경기 침체의 주기에서 결정적으로 중요하다. 이것은 '신용할당(credit rationing)'[역주 96]에서 기인한다. 경기 상승기나(특히) 도취기에 있는 경우, 대부분의 사람이

[역주 95] 본서 51페이지를 참고할 것.

[역주 96] 신용할당이란, 어떠한 주어진 이자율 하에서 대출의 수요가 대출의 공급을 초

원하는 경우 융자를 받을 수 있는데 비해, 버블이 붕괴되면, 견실하고 신용력이 강한 차입자 마저도 대출을 거부당하여 그에 따라 지출을 줄일 수밖에 없게 된다. 민스키의 경우 주로 불황기에 이러한 '신용할당'의 힘에 의하여 기업이 투자를 줄이는 것을 강조하였지만, 현재의 상황처럼 주택을 포함한 소비자 지출에도 악영향을 주고 있음을 발견하여도 크게 놀라지는 않았을 것이다. 다시 강조하지만 이러한 현상들은 이자율과는 거의 상관이 없다. 금융 공황 상태에서는 어떠한 이자율을 불문하고 금융을 얻는 것은 불가능하다.

민스키는 연방준비이사회는 이미 1929년의 교훈에서 배웠고, 그로 인하여 1945년 이후의 미국 경제의 안정성 향상에 크게 공헌하였다고 생각하고 있었다. 금융 불안정성은 불가피하게 발생하는 것이기는 하여도, 이를 어느 정도 관리하는 것은 가능하였는데, 이는 1966년이나 1987년과 같은 전후의 많

과하는 불균형이 시장에서의 이자율 조정을 통하여 해소되지 못하고 지속되는 상황을 말한다. 그런데, 이때 포스트 케인지언의 의미에서의 '신용할당'은 뉴케인지언이 말하는 개념과는 다르다. 포스트 케인지언들은 은행들은 단지 '우량'한 고객으로부터의 대출 수요가 많지 않기 때문에, 대출을 확장시키지 못한다는 견해를 유지하고 있는데, 이는 기본적으로 본원적 불확실성 하에서 은행은 대출을 신용력있는 차입자에 한정시키기 때문에 발생한다. 만면 주류경제학에 있어서의 신용할당은 차입자와 대출자 간에 존재하는 '정보의 비대칭성'과 '도덕적 해이'에 기인하며 그것들은 확률적 위험으로 환원되고, 본원적 불확실성은 고려되지 않는다. 포스트 케인지언들이 주장하는 소위 ' 신용에 대한 유효한 수요(the 'effective' demand for credit)' 라는 개념과 소위 '신용할당(credit rationing)' 에 있어서의 주류 경제학과의 차이점에 대하여서 관심있는 독자들은 다음을 참고할 것. Marc Lavoie(2014) Post-Keynesian Economics: New Foundations, Edward Elgar pp. 247-252. 그리고 이에 대한 가장 중요한 논문은 Wolfson, M . H . (1996), 'A Post Keynesian theory of credit rationing,' *Journal of Post Keynesian Economics*, 18(3), Spring, 443-70.

은 금융 위기 상황에서 실제로 그러한 관리를 통하여 충격을 흡수한 바 있었던 사실에서 보여진다(이에 관하여서는(Minsky 1988)을 참고할 것). 2007~2008년 발생한 GFC는 물론 과거 금융위기의 단순한 재연이 아니며, 민스키 또한 그렇게 될 것이라고는 예상하지 못하였을 것이다. '금융불안정성가설'의 배후에는 본질적으로 역동적인 성격을 가지는 소위 '금융 이노베이션'이 존재한다. 새로운 대출자 및 새로운 차입자의 모색, 새로운 금융 상품의 개발, 그리고 규제를 회피하기 위한 새로운 방법의 개발은 이러한 '금융 이노베이션'을 야기하는 주요 요인들이다. 민스키 자신도 '증권화(*securitization*)'의 심화가 가지는 중요성을 인식하였고(Minsky 1987), 금융 부문의 발전에 있어서의 새로운 단계, 즉 자금관리자 자본주의(*money manager capitalism*)라고 그가 명명한 단계의 출현에 대하여 생각하기 시작하였다(Wray 2009). 이 단계에서는 새로운 금융 상품이 창조되고, 새로운 형태의 금융기관들의 등장함으로 인하여 기존 은행들이 전체 경제에서 가지는 자산과 부채의 비율이 축소되며, 따라서 기존 은행들이 그를 만회하기 위하여 보다 위험성이 높은 사업으로 몰리고 있다고 생각한 것이다.

아마도 21 세기 초의 미국의 주택 버블의 크기와 공항의 전개에 있어서의 기업 채무가 아닌 가계 채무가 중요한 역할을 하였음을 발견하고 그는 놀랐을 지도 모른다. 그러나, 민스키는, '섀도우 뱅킹'의 대두나, 이렇게 새롭게 등장한 금융기관들이 실질적인 규제를 피할 수 있는 능력을 가지고 있음에는 전혀 놀라지 않았을 것이다(Gabor 2014). 그러나, 넓은 의미에서는, 민스키가 '월가의 시각(*Wall Street vision*)'으로 바라 본 자본주의 체제에 대한 모습은 결국 GFC에 의하여 너무도 뚜렷하게 입증되었으며, 그의 '금융불안정성가설'은 현대의 금융위기의 설명에 있어서 필수적으로 고려하여야만 하는 이론이다.

8.2. '금융화'의 실제와 이론

포스트 케인지언들은, 전후의 황금시대가 종말을 향하여 치닫고 있었던 1960년대 후반에 시작되어 반세기 후의 GFC에서 최고조에 이른 역사적 과정을 요약하기 위하여 '금융화(*financialization*)'라는 용어를 사용하고 있다(Heinand van Treeck 2010). 실제적으로 '금융화'는 새로운 '금융상품'(새로운 형태의 자산과 부채), 새로운 자금 투자자 그리고 새로운 고객의 출현을 수반하는 것이었다. 이러한 현상을 수량적으로 보여주는 것은 소위 FIRE부문, 즉 금융(*Finance*), 보험(*Insurance*), 부동산(*Real Estate*)이 국민소득, 고용, 그리고 특히 전체 기업 이윤에서 차지하는 비율이 급격히 상승하였다는 사실이다. '금융화'는 질적인 측면에서도 나타나는데, 금융이 경제적·정치적인 면에서 행사하는 권력의 현저한 증가가 그 일례이다. 이러한 현상은 자본주의가 획기적 변화를 동반하면서 새로운 단계로 이행하고 있다는 것을 보여준다. 즉, '황금시대'에 있어서는 일반적이었던 제조업 기반의 '포드주의적' 체제[역주 97]에서 '금융주도 성장체제'(혹은 민스키의 표현을 따르자면 자금관리자 자본주의)로 이행하고 있음을 보여주는 것이다.

이러한 '금융화'의 과정에는 세 번째의 차원이 존재한다. 이는 금융이 가지는 문화적 '상징 권력(*symbolic power*)'의 증대이다.[역주 98] 이는 '소외(*alien-*

[역주 97] 포디즘에 대한 분석은 다음을 참조. Robert Boyer, *Regulation Theory*: *The State of the Art*, Routledge, 2002. 수정 보완판의 번역서는: 로베르 부아예(2017) 자본주의 정치경제학 조절 이론 매뉴얼-기초와 발전. 서익진, 서환주 역. 한울아카데미

[역주 98] '상징권력'이라는 개념에 대하여 궁금한 독자들은, 비록 포스트 케인지언은 아니지만, 부르되외의 다음 논문을 참고하면 도움이 될 듯 하다. P. Bourdieu 1979, Symbolic Power, Critique of Anthropology 1979 4: 77

ation)'와 '물신화(*fetishism*)'라는 마르크스적 주제와 관련되어 있다. '소외'라는 것은 인간들이 자신들이 창조한 상품에 의하여(그것을 의식하고 있던지 여부와는 상관없이) 오히려 통제되고 있음을 의미하며 '물신화'라는 것은 이렇게 생산된 상품에 일종의 인격적인 권력을 부여하는 행위라고 볼 수 있다. 예를 들어 자본주의 하에서의 노동자는 자신들이 스스로 창조하여 만든 기계에 의하여 지배되고, 때로는 자신들의 잉여 노동력이 아니라 그 기계가 고용자들에게 이윤을 창출하여 준다고 보는 것이다.[역주 99] '금융'이 모든 경제활동의 목적이 되고, 유용한 재화나 용역은 단지 그를 위한 수단이 될 때, 우리 모두는 모종의 2차적 '소외'와 '물신화'의 지배 아래 놓이게 된다. 이러한 것들은 인지하기도 어렵고, 따라서 극복하기는 더욱 어렵기 마련이다. 가장 통찰력이 뛰어나다고 하는 비주류 경제학자 조차도 이러한 면을 쉽게 경시하기 마련인데, 이러한 '소외'와 '물신화'의 측면은 인류학자 에드워드 리푸마(Edward LiPuma)와 벤자민 리(Benjamin Lee)에 의하여 철저히 해부되고 있다. '탈금융화(*definancialization*)'를 지향하는 어떠한 시도도 '금융적 문화(*culture of finance*)'를 극복하여야만 한다. '금융적 문화'라는 것은 "다른 어떤 권력도 복속시킬 수 없는 것처럼 보이는 권력"(Li Puma and Lee 2004, p. 9)이다.

이것들은 모두, 브레튼 우즈의 붕괴로부터 시작된 철저한 금융 규제 철폐에 의하여 가능하게 된 것이며, 이러한 모습들을 우리는 다음의 절에서 해부할 예정이다. 이러한 금융 규제 철폐의 과정은 신자유주의적 이데올로기에 힘입은 바가 크다. 이에는 신자유주의 경제학의 네 가지 원칙과 직접적인 관

[역주 99] 마르크스에 의하면 노동자는 이중적 소외에 직면하게 되는데, 이는 노동자가 생산수단의 소유로부터 '소외'되는 것과, 자신이 창조한 생산물의 소유로부터 '소외'되는 것을 뜻한다

련이 있다. 첫째, 통화주의자에 의한 변동환율제도의 옹호이다. 둘째, 새로운 금융 경제학의 등장인데, 이에는 '자본자산가격결정모형(CAPM; *Capital Asset Pricing Model*)', 그리고 특히 '효율적시장가설(*efficient markets hypothesis*)'이 포함된다.[역주 100] 이러한 이론들에 의하면, 시장은 언제나 모든 가용한 정보를 최대한 활용하며, 따라서 세세한 규제는 불필요하다(즉, '시장 가격은 항상 옳다'는 명제이다). 셋째 뉴고전학파 거시경제학은 '세의 법칙'과 '화폐의 중립성'을 다시 부활시켰으며, 따라서 '유효수요원리'을 부정하였다. 마지막으로 대부분의 시장의 실패는 국가의 실패보다 더 심각하지 않다는 깊은 믿음이 있었고, 미시적 차원 혹은 거시적 차원을 불문하고 어떤 형태의 규제에 대하여서도 부정하는 것이다.

그 중 '효율적 시장가설'은 특히 중요하였다. 이는 '합리적 기대'라는 신고전학파의 원칙을 금융거래에도 적용하려는 것으로서 금융시장은 항상 '올바른 가격'을 창출하고, 따라서 정부의 규제는 가장 최소화하여만 한다는 추론이다. 이러한 추론은 가장 기본적인 논리적 오류를 수반하는데, 이는 '후건긍정(後件肯定)의 오류(*the fallacy of affirming the consequent*)'로서, 이미 결론을 논리적으로 인정하는 오류이다. 즉, 'A이면 B이다'라는 명제가 참이라고 하여서, 'B이기 때문에 A이다'라는 명제가 반드시 성립하는 것은 아니다.[역주 101] 여기서 두 명제를 다음과 같이 정의하자. A는 '금융시장의 효율성(즉, 가격은 항상 올바르다)'이며, B는 '시장에 참가하는 투자자는 어느 순간에도 시장 지수를 초과하는 성과를 달성할 수 없다(즉, 무임 승차는 없다)'라고 하자. 이 두 명제는 서로

[역주 100] 본서 112 페이지 참고

[역주 101] 즉, 이 '후건긍정의 오류'는 다음과 같은 삼단 논법 상의 논리구조를 가지고 있다: P이면 Q이다. Q이다. 그러므로 P이다.

같은 명제가 아니다. 시장이 효율적이면 두 명제 모두 성립하지만, 두번째 '무임 승차는 없다'라는 명제는 시장이 비효율적인 경우에도 성립한다. 시장가격이 소위 내재가치(*fundamental values*)가 아니더라도 그럼으로써 초과 이윤이 항상 발생한다는 보장은 없는 것이다(Barberis and Thaler 2003, p. 1057). 이러한 오류는 GFC가 시작되기 전에 통찰력이 강한 비평가들에 의하여 이미 인식되고 있었다.

전(영국의) 통합금융감독기구(FSA; *Financial Services Authority*)의 수장인 에디어 터너(*Adair Turner* 2009, pp. 39-42)와 올드케인지언의 거장 제임스 토빈도 유사한 비판을 하였는데, 토빈은 금융시장에서의 '효율성'의 의미를 다음과 같이 각각 다른 네 가지로 구별하였다. 첫 번째는 '정보재정거래효율성(情報裁定去來效率 *information arbitrage efficiency*)', 즉 '기술적 효율성'으로서, '무임승차 불가능'의 입장에 상당하는 것이었다. 두 번째 효율은 '내재가치 평가효율성(*fundamental valuation efficiency*)'인데, 이는 첫 번째 효율인 '기술적 효율성'에서 유추되는 것은 아니다. 왜냐하면 시장은 합리적으로 형성된 기대의 변화에 의하여 정당화 될 수 있는 그 이상으로 움직이기 때문이다. 세번째는 '완전보험효율성(*full insurance efficiency*)'인데, 이는 경제주체는 미래에 일어날 수 있는 모든 예기치 못한 모든 사태로부터 자기 자신을 '보험등으로' 보호할 수 있다고 하는 것이다.[역주 102] 1970년대 초와 1980년대 초에 걸쳐 새로운 금융시장과 금융상품이 급속도로 증가하면서 시장에 출현하였는데, 그러한 상품들의

[역주 102] 즉, 주류 경제학에서 상정하는 '이시점간(異時點間) 거시경제 모형(*intertemporal macroeconomic model*)'은 모든 재화와 용역에 있어서 위험을 헷지할 수 있는 선물시장이 존재한다는 가정에서 출발하여, 그러한 다양한 파생상품이 존재하면 시장이 효율적으로 될 수 있다는 믿음을 가지고 있다.

출현이 시장의 효율성에 미친 기여도에 대하여 토빈은 회의적으로 보고 있었다. 네 번째 의미의 효율성은 소위 '근본적 효율성(fundamental efficiency)'이라는 것인데, 이는 소위 위에서 언급한 FIRE부문이 경제 전체를 위하여 수행하는 역할에 관한 것이다. 이 점에 있어서도 토빈은 비판적이었다. 한참 전인 1984년에 열린 공개 강연에서 그가 내린 결론은 GFC의 발발을 목격한 지금도 강한 시사점을 남기고 있다. 즉, 그의 결론은 너무도 많은 자원이 재화나 용역의 생산과는 무관한 금융활동에 투입되어, 그것이 사회전체의 혜택에 공헌하는 바와 비교할 때 불균형적으로 과다한 사적인 이윤을 만들어 내고 있다는 것이다(Tobin1987).

GFC에 이르기까지의 10년 정도 기간에 '효율적 시장가설'은 큰 폐해를 초래하였는데, 이는 금융 시장에서 거대 규모 회사들의 대규모적인 무모한 행동을 조장하고 그들의 활동을 규제하려는 진지한 시도를 억제하여 왔다. FIRE 섹터 밖에서도 '금융화'의 영향은 똑같이 심각하였다. 그 중 가장 중요한 것은 자본주의 기업들은 '주주가치 극대화(shareholder value)'를 그들의 유일한 실행 가능한 목표로서 다시 재정립한 점이다. 황금시대 기간 중에는 단기적인 이윤 극대화에 대한 대안적 체제들이 수용되었는데, 이는 오스트리아, 독일, 일본 등에서 실천되었던 '이해관계자 자본주의(stakeholder capitalism)'에서 볼 수 있다. 그러한 체제 하에서는 주주 이외에도 경영진, 노동자, 그리고 지방이나 국가 단체들이 어떤 기업이 경영되는 방식에 대하여 정당한 이해관계를 가지고 있는 것으로 여겨졌고, 따라서 회사는 이러한 이해들에 대한 장기적인 고려를 하도록 장려되었다. 적어도 북유럽에서는 이것은 노조화된 노동력의 힘과 기업의 임금정책과도 결부되어 있었으며 일본에서는 이로 인하여 소득격차의 확대가 억제되고 있었다. 하지만, '주주가치 극대화(shareholder value)'라는 목표가 중요하게 됨에 따라서 기업 행동 상의 새로운 규칙은 '재투자하면서 성장한다'는 개념이 아닌, '당장 분배하고 규모는 축소한다'는 것으로 바뀌게 되었으며, 이러한 경영 목표의 변화는 포스트 케인지언의 가격 설정 이론에 있어서 중요한 의미를 가지게 되었다(Dallery 2009). 기업의 주가와 연동시키는 고위 관리직에 대한 보너스가 새로운 인센티브 제도로서 도입되었는데, 이러한 현상은 경영자와 다른 이해관계자들 간에 기존에 존재하였던 동맹관계를 포기하게 하고, 경영자와 주주들 간의 새로운 동맹관계가 중요하게 부상되게 되는 것과 대응한다(Lazonick 2013).

이 모든 것들은 모두 불평등의 급속한 확대를 가져왔다. 이윤은 임금과 비교하였을 때 상대적으로 상승하였기 때문에, 국민소득에서 차지하는 임금의 비율은 서서히 감소하게 되었다. 또한 최고 경영자들의 급여는 그들의 밑에 있는 직원들의 그것에 비하여 훨씬 급격하게 상승하였다. 또한 주가 상승으로 인하여 부의 불평등은 현저하게 심화되어 왔다. 불평등 확대는 또 부채의 증가를 야기시켰다. 왜냐하면, 이것은 '금융화'에 수반되는 불가피한 결과인데, 자산의 증가는 필연적으로 부채의 증가를 수반하기 때문이다. 어느 정도까지는 이것은 불평등 확대의 직접적인 결과이다. 뒤에 처진 사람들은 일정 생활 수준을 유지하고, 집을 사고, 또는 사회적 지위를 지키기 위하여 점점 더 부채를 늘리고 싶은 유혹에 사로 잡히게 되고, 또한 그러한 차입 능력도 커져갔다. 이는 결국 심각한 문화적 변화와 연결되는데, 부자나 빈자에게 있어서 모두 마찬가지로 '채무의 문화'는 이제는 보편적으로 받아들여지게 된 것이다. 그런데, 이러한 부채의 증가의 이면에는 중요하고도 잠재적으로는 아주 해로운 비대칭성이 존재한다. 즉. 만일 거시 경제적 환경이 악화되는 경우, 채무자들은 그들의 지출을 줄일 수 밖에 없는데, 반면, 그것을 만회하기 위하여 채권자들에게 지출을 늘리는 것을 강요할 수 없는 것이다. 미국에서의 소비자 채무(특히 주택관련 채무)의 증가는, 2007-08년의 금융 위기의 주된 원인이 되었다(Barba and Pivetti 2009; Kapeller and Schütz 2014).

이러한 사실은 두 개의 전혀 다른 거시경제 체제를 구별하여야만 함을 시사하고 있다(Stockhammer 2013). '부채주도형' 또는 '금융주도형'의 축적체제에서는, 소득이 증가하지 않더라도 소비 지출 성장은 신용 차입에 의하여 조달되어 급속히 증가하였는데, 이는 부자들의 경우에는 긍정적인 '부의 효과(wealth effects)'를 통하여[역주 103] 발생하였고, 빈자들의 경우는 채무를 늘림으로 인하여 소비가 증가될 수 있었던 바에 기인하였다. 이러한 체제는 GFC 이전의 10년 정도의 기간 동안 앵글로-색슨 계열 국가들의 특징적인 현상이었다. 독일이나 중국으로 대표되는 소위 '수출주도형'의 성장 모형에서는, 해외로부터의 수요는 내수보다 훨씬 중요하고, 소비자 부채의 증가는 그다지 급속하지 않았다. 하지만 위의 두 가지 성장 모형 모두 임금 억제에 따른 구조적 수요의 부족문제에 시달리고 있다. '부채주도형' 성장 체제하에서는 금융 불안정성이 소비와 투자 지출 모두를 위협하게 된다. 이러한 모형에 있어서는 부채의 증가와 그에 따른 금융의 불안정성의 출현은 실물경제에 여파를 미치게 되는데, 이는 특히 소득을 노동자로부터 소유자와 경영진으로 재분배하여 온 제도적이며 정치적인 과정에 연유하였다. 스톡해머(Stockhammer)는 자본과 노동 사이의 권력의 역학 관계에 명확한 초점을 맞추지 않으면 GFC를 이해할 수 없다고 결론지은 바 있다.

8.3. 세계적인 금융위기: '메이드 인 아메리카'

GFC는 '글로벌화', '금융화', 규제완화, 불평등의 확대, 채무의 증가라고

[역주 103] 즉, 금융화로 인하여 유가증권의 가치가 상승하는 경우, '부의 효과'를 기대할 수 있고, 소비가 늘어난다는 것을 의미한다.

하는 다양한 형태의 해악적인 요소들만이 조합된 결과였는데, 이들은 모두 주류경제학상의 거시 경제학자들이 가지고 있던 신자유주의적 생각에 의하여 (그에 의하여 직접적으로 촉발하지는 않았다고 하더라도) 장려되었다. '글로벌화'는 국제적으로 어디든지 마음대로 움직일 수 있는 자본의 힘을 노동자나 각국 정부와 비교하여 큰 폭으로 증대시켰다(Davidson 2002). 1980년대 초에 다다랐을 때, 더욱 커진 힘을 가진 '시장(the market)'이 사회민주주의적인 정부를 징벌하는 것이 가능해졌는데, 이는 30년 전에는 생각하지 못하였던 바이다. 우리는 시장이라는 것은 '자연적'인 힘이 아니라, 부자와 부자들을 위하여 일하는 가난한 사람들에 의하여 운영되는 사회제도임을 잊어서는 안 된다.

2007-08년간의 GFC는(1929-33년의 대공황과 같이) '미국산(made in the USA)'으로서, 무역, 자본 흐름 그리고(특히) '기대상태'의 전염 등을 통하여 국제적으로 전파되었다(이는 1929-33년과 유사하였지만, 이번은 정보기술의 혁명을 통하여 그 전파속도가 훨씬 신속 하였다). 주류경제학계의 저명한 이코노미스트 중에는, GFC의 원인이 2000년대 들어서서 연방준비이사회(FRB)가 미국의 이자율을 대폭적으로 인하하였기에 기인한다고 주장하는 사람도 있었다. 이러한 주장은 GFC의 설명으로는 전혀 설득력이 없는 이야기 임에도 불구하고, 화폐적 변수의 전달 경로가 단지 이자율 뿐이라는 뉴신고전학파종합적인 사고방식의 좁은 틀 내에서는 당연한 추론일 수도 있다. 즉, 그들의 주장에 의하면, 금융당국이 이자율을 올바른 수준으로 설정하고 있는 한 금융의 불안정성이 실물경제의 불안정으로 이어질 가능성은 없다는 것이다. 따라서 금융시장의 요동 자체는 실물경제에 큰 영향을 주지 않는다는 것이 그들의 지론인데, 만약 실제 그러한 악영향이 발생하는 경우는 오로지 금융정책 당국의 중대한 실수의 결과라는 주장으로 이어진다.

사실 지금까지 본 것처럼 GFC의 근본 원인은 금융의 불안정성이며, 이는 규제완화로 인하여 더욱 악화되었다. 그 직접적인 원인은 미국의 주택 거품 붕괴로, 이것이 소비지출 감소(마이너스 부의 효과에 기인), 주택 투자 붕괴, 최종적으로는 이에 기반한 금융파생상품의 가치 하락을 가져왔고, 이러한 것들은 결국 2008년 9월 리먼브러더스의 부도로 이어진 것이다. 따라서 GFC에 대한 포괄적이고 설득력 있는 설명은 단순히 이자율 인하가 미국 부동산 가격에 미친 영향을 훨씬 넘어서서 다음과 같은 점들이 고려되어야만 한다. 즉, 미국(및 세계경제)의 '금융화'의 진전, 뉴딜제도하에서의 존재하였던 금융 규제의 대부분의 철폐, 그리고 그나마도 남아있는 규제의 조직적인 회피; 자유시장 근본주의(free market fundamentalism)의 발흥과 그로 인하여 '합리적 기대'라는 가정에 입각한 소위 '효율적' 금융 시장이, 자신 스스로가 규제를 하는 것 이상의 외부적인 규제는 어떤 것이라도 의문을 제기하는 관행; 노동생산성의 성장에 비하여 실질임금의 성장은 뒤쳐지게 되었고, 따라서 노동자의 소비는 점점 더 채무에 의하여 융통되도록 되었다는 점; 그리고 노동조합의 힘과 노동시장에 대한 효과적인 정부규제의 지속적인 쇠퇴와, 이러한 결과를 야기한 신자유주의 사상의 대두 등.

 GFC가 정말 '민스키 모먼트'(Minsky moment)였는지에 대해선 논란이 존재한다. 폴 데이빗슨은 이것을 부인하고 있는데, 그 이유는, 이른바 '무수입, 무직, 무자산'인 'NINJA 수백융자'를 받은 사람들은 민스키적 의미에 있어서의 소위 '폰지'방식의 차입자는 아니라는 이유이다. 그는 GFC는 보다 일반적인 의미에서 '디레버리징(de-leveraging)' 즉, 차입을 줄이도록 함에서 초래된 위기로 보아야만 한다고 주장하고 있다(Davidson 2008). 이에 반하여 소위 민스키의 추종자들은 금융에서의 이노베이션의 역할, 자금관리자 자본주의라는 새로운 단계로의 진입, 규제완화와 그나마 잔존하고 있는 금융시장에 대한 규제의 회피, 2007년 직전에 보여진 대출자들의 기억상실증의 심화 등을 지적하면서, 이러한 요소들은 모두 '금융불안정성가설'의 근저에 있는 원리들과 완전히 일치한다고 주장하고 있다.

그러나 GFC에 이르기까지의 수십 년간 금융시장의 규제완화가 금융위기를 초래한 중요한 원인이었다는 주장에는 어떤 이견이 없다. 그 발단은, 1970년대 초의 브레튼 우즈 체제 붕괴 후의 국제 외환 시장에 있었다. 미국에서는 규제의 약화 내지 철폐는 곧바로 주식시장과 주택시장으로 파급되었고, 뉴딜 하에 설립되었던 주택 금융체제의 파괴는 우선 1980년대 저축 및 대출 위기를 일으켰고, 이후 주택대출의 증권화라는 위험한 금융 이노베이션을 탄생시켰다. 1990년대 후반에는 소매 금융과 보다 투기적인 금융활동을 같은 기관에서 취급 못하게 하였던 글래스-스티걸법(Glass-Steagall Act)이 폐지되고 그로 인하여 규제 상의 구멍과 즉 진정한 '섀도우뱅킹시장'이라는 현상을 만들어 내게 되었으며, 따라서 금융활동이 완전히 감독의 시야에서 벗어나게 되었다(Silver 2013). 금융업계의 압력으로 인하여 금융파생상품시장은 즉시 규제에서 완전히 벗어나게 되었고, 의회와 대법원의 결정에 따라 투자자는 증권 인수회사, 변호사, 회계사를 상대로 어떤 법적 행동을 취할 수 있는 여지도 대폭 약화되었다. 주택담보대출 브로커에 대한 감독의 정도는 아주 가벼웠고, 서브 프라임 대출의 30%를 소유하고 있는 상업은행이나 '빌딩 소사이어티(building societies)'의 자회사들은 모회사에 비하여 훨씬 감독이 약하였기 때문에 자회사들을 이용하면 규제를 피하기 쉬웠다. 연방준비이사회(FRB)는 비(非)프라임 대출에 관하여 어떤 타당한 규정을 정하는 것도 거부하였기에, 위기가 발생하였을 때 은행지주회사의 급속한 부실 대출의 증가를 막을 수 없었다. 자산담보부 상업어음(asset-backed commercial paper) 시장을 감독할 책임을 가지는 규제 당국은 존재조차 하지 않았다(Jarsulic 2013).

세계 경제에서 있어서도 규제 완화가 시작되어 모든 문제를 더욱 악화시켰다. 마틴 울프슨(*Martin Wolfson*)이 지적하였듯이 이 '금융화'의 과정에는 '누적적 인과성(*cumulative causation*)'의 요소가 강하게 존재한다. 즉, 금융기관이 가지는 더욱 강력한 힘은 효율적인 규제를 더욱 힘들게 만들었고, 그럼으로써 금융의 힘은 더욱 강력하여 졌던 것이다(Wolfson 2013). 또한 '규제적 포획(*regulatory capture*)'[역주 104]이라는 현상이 거시경제정책기관과 미시경제정책기관에도 공히 같이 적용되었다는 것을 인식하는 것도 중요하다. 토머스 팰리(*Thomas Palley*)는 중앙은행이 지적으로 보다 열린 마음을 가지고, 동시에 금융시장에 의하여 '인지적 포획(*cognitive capture*)'이 됨으로써 야기될 위험성을 인식할 필요성을 강조한다. 그는 특히 연방준비이사회가 대학의 경제학자들과의 연대에 의하여 보호되고 있는 것에 대하여 비판적이다. 즉, 이러한 현상은 그들이 대학의 경제학과들과 회전문적인 관계를 가지고 있고,[역주 105] 연방준비이사회는 이러한 지적인 집단의 도움에 의하여 다른 방식으로는 누릴 수 없는 보호와 또한 정당성을 확보하게 되었음에 기인한다(Palley 2013).

8.4. 우리는 무엇을 배웠는가 I: 긴축 재정에 반대하는 경제학자들

GFC 이후 일단의 영국의 경제학자 그룹은 긴축재정에 반대하는 경제학

[역주 104] 규제기관이 피규제기관에 의해 포획당하는 현상. 이러한 현상 중의 하나는 중앙은행에 관한 것인데, 이에 관하여서는 스미틴(*Smithin*)은 '불로소득자산가의 복수(*Revenge of Rentiers*)' 및 '불로소득자산가(*renteir*)들에 의한 중앙은행의 접수'라는 용어를 사용하였다. John Smithin(1996) *Macroeconomic Policy and the Future of Capitalism*, Edward Elgar p.5.

[역주 105] 회전문을 통하여 빠르게 들어가고 나오는 모습. 이는 두 기관 간에 상호 인적 교류가 아주 빈번함을 의미.

자들(Economists Against Austerity)*라고 불리는 네트워크를 출범시켰다. 이들은 2008년 시작되어 대불황(the Great Recession)으로 불리게 된 지속적인 경기 후퇴기에는 포스트 케인지언적인 '기능적 재정(functional finance)'의 원칙이 특히 중요하며, 정부지출의 삭감보다는 주기적인 증가가 필요하다고 주장하였다. 구미 몇몇 정부의 GFC에 대한 초기 반응은 이 원칙과 부합하였다. 미국, 영국, 프랑스, 호주에서는 부시/오바마 정부, 영국 브라운 정부, 사르코지 정부, 호주의 러드 행정부가 '구제금융(bailouts)', '저금리 정책', 재정 부양책으로 대응하였다. "우리는 모두 케인지언이다"라고 그들이 주장하였을 수도 있었겠지만, 그들의 경제 고문들은 포스트 케인지언이 아닌 뉴신고전학파종합을 고집하고 있었기 때문에, 거시경제 이론의 문제에 관한 그들의 입장과 위의 정책적 방향을 상호 조화하기에는 여러 가지 난점이 있었을 것으로 생각된다.

'구제금융'과 '예금보험'은 아마도 불가피한 것이었으며, 분명 크게 환영받을 만한 조치였다. 1930년대 초와 같이 은행 연쇄 부도가 반복되는 것 보다 최악의 상황은 존재할 수 없는데, 그러한 은행의 연쇄 부도는 의심의 여지 없이 대공황을 심화시키고 지속시켰다. 통화정책의 전달 메커니즘의 성질이 어떤 것이었던 지 상관없이 리먼브러더스 파산 후 금융기관이 연쇄 도산하는 것을 허용하였다면 아주 심각한 결과를 야기하였을 것은 분명하다. 물론, 그 상세한 부분에 있어서는 논쟁거리는 존재한다. '구제금융'은 예금자, 노동자, (가능한 한) 납세자들은 보호하면서, 반면 그러한 구제 금융을 받은 금융기관의 주주나 혹은 경영진에 대하여서는 엄격하게 징벌할 수 있는 방향으로 설계되었어야만 하였고, 또한 그렇게 할 수도 있었다. 그렇게 하는 것이 형평성의 기준에 볼 때나, 혹은 도덕적 해이를 방지할 수 있는 차원에서 바람직한 일이었

---

* [원문 내용] (https://economistsagainstausterity.wordpress.com)

을 것이다. 이러한 점에서 영국 정부가 몇몇 은행을 국유화 한 것은, 미국이나 호주 정부가 민간 금융기관에 대하여 무제한적 약속을 제공한 것보다 훨씬 더 바람직한 것이었다.

'저금리 정책'으로의 귀환도 환영 받을 만한 정책이었다. 깊은 불황 속에서 금융정책을 쓰는 것은(케인즈가 말한 것처럼) 실의 한쪽을 미는 것처럼 허사일 수 있지만(pushing on a string), 그에 대하여 대체 방안으로 제시된 것은 확실히 최악이었다. 포스트 케인지언 비평가들은 선진 자본주의 경제의 모든 나라에 있어서의 이자율의 대폭 인하는 사실상의 '물가안정 목표제(inflation targeting)'를 포기하고 대신 사실상의 '고용안정 목표정책'를 실시하는 것으로 해석하였다(Arestis and Sawyer 2008). 정부 정책에 있어서 가장 중요한 부분은 세 번째 요소로 이야기한 현저한 재정 부양책인데, 이는 총수요의 붕괴 가능성에 위협받은 경제에 대한 구제 방안으로서 포스트 케인지언이 주장하는 방향성과는 완전히 일치하지만 뉴신고전학파종합이 시사하는 바와는 부합하기 매우 어려운 정책이었다. 물론 이 또한 세부적인 면에 있어서는 논란의 여지는 있다. 재정 부양책은 대체로 평등주의적으로 설계될 수 있다. 부유층에 대한 감세가 아니라 빈곤층에 직접 현금을 지급하는 제안은 매우 강한 설득력이 있었다. 호주에서는 2008년 12월과 2009년 2월에 러드 정권이 보너스를 지급하였는데, 대상에는 저·중소득자, 농가, 노령연금 수급자, 장애인, 환자들이 해당되었으며, 이는 올바른 방향이었다. 하지만, 이러한 지급에서 실업자는 제외되었기에 악명이 높아지게 되었는데, 이는 '구제가치가 있는(deserving)' 빈곤층과 '구제가치가 없는(undeserving)' 빈곤층들 간을 비의도적으로 차별하는 행위였던 것이다.

그러나 긴축재정을 요구하는 압력은 특히 지난 장에서 비판하였던 '슈바벤 주부의 논리'가 아직도 큰 영향력을 발휘하는 유로존에서는 가차 없이 지속되고 있다. 그에 대한 반동으로서 리처드 쿠(Richard Koo)는 일종의 칼레츠키-민스키 종합을 발전시켰다. 그는 1990년 이후의 일본의 경험에 근거해, 채무 초과가 큰 민간부문이 채무를 줄이기 위하여 소비와 투자를 줄이는 경우에 발생될 수 있는, 과도한 '대차대조표 유발 불황(balance sheet recession)'이 내포하는 위험에 대하여 설명을 하였다(Koo 2008, 2013). 제2장에서 설명한 칼레츠키언의 방정식들은 이러한 민간부문의 부채 삭감은 공공부문의 채무 증가를 필연적으로 의미한다는 것을 보여주고 있는데, 이는 개별 국가에는 적용되지 않는 경우라도 지구 전체에는 적용되는 원칙인 것이다. 따라서 긴축재정은 자멸적인 방법이다. 이것은 다음에서 보여진다.

지출은 다음의 방정식에 의한다:

$$E = C_w + C_p + I + G$$

소득은 다음으로 표현된다:

$$Y = W + P + T$$

만약 노동자는 저축하지 않고, 반면 임금 소득 이상의 지출도 하지 않는 경우,

$$C_w = W$$

따라서, 다음이 성립한다.

$$C_p + I + G = P + T$$

그리고 결국,

$$G - T = P - (C_p + I)$$

정부의 재정적자 ($G - T$)는 민간부문의 흑자, 즉, 자본가의 소득과 자본가의 지출 간의 차이 ($P - C_p - I$)와 같아야 한다는 것이다. 따라서, 민간부

문이 '디레버리징'(즉 허용할 수 없을 정도로 높은 부채를 줄이는 것)를 의도한다면, 정부부채 증가는 문제의 일부가 아니라 해법의 일부라고 보아야만 한다. 또한 개별 국가 차원에서는 무역흑자를 달성하고 이를 통하여 공적 채무와 민간 채무 모두를 줄이는 것은 가능하지만, 반면 그것은 무역상대국의 공적 채무를 증가시킬 뿐이기에 세계 전체를 위한 해결책은 되지 않는 것이다.

이러한 현상들은 위와 같이 '플로우(flow)' 방정식에서 찾아볼 수 있다. 반면, '스톡(stock)'상의 방정식도 이 같은 현상을 보여준다. 정부예산이 균형인 경우, 즉, $G = T$인 경우, 만일 국민소득 성장률(g)이 공적 채무 이자율(i)보다 작은 경우, 소득 대비 채무의 비율(D/Y)는 상승하게 되고 반대의 경우는 감소하게 된다. 따라서 (D/Y)를 줄이는 방법은 두 가지가 있다. 즉, 이자율(i)를 줄이거나 성장률(g)을 높이는 방법이다. 반면, 예산 균형 하에서는 (D/Y)가 상승할 가능성은 이자율(i)이 상승하거나 혹은 성장률(g)을 줄이는 2가지 방법뿐이다. 이러한 관계들이 가장 단순한 스톡의 관계이다. 이러한 공식은 재정적자와 긴축재정 등을 모두 고려하는 보다 복잡한 방정식으로 표현할 수 있다(Watts and Sharpe 2013). 하지만 기본적인 원칙은 변하지 않는다. 결국, 이자율(i)과 성장률(g)은 시간에 따라 (D/Y)의 경로를 결정하는 두 가지 중요한 변수인 것이다. 이는 지속적인 유로존 위기 상황과 직접적 연관성이 있는데, 특히 PIIGS(포르투갈 아일랜드 이탈리아 그리스 스페인)의 장기불황에 직접 관련되어 있다. 이러한 상황은 긴축 재정의 요구를 부과함에 의하여서 한층 더 악화되고 있다. 즉 이자율(i)가 양수로 남아있음에 반하여 성장률(g)는 마이너스인데, 특히 그리스의 경우는 네가티브 성장의 정도가 심각하다(King2015; Truger2013).

이러한 논의에 있어서 그래도 긍정적인 소식은 새로운 GFC의 발생은 지연될 것 같은데, 비교적 운이 좋은 국가에서 성공적으로 '디레버리징'을 한 결과로 그 국가의 민간 부분의 재무적 건실성이 증가하였다. 이것은 앞의 장에서 언급하였던, 민스키가 주장하였던 '큰 정부(Big Government)'이론의 '스톡'에 관한 측면과 연관이 있다. 오스트리아의 자유주의 언론인 죠셉 우어스키츠(Josef Urschitz 2010)가 언급하였듯이 2007년부터 2009년까지의 기간은 인류 역사상 최대로 민간 채무가 공적 채무로 전환된 시대였다.

그러나 이는 '재정의 지속 가능성(fiscal sustainability)'이라는 문제를 제기하고 있는데 이 개념의 정확한 의미는 불분명하여 파악하기는 쉽지 않다. 최근의 주류 경제학의 대학용 교과서는 민간 부문이 지속적으로 국채를 보유할 의사를 가지고 있는 지의 여부가 중요하다고 지적하고 있다(Wickens 2008, p. 96-104). 위에서 언급한 채무 대 GDP 비율(D/Y)이 무제한 상승할 것으로 예상되는 경우, 정부가 채무를 현금으로 상환(monetizing)하여야 하지만 채무 상환을 할 수 있는데, 이때 높은 수준으로 상승하는 인플레이션율(혹은 하이퍼인플레이션)에 대한 우려에 기인하여 민간 부문에서는 국채를 보유하는 것에 소극적이 되어 버릴 가능성이 있다. 하지만 이러한 사태가 가지는 정확한 함의는 모호하다. '재정의 지속 가능성(fiscal sustainability)'을 위한 필요조건은, 부채 대 GDP의 비율이 유한하도록 유지되면 된다는 것인데, 이는 사실 아주 약한 조건에 불과하다. 왜냐하면 이 조건이 의미하는 바는 재정 적자가 끊임없이 계속되고, 또한 부채-GDP비율이 지속적으로 상승하는 경우라도, 그 증가율은 (아마도 서서히) 감소하면 되기 때문이다. 반면 마찬가지로 빌름 뷔터(Willem Buiter 2010)는 재정의 지속 가능성을 민스키적으로 정의하고 있다. 정부가 '폰지 금융'을 피하는 것이 필요조건(아마도 충분조건)이라는 것이다. 폰지 금융에서는 기존의 채무는 신규 채무를 추가적으로 발행 함으로써만 상환될 수 있고, 이러한 경우에 있어서는 최소한 지불하는 이자 부분의 증가만큼 채무는 영원히 증가될 수 밖에 없다. 그러나 이러한 뷔터의 정의는 GDP 대비 채무의 비율에 대하여서도, 혹은 채무-GDP 비율을 특정 수준에서 안정화시키는 것이 가지는 장점에 대하여서도 언급하고 있지 않다. 따라서 쾌터식의 정의는 경제가 심각한 불황에 직면하였을 경우 긴축재정을 하여야 한다는 주장을 지지하는 논거로 사용될 수는 없다.

어떤 이유로든 채무 대 GDP 비율이 심각한 문제라고 생각된다면, 자본에 대한 누진과세, 이른바 '자본과세(capital levy)'제안을 검토할 수 있다. 하지만 자본과세는 1815년에 리카르도에 의하여, 그리고 1세기 후에 피구(1918년)에 의하여 제안되었지만 실행되지는 못하였다. 또한 2차 세계대전 말기에도 유사한 제안은 있었지만, 결국 성공하지는 못하였다. 하지만, 전체 인구 중 가장 부유한 10%에 20%의 '부유세(wealth tax)'를 한차례만 부과하면, 영국의 국가채무 전체를 변제하기에 충분한 자금을 확보할 수 있을 것이다(Philo 2010). 이러한 '자본과세(capital levy)'는 채무를 줄이거나 혹은 없애기 위하여 필요한 부담은 그것을 부담할 충분한 재력이 있는 사람들에게 전가시키고 반면 빈곤층에 전가되지 않도록 하는 방법이다.

이미 GFC 이전에도 일본의 사례에서 볼 때, 긴축재정은 사태를 악화시킬 뿐이며, 재정부양책이 유일한 효과적인 구제책 임을 입증하고 있었다. 하지만 소득 불평등을 줄이기 위한 대책도 동시에 시행하여야 한다. 이윤 점유율을 줄이고 임금 점유율을 높여서, 상위 1%가 하위 99%에게 양보하는 경우, 이러한 조치는 소비지출을 끌어올려 지속불가능한 소비자 부채의 규모를 줄일 수 있을 것이다. 임금 점유율 증가가 가져올 수 있는 정확한 거시경제적 결과들은 물론 연관 변수들의 값에 의존하고 있지만, 지구 전체적으로는 볼 때는 임금주도 경기회복의 전망은 밝아 보이고 또한 이로 인한 불평등의 감소는 거시경제적으로 중요한 이득을 가져올 것이다. 하지만 이러한 조치들이 완전고용을 회복시키기에 충분치 않아 보인다(Onaran and Galanis 2012). 따라서 공공지출의 증가 특히 환경개선을 위한 투자도 동시에 필요하다.

국제 협력 체계의 개선도 또한 필요하다. 이는 독일과 중국 등이 임금인상을 억제하여 대규모의 무역흑자를 실현하여 온 바와 같은 '신중상주의'적 경향을 방지하기 위함이다. 또한 유로존 특유의 문제에도 대처할 필요가 있다. 심지어 2015년에도 유럽중앙은행은 '최후대출자(lender of-last resort)'의 역할을 시종 일관적으로 결여하고 있고, 따라서, 유로존의 금융 체제의 건실성(integrity)을 지킬 수 없기 때문에, 그러한 점에서는 유럽중앙은행은 유명 무실한 존재이기 때문이다. 또한 유럽 공통의 재정 정책을 요구하는 목소리도 강하지만, 현재의 대중 영합주의적, 국수주의적인 정치 상황에서는, 그러한 구상이 바로 실현 가능하다고 생각하기는 어렵다(Hein 2012, 제8장).

8.5. 우리는 무엇을 배웠는가 II-'탈금융화'의 필요성

대불황을 극복하고 새로운 GFC의 가능성을 줄이기 위하여서는 재정정책을 보다 현명하게 활용하는 것이 필요하지만 그것만으로는 충분하지 않다. 그와 더불어 매우 실질적인 '탈금융화'가 필요하며, 이는 전 세계에 있어서의 FIRE 부문이 차지하는 규모, 그것의 불안정성, 그리고 그 부문이 누리고 있는 정치적 권력을 축소하기 위함이다. 이를 위해서는 그 부문이 GDP, 총이윤, 그리고 총고용 등에서 차지하는 비율을 항구적으로 축소할 필요가 있으며, 또한 그 부문에서의 단기적 이윤 추구를 지양하고, 경제 전체의 혜택과 연관된 균형잡힌 지표를 목표로서 추구할 수 있도록 일종의 질적인 전환을 하는 것도 필요하다. GFC 이후에는 기업의 주주들도 최소한 어느 정도까지는 이러한 새로운 전환을 받아들일 준비가 되어있을 수 있는데, 이는 주주들의 이윤은 결국 기업의 장기적 존속가능성에 달려 있기 때문이다. 그러나 고객, 근로자, 지역사회, 그리고 시민 전체 등의 여타 이해관계자의 이해도 고려할 필요가 있다. 종업원의 이해는 아마도 '이윤분배제도(profit-sharing schemes)'를 통하여 달성될 수 있는데, 특히, 1980년대에 제안된(완전히 실시되지는 않았던) 야심적인 규모의 스웨덴의 임노동자기금(wage-earner funds)들이 좋은 예이다(Arestis 1986;Whyman 2006). 혹은 과거 독일의 대기업에서 자본이 가지는 권력을 실질적으로 제약하였던 '공동결정제도(co-determination system)'와 같은 것들을 연장하여서 촉진할 수도 있을 것이다. 이러한 모든 개혁들은 모두 노동시장의 '재규제(regulation)'에 의하여 강화 되어야만 한다. 또한 임금 및 고용 조건을 보호하는 주요 중요한 수단으로 '단체교섭(collective bargaining)'이 재정립될 필요가 있다. 그리고 신자유주의 시대에 있어서 '금융화'의 가속화의 한 원인이 되었던 주택과 연금의 민영화를 반대로 돌려놓을 필요도 있다.

포스트 케인지언 사이에서는 금융 부문에 필요한 상세한 개혁안에 대하여서는 상당한 합의가 존재한다(King 2010; Wray 2013). 실제로 GFC에 의하여 드러난 미국 금융 체제의 규제 상의 약점은 2007년 이후에도 어느 점에 있어서도 효과적으로 개선되고 있지 않다. 따라서 마크 저슬릭(Marc Jarsulic)이 내린 결론에 대하여 절대적으로 동감할 수 밖에 없는데, 그에 의하면 미래의 재앙적인 금융위기의 가능성은 아직도 잠재하지만, 이는 중개 금융기관(intermediaries)들이 과도한 단기 차입에 의존하여 높은 부채비율을 유지하고 있기 때문이다(Jarsulic 2013, p. 42).

금융개혁의 가장 큰 원칙에 대하여서는 민스키가 확립한 바 있다. 금융혁신은 지속적으로 발생하기 때문에 금융규제 당국은 항상 경계하여야만 하고, 또한 규제는 항상 수정되고 개선되어야 한다. 이 전제조건을 근거로 구체적인 제안을 몇 가지 들어보자. 첫째로, 투명성의 향상이다. 더 이상의 '부외금융(簿外金融 off-balance sheet)'거래는 없어야 하고, '증권화(securitized)'된 채무로 가득차 있는 굳게 밀봉된 봉투들을 모두 개봉하여서 그 내용물을 적나라하게 보여야만 한다. 둘째, 이 원칙이 실제로 적용되기 위하여서는 규제의 대폭적인 강화가 필요하다. 금융분야에 대한 규제의 강화를 위하여서는 제약업계에서 규제당국이 운용하고 있는 '신중성의 원칙(prudential principle)'(즉, 안전성이 입증되고 또한 그 필요성이 명확히 확립되어 있지 않으면 판매를 허가하여서는 안 된다는 원칙)을 금융분야에서도 실시하여야만 할 강한 필요성이 존재한다(Tymoigne 2010).

셋째, 특히 연기금이나 기타 준 공적 금융기관에 의한 원자재 상품의 투기를 강하게 제한할 필요가 있다. 넷째, 신용평가기관의 행동을 규제하고, 그들 사업상의 명백한 이해상충의 문제를 제거하여야만 하는데, 이러한 이해상충의 문제는 수수료를 지급하는 회사와 신용평가를 받는 회사가 동일 함에서 생겨나며, 그럼으로써, 무가치한 증권에도 'AAA' 등급이 부여되는 경우가 발생한 것이다. 다섯 번째로, 어떤 특정의 금융 상품은 완전히 배제되어야 한다. 가장 명백한 예는 '신용부도 스와프(Credit Default Swaps)'인데 이는 심각한 '도덕적 해이(Moral Hazard)'의 문제를 야기할 수 있으므로 불법화하여야 한다.[역주 106] 여섯째, 중앙 은행은 자산 가격의 거품을 줄이기 위한 추가적인 정책 수단이 필요하다. 단순히 이자율만이 거품 제거를 위한 정책 변수인 경우, 이자율 인상은 반면 생산과 고용에 타격을 주는 부작용을 초래할 수 있다. 금융기관에 '자산기반준비금 제도(Asset-based reserve requirements)'를 도입하거나 어떠한 특정 종류의 대출에 대하여서는 직접적인 양적 조절 수단의 도입을 고려

[역주 106] 이러한 스와프를 통하여 대출 금융기관은 소위 차입자의 신용위험을 제3자에게 전가시키고, 원래 자신이 수행하여야만 할 차입자의 신용 상태의 주기적인 조사, 감독 등의 업무에 나태할 수 있고, 또한 대출시에 미리 제3자에게 신용위험을 전가시킬 것으로 예상하는 경우, 신용조사에 나태할 수 있다.

할 수도 있는데, 후자의 경우에는 1939년과 1970년대의 기간에는 보편적으로 사용되었고, 일반적으로 성공적이었다.

국제적으로는 새로운 브레튼 우즈 체제의 결성이 필요하다. 이는 국제금융기구를 미국과 서방의 금융적 이권의 속박으로부터 해방시키는 것이다. 또한 빈국에게 강요되고 있는 신자유주의적 이데올로기를, 전 세계적 규모의 완전고용과 경제적 공정성을 촉진하기 위하여 설계된 일관성 있는 정책 프로그램으로 대체하여야만 한다. 또한 환율제도에 있어서는 1945년 이전의 고정환율제도에의 복구를 신중히 고려하여야만 하는데, 단순히(Davidson 2009에서 주장하는 것처럼) 환율 변동이 '불확실성'을 높여 투자를 억제하고 실물경제에 악영향을 미칠 가능성이 있기 때문만은 아니고 그에 더하여 외환거래에서 민간을 배제함으로써 금융 부문의 영향력과 규모를 대폭 축소할 수 있기 때문이다. 이러한 것들이 GFC의 새로운 재발을 회피하기 위하여 필요한 '탈금융화'의 중요한 요소이다.

8.6. 마지막 세 가지 교훈

GFC에서 도출되는 마지막 세가지 교훈을 정리하고자 한다(King 2011). 첫째, 주류 거시경제학으로 대표되는 '신자유주의 사상 집합체(*neoliberal thought collective*)'는 실제로는 매우 생존력이 강함이 입증되었다(Mirowski 2013). 이는 실로 아이러니가 아닐 수 없다. 만일 신자유주의적 정책 교리들이 2008년 후반에 실제로 미국에서 적용되었다면 대불황(Great Recession)이 아니라 1929-33년 규모의 대공황(Great Depression)이 재연되었을 것이다. 즉, 그 결과로 1930년대 이후에는 유래가 없었던 규모의 산출 급락과 실업의 증가를 동반한 진정한 금융 붕괴가 초래되었을 것이다. 만일 현재 독일과 미국의 실업률이 30%에 달하는 상황에 직면한다면, 신자유주의적 사상에 경도된 가장 카리스마적인 사상적 리더들도 어떠한 더 이상의 영향력을 계속 발휘하지는 못할 것으로 생각된다.

GFC의 두 번째 교훈은 글로벌 시대에 있어서도 '국민국가(nation-state)'는 지속적으로 중요하다는 것이다. 마르크스 제국주의 이론가인 엘렌 메이스킨스 우드(Ellen Meiskins Wood 2003)가 논한 것처럼 '자유시장'이라는 비공식적인 수단에 의존하는 신 제국주의 시대에서는, 비록 공공연한 식민지 지배는 과거의 유물이 되었지만 오히려 미국의 실질적 지배는 존속하고 있다. 하지만 미국 이외의 '국민국가'들은 글로벌 경제 질서의 유지에 있어서 이전보다 큰 역할을 수행하고 있다. 국민국가들이 중요하다는 이러한 주장은 GFC의 기원과 이를 극복하기 위한 조치들을 살펴볼 때 확실히 입증이 된다.

대공황과 마찬가지로 GFC는 확실히 '미국산(made in the USA)'이었다. 물론 이렇게 말한다는 것이 자산 가격의 거품, 사기, 무능, 체제의 실패 등이 다른 장소에서도 일어났다는 것을 부정하는 것은 아니다. 영국의 노던록(Northern Rock)의 파산으로 인한 재앙이나 아이슬란드의 은행가의 비도덕적 행동들이 미국 이외의 장소에서 발생한 재앙들의 몇 가지 예이다. 하지만 위기의 발발은 그곳들에서 기원된 것이 아니며, 포스트모던적인, 어떤 위치적인 실체도 없고 모호하기만 한 역외(off-shore) 금융 허브에서 비롯된 것도 아니었다. 그것은 매우 구체적이고 정확하게 정의된 장소를 가지고 있었다. 즉 미국의 월가이다. 미국은 정치 군사적 초강대국의 위치로부터 전락하는 과정에 있을지도 모르지만, 이전의 1929년의 사례처럼 경제적 대혼란을 야기하고 그 혼란을 전 세계적으로 확산시킬 수 있다. 그리고 일단 GFC가 시작된 이후에는 국제경제기구는 거의 도움이 되지 않았다. 국제통화기금(International Monetary Fund)은 단순히 무용지물이라는 수준을 넘어서 오히려 해악적이었고, 그것은 거대 국가 경제에는 무용하였으며, 중소 국가의 경제에는 야만적이면서도 의미 없는 경기침체만을 초래하였다. 지금까지 살펴본 바와 같이 GFC로부터의 악영향을 줄이기 위한 효과적인 대책은 과거에도 그러한 것처럼 각 '국민국가'의 정부로부터 비롯되어야만 하는 것이며, 오로지 그들에 의하여서만 가능하였다. 따라서 '글로벌화'로 인하여 '국민국가'가 경제적으로 '무용'하여 진 것도, '무력'해진 것도 아니었다. 오히려 그와는 정반대이다. 도박판에서 칩이 다 떨어져간다고 하더라도(when the chips are down),[역주 107] 그 이외의 방법은 없다.

 마지막 교훈은 신자유주의의 한계, 특히 그 신자유주의적 사상의 근본적인 교리에 관한 것이다. 그 교리는, 모든 사회적인 문제는 시장이 해결할 수 있기 때문에, 만일 관련 시장이 아직 존재하지 않을 경우에는 그 시장을 창조할 수 있고 또한 창조하여야 한다는 것이다(Howard and King 2008). 그런데, 이 교리는 원칙으로서는 거시 경제학에는 적용할 수 없다. '세의 법칙'은 잘못이기 때문이다. 공급은 그 자체의 수요를 창조하지 않으며, 시장을 모방하여 설립하려는 어떠한 장치도 '유효수요'의 문제를 해결할 수 없다. 이렇듯 시장이 문제를 해결할 수 없다는 주장은, GFC와 그에 대응하기 위하여 각 국민국가들이 대처하였던 과거의 경험에 의하여 너무도 뚜렷하게 진실로 입증되었고, 또한 '글로벌화'라는 물결의 거침없는 진격의 행보에 의하여서도 영향을 받지 않는다. 이러한 의미에서 적어도 포스트 케인지언은 다음과 같이 결론을 내린다. 즉, 우리는 4분의 3세기전에 케인즈가 《일반이론》에서 묘사하였던 그러한 세계에 아직도 살고 있다.

[역주 107] 즉, 아무리 곤경스러운 상황에 처한다고 하더라도

9. 포스트 케인지언과 여타의 비주류 경제학파

9.1. 주류와 비주류 경제학

포스트 케인지언과 다른 많은 비주류 경제학(또는 준 비주류 경제학) 학파 사이에는 분명한 유사점이 있다. 이 장에서는 그러한 관계들을 크게 네 가지로 나누어서 설명할 예정이다. 처음의 세 절에서는 상호간의 공통점을 가진 두 학파들 간의 대응을 다룰 예정이다. 그것들은 마르크스와 스라파의 정치경제학, 제도주의 경제학과 진화경제학, 그리고 페미니스트 경제학과 생태경제학이다. 마지막 절에는 서로 분명히 구분되는 세 가지 학파에 대하여 간단히 언급할 예정인데, 그것들은 행동경제학, 복잡성이론, 오스트리아경제학파이다. 그리고 이 장의 마지막은 포스트 케인지언이 주장하는 다원성의 성격에 대한 고찰로 결론을 지려고 한다.

비주류 경제학은 바로 그 개념 자체가 논쟁적인 영역이다. 왜냐하면 우리가 '비주류 경제학'이라는 용어를 사용하는 경우, 이미 명확하게 정의된 '주류의 경제학'의 존재를 이미 암시하고 있기 때문이고 그것이 다양하고도 이질적인 '비주류 경제학'이라는 조류와 대립하는 것을 의미하기 때문이다. 하지만 최근에 있어서는 교조적 주류 이론들도 일률적이지 않고 다양한 입장들로 나뉘면서 더 이상은 일원론적이지 않고 다원론적인 추세를 보이고 있다. 그들은 특히, '행동경제학', '복잡성이론', 그리고 '진화 게임이론'(evolutionary game theory) 등의 비(非) 신고전학파적이며 준(準) 비주류 경제학적인 생각들도 수용하고 있는데, 그에 따라서 새롭고도 이전과는 아주 상이한 첨단 분석 기법을 수용하고 있다. 하지만 그렇다고 하여서 주류 경제학이 기울고 있다고 생각하는 것은 너무 과장된 생각이며, 적어도 거시경제학이라는 영역은 뉴신고전학파 종합이 굳건히 장악하고 있다.

반면 비주류 경제학 자체의 본질에 관한 논쟁도 계속되고 있다. 프레드 리는 단일하고 일관적이며 어느 정도 통일된 체계를 가지고 있는 비주류 경제학이 출현하고 있다고 강력히 주장하고 있다. 그는 여섯 가지 비주류 경제학의 전통이 있다고 설명하였는데, 그에는 (1) 포스트 케인지언-스라피언, (2) 마르크스주의-급진경제학, (3) 제도주의-진화경제학, (4) 사회경제학, (5) 페미니스트경제학 그리고 (6) 생태경제학이다. 이러한 조류들을 결합함으로써 주류경제학에 대항하여 일관적인 체계를 가진 대안을 제시할 수 있다는 것이다. 그는 이것들은 단순히 별개의 다른 여러 가지 종류의 비주류 경제학 경제학들이 아니라, 하나의 단일한 체제를 구성할 수 있다고 생각하였는데, 왜냐하면 이 여섯 가지의 전통은 모두 다음과 같은 요소들을 강조하고 있기 때문이다. 즉, 그것들은 (1) 누적성(*accumulation*), (2) 정의(*justice*), (3) 계급, 성, 그리고 인종이라는 관점에서의 사회적 관계, (4) 완전고용, 그리고 (5) 경제적·사회적인 재생산이다(Lee 2013).

하지만 나의 관점에서는 이러한 이유들은 크게 설득력은 없는데, 이에 대하여서는 이미 다른 논문에서 밝힌 바 있다(King 2013a). 오로지 자신 있게 말할 수 있는 바는, 이러한 다양한 조류들은 비주류 경제학의 장래의 발전을 위한 하나의 공동 선언(*manifesto*)적인 성격을 보여 주고 있다(이러한 점이 내가 매우 매력적이라고 생각하는 것이기도 하다). 하지만 이러한 견해가 현재 각각의 조류들이 처한 상황에 대한 정확한 설명은 아니다. 이 장의 나머지 부분에서는 포스트 케인지언과 프레드 리가 분류한 여타 5개의 학파, 그리고 그가 언급하지 않은 나머지 3개의 학파, 즉, 행동경제학, 복잡성이론, 오스트리아경제학파[역주 108]와의 관계를 고찰하겠다.

[역주 108] 이는 폰 미제스와 하이에크류의 자유주의 사상을 의미하여, 쿠어트 로스차일

9.2. 마르크스와 스라파의 정치 경제학

마르크스경제학과 스라파 정치경제학을 같이 묶어서 생각하는 것이 설명을 위해서 편하다. 왜냐하면 양 학파 모두 결국은 리카르도의 저작 등을 포함하는 고전학파 경제학의 지적 전통에서 발전된 것이기 때문이다. 우선 마르크스 경제학은 그 분파들이 매우 다양하다는 것을 인식할 필요가 있다. 그런데, 마르크스 경제학은 포스트 케인지언, 특히 칼레츠키의 전통과 많은 공통점을 가지고 있다(Sardoni 1997). 마르크스 경제학은 '자본주의적 생산'을 명시적으로 취급하고 있으며, 주류 거시 경제학 이론에서 일반적으로 상정하는 '단순상품생산(simple commodity production)'을 하는 생산자들간의 교환이라는 시각에서 경제를 다루고 있지 않다. 또한 마르크스주의자들은 경제 이론도 역사적이며 사회적인 특이성을 반영하여야 하며, 따라서 자본주의 발전의 여러 단계에 따라 변화하여야만 한다고 주장한다. 따라서, 마르크스는 단순 제조업과 자본주의 단계에 접어들어 나타난 근대적 산업을 구별하였고, 루돌프 힐퍼딩(Rudolf Hilferding)은 '금융자본(finance capital)'이라는 새로운 자본주의의 단계를 파악하였으며, 폴 바란과 폴 스위지는 자본주의 후기 내지는 최종 단계로서 레닌이 주창한 '독점자본'이라는 개념을 발전시켰다. 이미 6장에서 본 것처럼 칼레츠키언 또한 경쟁 단계와 독점 단계의 자본주의 간에 존재하는 중요한 차이점을 강조하고 있다.

마르크스의 《자본론》 제2권과 제3권에서는 케인즈가 훗날 '화폐적 생산경제(monetary production economy)'라고 부를 수 있는 모형의 개발을 전개하였는데, 이는 케네(Quesnay)에 의하여 제시된 아주 원시적인 형태의 소득의 '순환적 흐름(circular flow)'에 관한 모형에서 그 연원을 찾을 수 있다. 근대에서의

드와 요세프 슈타인들을 주축으로하는 포스트 케인지언 오스트리안은 아님에 유의할 것.

수력 케인지언주의(*hydraulic Keynesianism*)라는 형태로 제시된 소득-지출 모형들은 마르크스에게는 충분히 받아들여질 수 있는 것으로 생각된다. 이전에 언급한 바와 같이, 1933년에 쓰여진 《일반이론》의 초고에서 케인즈는 자본의 순환과정 과정에 관한 마르크스의 유명한 ($M-C-C'-M'$) 도식을 사용하였으며, 《자본론》 제2권에서 마르크스가 제시한 소위 실현문제(*realisation problem*)에 상당히 근접하는 입장을 따르고 있었다(Rotheim 1981).

포스트 케인지언과 마르크스 경제학 간의 또 다른 공통 특징은, 자본주의 경제에서는 개인소비자나 가계가 아닌 자본가가 가장 중요한 동인이며, 단기나 장기를 막론하고 기업의 투자활동이 가장 핵심적인 원동력이라는 것이라고 간주하는 것이다. 마르크스의 말을 빌리자면 "축적하라, 축적하라, 이것이 모세와 선지자들이다"라는 것이다. 또한 마르크스와 케인즈는 자본주의 체제의 불안정성을 강조하였는데, 두 사람 모두 자본주의 경제 내에 존재하는 모순적 힘들, 위기에 쉽게 노출되는 경향, 그리고 경기 침체로 향하는 경향 등에 초점을 맞추었다. 또한 마르크스도 '세의 법칙'을 강하게 비판하였다.

그러나 양자 사이에는 현저한 차이점도 존재한다. 특히 자본주의를 구하기 위한 정책적 처방의 문제에 관하여서 그러한 것이다. 사실 이러한 차이점의 근원은 정치적인 성격을 가진다. 마르크스주의자들은 포스트 케인지언들을 자본주의의 '변호인(*apologist*)'으로 보는 경향이 있다. 그 이유는 포스트 케인지언들은 자본주의를 개선하기를 희망하여, 따라서 '숙명론'적인 마르크스주의적 생각과는 상이하기 때문이다. 즉, 후자의 경우에 있어서는 '자본의 논리'와 '체제의 모순'이 가지는 깊이를 단순한 체제의 개량을 통하여 해결할 수 있는 가능성이 없다고 생각하기 때문이다. 케인즈와는 달리 마르크스는 자본주의적 생산양식을 전복시키기를 원하였지 그것을 구제하기를 원하였던 것은 아니었다.

상세한 거시경제 분석의 문제에서는 마르크스의 기여도를 과장하여서는 안 된다. 그는 금융에 대하여 많은 저작을 남겼지만, 경제위기의 주요 원인으로서 금융의 역할에 대한 일관된 이론을 남긴 것은 아니다. 어쨌든 그의 사후에도 자본주의는 계속 진보하였고, 따라서 정치경제학을 발전시키기 위하여서는 정치경제학이론은 역사적 특이성을 반영하여만 한다는 확고한 믿음을 가지고 있었던 마르크스는 그의 사후 거의 150년 이후에 발생한 세계적 금융위기에 대한 자세한 설명을 하기 위하여서는 단순히 '자본'이라는 개념만을 사용하는 것은 타당하지 않다고 생각하였을 것임에 틀림없다.

그 밖에도 다양한 이론적 문제점들이 마르크스 경제학 내에는 남아있다. 이를 요약하자면 다음과 같은 것들이다: 노동가치론의 타당성 여부, 생산적 노동과 비생산적인 노동의 구별, 디지털 시대에 있어서 노동이 창조한 '생산물'에 대한 정의, 세계는 (물질적인 것이 아닌) 지적 재산권에 의하여서 불완전하게 보호되고 있는 슘페터적인 일시적 독점에 의하여 지배되는데, 이러한 세계에서 과연 이윤율 평준화 경향이 존재하는가 등이 그러한 것들이다. 잘 알려진 바에 의하면, 마르크스가 《자본론》 제3권에서 분석한 '이윤율 저하 경향'의 이론에는 여러 가지 난점이 내포되어 있다. 이러한 난점은 마르크스 경제학에 존재하는 '이분법(dichotomies)'에 결국 의존한다. 그러한 '이분법'은 상부구조-하부구조간의 구분의 문제, 생산과 교환의 분리, 실물적-화폐적 현상의 구분, 그리고 그러한 모든 구분의 기저에 있는 '실재'와 피상적인 '현상'에 관한 구분 등이 있다. 이러한 '이분법'들은 포스트 케인지언들에게 있어서는 쉽게 수용될 수 없는 것들이다. 아마도 마르크스와 케인즈를 융합시키기 위하여 해결해야만 할 가장 중요한 문제는 마르크스가 '생산과 교환의 분리'를 주장한 측면인데, 이는 마르크스(그리고 그의 신봉자 대부분)가 사물의 근저에 있는 '실재'과 표면적인 '현상'이라는 근원적인 '이분법'을 반영한 것이다. 이러한 두 개의 층을 상정하는 구조는 포스트 케인지언들이 받아들일 수 없는 것이다.

포스트 케인지언과 스라파의 정치경제학과의 관계도 또한 복잡하다. 이전에 언급한 바처럼 피에로 스라파는(영국 케임브리지에서의) 포스트 케인지언 이론 발전의 초기 역사에서 큰 역할을 하였다. 특히, '자본논쟁'과 한계 생산성에 의한 분배이론의 비판이 그의 공헌 중의 하나이다. 그의 수제자, 특히 루이지 파시네티는 포스트 케인지언과 스라파 학파를 통합하려는 의식적인 시도 속에서, 스라파류의 성장 모형을 개발하여 왔다. 1988년의 시점에서 볼 때는 스라파 경제학은 근본주의 케인지언 및 칼레츠키언과 함께 포스트 케인지언 사상의 세가지 주요 흐름 중 하나로 여겨지고 있었다(Hamouda and Harcourt 1988). 예를 들어 자본주의 경제의 분석이나 경제적 잉여의 역할을 중시하는 점 등 상호간에는 많은 공통점들을 찾아볼 수 있다.

그러나 1980년대 후반에 이미 스라파주의자와 포스트 케인지언 사이에는 긴장이 고조되고 있는 징후가 나타났고, 이는 조안 로빈슨과 갈레니야니 간의 개인적 갈등과, 보다 일반적으로는 1980년대 중반에 있었던 트리에스테에서 개최된 컨퍼런스에서 만난 양자간의 의견 불일치라는 불협화음의 형태로 나타났다(King 2002, pp. 158-9). 그 이후 이 두 학파는 더욱 멀어졌다. 그리하여 현재는 그 둘은 비주류 경제학내에서 서로 뚜렷이 갈라지는 두 개의 흐름으로 간주되며, 두 조류의 이론들은 많은 이유에 있어서 근본적으로 불일치하는 점들이 존재한다.

그러한 불일치 중의 하나는 특히 방법론 상의 문제다. 스라피언들은 분석의 기초로서, 소위 '장기적 위치(*Long-Period Positions*)'를 강조하였는데, 이는 (제6장에서 언급한) '장기적'인 것은 '단기적'인 것의 연속 이외에는 아무 의미가 없다고 하는 칼레츠키언의 견해와의 화합을 이루기는 어렵다. 그 견해를 비판하는 입장에서 볼 때는, 스라피언들의 견해는 '폐쇄적 체계(*closed system*)'를 이론화한 것이고, 따라서 그들의 이론은 주류 경제학과도 같이 '에르고드성'을 가지고 있고 따라서 포스트 케인지언이 중요시하는, 역사성과 균형이라는 두 개념 간의 구별을 무시하고 있는 것으로 보인다. 따라서 이들은 '누적성(*accumulation*)'이라는 과정을 무시하고 단지 균형점들 간의 위치만을 비교하는 그다지 흥미 없는 문제에만 연구를 몰두하며, '경로의존성(*path dependence*)'에 대하여서는 언급하지 않고, 결국 리얼리즘을 희생시키면서 지나치게 엄밀성에만 신경을 쓰고 있다고 보여진다. 스라파 모형에는, '본원적 불확실성', 화폐, '유효수요원리'의 역할은 없고, 경제주체도 기업가도, 이윤에 대한 '기대'도, 금융 제약도, 그리고 금융 불안정성도 존재하지 않는다(Hart and Kriesler 2014). 마지막으로 언급할 점은, 스라피언의 모형에 있어서의 임금률과 이윤율의 관계는 단조적(*monotonically*)인 역의 관계에 있으므로, 그들의 모형에서는 포스트 케인지언이 주장하는 '임금주도'의 성장 체제 등의 이론적 개념들을 반영하는 것은(불가능하지는 않더라도) 매우 어렵다.

하지만 포스트 케인지언과 스라피언의 종합이 불가능한 것은 아니다. 스라피언 역시 '세의 법칙'에 대하여 부정을 하고 있는데, 물론 그 이유는 다르다. 즉, 투입의 상대가격과 생산에서 사용되는 투입물들의 상대적 비율 간에 존재하는 관계는 반드시 단조성을 가지지는 않으므로, 실질 임금의 하락이 완전고용으로 이어진다는 보장은 없기 때문이라는 것이다. 물론 이것은, '유효수요원리'에 도달하기 위한 다른 방법이기도 하고, 포스트 케인지언의 논리와 모순되는 것은 아니다. 하인츠 쿠어츠가 시사하는 바에 의하면, 스라파는 케인즈가 습관적인 '고전학파적' 사고에서 탈피하기 위하여 성취할 수 있었던 범위 이상의 것들을 달성하였다는 것인데, 그러한 예에는 다음의 것들이 있다. 즉, 스라파는 우하향하는 '자본의 한계효율 곡선(*marginal efficiency of capital schedule*)', 이자율 결정에 대한 '유동성선호이론', 그리고 외생적 통화공급 등에 대하여 부정하였다는 것이다(Kurz 2013). 이러한 논쟁은 현재 계속 진행 중이다.

9.3. 제도주의와 진화경제학

제도주의자와 진화경제학들이 가지는 공통의 유산은 쏘스타인 베블런의 저술, 특히 신고전학파 경제학자들이 사용하는 기계적 모형에 대한 그의 비판이다. 사실 이 신고전학파(neoclassical)라는 용어는 베블런이 마샬과 그에 근거한 경제학을 지칭하기 위하여 처음으로 사용하기 시작한 용어이다. 쏘스타인 베블런은 경제적 행위의 동기에는 어떠한 합리적인 계산이 아닌, 습관이나 관습이 보다 더 중요하며, 경제학은 기계역학이 아닌 진화생물학에 기초하여야 한다고 주장하였다. 1920년까지 미국에서는 뚜렷한 조류로서 제도주의 경제학파가 탄생하였는데, 이들은 추상적인 이론적 연구보다 실증적 연구, 특히 데이터의 수집을 중요하게 생각하였고, 국가라는 집단에 의한 행동이나 기업과 노동조합을 포함한 다양한 형태의 자발적 단체들의 집단 행동이 경제 이론에서 가지는 의미를 중요시하였다(Rutherford 2011). 쏘스타인 베블런을 계승하는 세대에서 가장 유명한 제도주의자는 존 케네스 갈브레이스인데, 그의 영향력 있는 일련의 저서들에서는 제도주의와 케인즈적 주제를 연결시켰다. 특히 신고전학파 경제 이론의 기초가 되었던 19세기의 소유자 경영 형태라는 경쟁적이며 또한 자유주의적 자본주의 시장 체제와 1945년 이후의 노동조합화되고, '큰 정부'의 지배하에 있는 기업자본주의는 근본적으로 다른 것이기 때문에, 후자를 위해서는 전혀 다른 형태의 경제 분석이 필요하다고 그는 주장하였다.

포스트 케인지언과 제도주의의 사고 사이에는 분명히 강한 자연적 친화성이 있다. 일단 두 조류 모두 '다학제적'인 사고를 가지고 있는데, 이는 특히 양자 모두 경제학의 사회적·정치적 기반에 큰 관심을 가지고 있기 때문이다. 또한 주류 경제학에 대한 반감도 공유하고 있는데, 주류 경제학의 형식주의와 일반균형이론의 변형된 형태들(특히, '동태확률일반균형(*dynamic stochastic general equilibrium* ; DSGE))에 대하여 그러한 반감이 강하게 표출되고 있다. 그리고, 개인의 행위에 있어서 습관, 관습, 사회적 영향이 끼치는 역할에 대하여 공통적으로 강조를 하고 있으며, (순수 분석적인 것에 몰두하기 보다는) 역사적 시간의 중요성과, 그에 따라 '경로의존성'과 '누적적 인과성(*cumulative causation*)'의 중요성도 주장되고 있다. 우리가 6장에서 설명한 것처럼 포스트 케인지언의 성장이론은 성장 과정에 있어서의 제도의 역할, 특히 제도적 변화에 많은 중요도를 부여하고 있다.

또한 포스트 케인지언과 제도주의자 간에는 정책 문제에 대하여서도 상당한 합의가 있다. 왜냐하면 그들 모두 '큰 정부'에 대한 강한 의지를 표명하고 있으며, 뉴딜로부터의 공통적 유산, 그리고 1945년 이후의 사회민주주의적 타협 등에 대한 공감이 그것이다. 이는 특히 소득정책에 관한 문제에서 명백하게 나타나고, 인플레이션 억제에 있어서도 정치적이며 제도적인 방법이 우선적인 위치를 차지하고 있다. 그러한 좋은 예로서는 제7장에서 본 것처럼 포스트 케인지언인 웨인트롭과 제도주의자인 헨리 왈리치가 1970년대 초의 '세제기반 소득정책(*Tax-based Incomes Policy*; TIP) 제안의 주장을 위하여 상호 협력하였던 바를 들 수 있다. 케인즈 자신도 당대의 제도주의에 공감하고 있었고, 많은 개인적인 유대가 있었다. 최근 수십 년 간은 프레드 리(*Fred Lee*), 스티브 프레스맨(*Steve Pressman*) 그리고, 찰스 휠렌(*Charles Whalen*)등이 이러한 제도주의를 대표하고 있다.

지금까지 본 것처럼 갈브레이스는 물론, 알프레드 아이히너도 양 진영 모두에 큰 족적을 남겼다. 포스트 케인지언의 대부분은 《Journal of Economic Issues》에 논문을 발표하고 있고, 제도주의자들 중에는 《Journal of Post Keynesian Economics》에 기고한 사람들도 있다(Lee 2009, 제5장). 2013년의 《European Journal of Economics and Economic Policies》 특집호에서는 두 학파의 관계와 두 학파에서의 중요한 요소를 결합한 단일 통일 패러다임의 창출 가능성에 대한 전망을 다룬 바 있다. 그 저널의 편집자는 "대략적으로 말하면 포스트 케인지언이 거시경제의 틀을 제공하고 있는데 반하여 제도주의는 이 공통 패러다임의 미시경제학 기초를 제공하고 있다"(Lavoie and Seccareccia 2013, p. 9) 라고 평하였다. 제도주의자들의 주요한 이론적 강점은 노동시장, 소비자 이론, 산업조직론, 가격설정 이론, 기업이론 등이며 반면 포스트 케인지언은 고용이론, 인플레이션이론, 경제성장론, 국제무역 금융이론, 그리고 화폐경제학에 강점을 가지고 있다. 그런데, "마지막 주제인 화폐와 신용에 관한 이론은 아마도 제도주의적 접근방식과 포스트 케인지언 경제학을 종합함으로써 큰 성과를 거둘 수 있는 좋은 예라고 할 것인데, 왜냐하면 중앙은행을 포함하는 금융 기관들의 행태에 대한 적절한 지식은, 적절하고도 현실적인 화폐이론을 정립하기 위한 핵심적인 요소이기 때문이다"(p. 9).

부정적인 면을 보자면, 제도주의자들은 이론이나 연구방법 상의 형식주의에는 큰 관심을 보이지 않는 경향이 있고, 반면 포스트 케인지언들은 제도주의의 이러한 '불완전주의자적(*imperfectionist*)'인 성향에 대하여 우려를 표하고 있다. 그러한 예는 가디너 민스(*Gardiner Means*)의 반케인지언적(혹은 뉴케인지언적)인 대공황에 대한 해석에서 볼 수 있는데, 그는 주로 가격 경직성에 중점을 맞추고 있으며, '유효수요원리'는 전혀 언급하지 않는다. 어떤 면에서는 포스트 케인지언은 주로 거시경제학에 중점을 두고, 제도주의는 주로 미시적 문제에 중점을 두고 있기에, 이러한 현상은 일종의 자연적인 양자간의 노동의 분업으로 볼 수도 있다는 주장도 있다. 즉, 전자는 거시 경제 분야와 이론의 형식적 측면에 전문화되어 있고, 미시적 문제나 사회 정치적 배경에 대한 분석은 제도주의자들에게 맡기고 있다는 것이다. 하지만 이러한 관계 설정은 잠재적인 난점도 가지고 있다는 점이 지적된다. 많은 제도주의자들과는 달리 포스트 케인지언 중에는 형식적인 모형화나 계량경제학적 방법의 사용을 원칙적으로 반대하는 사람은 거의 없다. 물론 모형화의 경우에 있어서는 올바른 형태의 모형이 선택되어야만 하며, 계량경제학적 방법의 사용에 있어서는 적절한 주의와 계량경제학기법이 가지는 제약들에 대한 인식이 필요하다는 전제하에서이다. 하지만, 여기에는 몇 가지 중요한 해결되지 않은 방법론적 긴장이 존재한다.

마찬가지로 제도주의자와 진화경제학자 간에도 형식주의의 문제에 관한 이견이 존재하는데, 그러한 형식주의에 대하여서는 제도주의자들은 대부분 항상 반대하고 있지만, 반면 진화경제학자들은 종종 환영하고 있음을 볼 수 있다. 후자의 경우는 글로 설명하는 것 이외에도 추가로 게임이론, 복잡성에 관한 수학, 대규모 컴퓨터 시뮬레이션 기술을 활용하고 있다. 진화경제학자들은 포스트 케인지언과 공통되는 기본적인 원칙 몇 가지를 가지고 있다. 무엇보다 첫째, '변화'라는 것에 대한 강조인데, 이는 단지 산출과 기술 수준의 변화만이 아니라 역사와 사회 그리고 제도의 변화에도 초점을 맞추고 있는 것이다. 이러한 '변화'에 대한 강조는 이미 6장에서도 언급한 진화론적 케인즈 주의(evolutionary Keynesianism)나 주기적 성장 모형인 '포식자-피식자 모형(predator-prey model)'에서 반영되어 있다.

이처럼 제도주의와 진화경제학이라는 두 학파는 모두 균형이라는 개념을 중심으로 출발하는 모형화(혹은 적어도 정태적 균형의 모형화)에 단호히 반대하며 '경로의존성', '누적적 인과성', '창발성(emergent properties)'이라는 개념들을 수용하고 있으며, '미시적 환원' 등에 대한 강한 반대를 표명하고 있다. 또한 투자가 수행하는 핵심적 역할에 대하여서도 의견의 일치를 보고 있다. 제도주의자 이상으로 진화경제학자들은 그들이 다루고 있는 경제는 이윤 추구의 자본주의 경제이며, 그러한 경제에서는 사실 저축과 소비는 부차적인 역할을 하고 있고, 기업가의 이윤에 대한 '기대'가 핵심이라는 것을 인식하고 있다(Dopfer and Potts 2008). 투자에 의하여 촉발되는 이노베이션은 칼레츠키의 연구에서도 강력한 영향력을 가지는 주제이며, 따라서 칼레츠키언과 진화경제학자들의 전통하에서의 결론들은 종합될 수 있음을 시사하고 있다(Courvisanos 1996).

그러나 반면 몇 가지 잠재적인 문제들은 존재한다. 포스트 케인지언은 기업가들을 미화하려는 시도들에 대하여 의문을 가지고 있다. 그런데 그러한 기업가에 대한 찬양은 조세프 슘페터에 의하여 영향을 받은 진화경제학자들에게서 일반적으로 명백히 보여지는 바이다. 포스트 케인지언들은 또한 '진화'라는 것과 경제적 사회적 '진보'라는 것을 혼동할 가능성에 대한 우려를 표명하고 있다. 진화라는 것은 사실 무작위성에 의한 과정이며, 그에는 어떠한 목표도 없고, 또한 지속적으로 개선을 한다는 보장은 없는 과정인데, 반면 경제적 사회적 진보라는 것은 점진적인 개선을 의미하기 때문이다. 포스트 케인지언들은 또한 일부 진화경제학자들이 '시장의 실패'보다 '국가의 실패'가 더 큰 위험스러운 것으로 간주하고 있고, 국가가 위기나 불안정성에 대하여 어떠한 조치를 취할 수 있다는 것에 대하여 부정적인 견해를 가지고 있음에 대하여 우려를 표명하고 있다. 특히 후자는 다분히 반 케인지언적인 생각인데, 그러한 생각은 경제에 있어서 수요보다는 공급측면이 중요하다고 간주하고, 거시경제학적인 논증과 '유효수요원리'자체에 대하여 적대적이게끔 할 수 있기 때문이다. 따라서, 이같은 측면에서 볼 때는 진화경제학과 포스트 케인지언 경제학이 상호 보완적인 프로젝트인지는 아직 불명확하다.

9.4. 페미니스트경제학과 생태경제학(ecological economics)

포스트 케인지언이 경시하기 쉬운 경제 생활의 측면을 다루고 있다는 사실 외에는 페미니스트경제학과 생태경제학이라는 두 조류 사이에는 거의 공통점이 없다. 이미 제5장에서 본 것처럼 미시경제학에서 성(性)과 가정이 중요한 역할을 차지하고 있음을 볼 때, 페미니스트경제학과 포스트 케인지언 사이에는 어느 정도의 상호 보완성이 있음을 시사하고 있다. 이는 아마도 페미니스트의 입장에서는 그들이 공공재정, 무역, 금융시장 등에 대하여 관심을 갖기 시작하였음에도 불구하고 자신들만의 거시경제 이론이 결여되어 있다는 사실을 느끼고 있기에 그에 대한 보완이 필요할 것이라는 측면에서 기인한다(van Staveren 2010, p. 1125). 페미니스트들은 거시경제 정책이 성(性)에 대하여 미치는 영향, 특히, 긴축 재정이 여성에 미치는 영향에 대하여 항상 큰 관심을 표명하여 왔는데, 이는 정책문제에 관하여 포스트 케인지언과 협력함으로써 이득을 얻을 수 있는 분야를 제시한 좋은 예가 되고 있다.

셔반 오스튼(Siobhan Austen)과 트리즈 제퍼슨(Therese Jefferson)(2010)은 방법론 차원에서 이 두 학파 간의 유대를 모색하고 있다. 양자간의 유사점은 존재론 측면보다는 인식론적 측면에서 보다 더 크다고 이들은 주장한다. 포스트 케인지언들의 '다원론'에 대한 요청은 분명히 페미니스트들의 관심사와 일치하며, 사회생활의 복잡함과 사회체제의 개방성을 수용하고 있는 두 학파 모두의 지지를 얻고 있다. 그러한 다원론에의 요청은 포스트 케인지언들이 어떠한 문제에 대한 연구를 함에 있어서 보다 명시적으로 다원론적인 연구 방법을 채택한다면 더욱 확장될 수 있는 여지가 존재한다. 이는 쉴라 다우(Sheila Dow)가 이야기한 바빌론적 논리의 접근법에 의거한 경제학의 방법론을 따르는 것이다(제4장 참조).

포스트 케인지언이 이론 구축에 있어서의 '현실감(*realisticness*)'을 중시하고 있는 점, 그리고 그로 인하여 모종의 '과학적 실재론(*scientific realism*)'을 중시하고 있는 점등에 있어서는 페미니스트와의 의견의 차이가 생기기 쉽다. 즉, 현대 과학철학이 남성중심적인 특성을 가지고 있다는 것, 그리고 지식 자체는 결국 사회적인 산물이라는 페미니스트들이 (포스트 모던적인 생각에서 비롯되어) 강조하고 있는 생각과 조화되기 힘든 면이 있다. 오스튼과 제퍼슨(2010, p. 1113)은 페미니스트의 경제이론이 가져야 할 바람직한 속성으로서 줄리 넬슨(*Julie Nelson*)의 리스트를 인용하고 있다. "느낌(feeling)! 감정(emotion)! 영향(influence)! 관계(connection)! 전체론(holism)! 모호함(vagueness)! 과정(process)! 가치(value)!"(Nelson 2003, p. 116). 포스트 케인지언은 이러한 특징들 중 몇 가지는 환영하겠지만, 몇가지에 대하여서는 탐탁하게 여기지 않을 것이라고 생각된다.

아이린 반 스테베른(*Irene van Staveren*)은 페미니스트 경제학은 별도의 경제학파가 아니라, 즉, (주류이던지 비주류이던지) 다양한 방법론적인 접근의 시각에 의한 경제 분석을 행하기 위하여 사용하는 일종의 렌즈 역할을 하는 것이라고 시사하였다(2010, p. 1123). 그녀는 포스트 케인지언 이론과의 상호 배양이 가능하다고 주장한다. 이는 페미니스트는 어떠한 주제(성, 가정, 무급 노동, 간호 노동 등)는 진지하게 다루어 온 반면 다른 주제들('불확실성', '시장지배력', 내생성(endogeneity)에서 야기되는 역동성 등)은 경시하기 쉽기 때문이다. 하지만 양자간에는 상당히 많은 주제에 있어서 공유하는 분야가 있는데, 특히 경제주체들은 사회에 편입되어 있다는 점, 소득분배와 보다 넓은 의미에서의 복지에 대한 강한 관심, 경제생활에서 사회적 제도가 수행하는 역할에 대한 인식 등이 그것이다. 반 스테베른은 페미니스트 경제학과 포스트 케인지언은 "상호간에 서로 배우면서 발전할 수 있다고 기대할 수 있다. 따라서 그들이 함께 좋은 여행을 할 수 있기를 기원하고 싶다"(p. 1140). 그러나 "단순히 계속 동거를 하는 것은 아니라, 생산적인 논의"(Austen and Jefferson 2010, p. 1119)가 보다 기대되고 있는지도 모른다.

이러한 위의 비유 중 하나 이상이 생태경제학과 포스트 케인지언의 관계에도 적용될 수 있을 듯하다. 제7장에서 본 것처럼, 정책 문제에 대하여서는 양자간에 공통적 기반이 되는 중요한 영역이 존재하고 있으며, 이들은 경제이론의 영역으로 쉽게 확장될 수 있을 것이다. 생태경제학에서의 하나의 근본적인 원리는, 자연과 인간이 만든 자본은 서로 상호 대체적이 아니라는 것이다. 이는 소비와 생산 간에 있어서 대체성이라는 개념을 중요하게 생각하지 않고, 오히려 그들 간에는 상호 보완성이 존재한다는 포스트 케인지언의 성향과도 잘 부합될 수 있는 측면이다. 마찬가지로 생태경제학자는 포스트 케인지언 고유의 몇 가지 원칙을 수용함으로써 도움을 받을 수 있다. 이에는 시장 실패는 체계적 성질을 가진다는 것, 기본적인 인간의 요구를 충족하기 위한 사회적인 최저 기준을 설정할 필요성 등인데, 반면 포스트 케인지언의 원칙들은 기존의 완전 고용 내지는 분배적 정의라는 개념으로부터 환경 문제를 포함하도록 확장될 수도 있다. 포스트 케인지언은 또한 교환보다는 생산에 초점을 맞추고 있는데, 이는 포스트 케인지언이론이 생태학적인 영역에 적용하기에 노 적합하다는 것을 의미한다. 왜냐하면 공해라는 것은 바람직하지 않은 부산물로 취급될 수 있으며, 역사적 시간과 분석적 시간을 구별하는 것으로 인하여 원자재나 기타 천연자원의 소진은 불가피하게 불가역적이라는 점을 지적할 수 있기 때문이다(Perry 2013). 페미니스트경제학과 마찬가지로, 포스트 케인지언과 생태경제학자들이 여행의 동반자가 되는 것은 매우 바람직하다고 생각된다.

9.5. 행동경제학, 복잡성 그리고 오스트리아경제학파

마지막 언급할 이들 세가지 비주류 경제학(또는 준 비주류 경제학) 학파와 포스트 케인지언의 동거 가능성은 그다지 확실치 않다. 포스트 케인지언과 행동경제학 사이에는 분명히 중요한 유사한 점이 있으며, 특히 허버트 사이먼(Herbert Simon)과 같은 올드 행동주의자와의 사이에는 분명한 유사점이 있다 (Jefferson and King 2010-11). 두 학파 모두 신고전학파적 합리성의 개념을 부정하고, 대신 인간 인식 능력의 한계, '본원적 불확실성'의 중요성, 관습과 '경험칙'의 역할을 강조하고 있다. 또한 신행동주의와도 몇 가지 점에 있어서 의견의 일치를 보이고 있는데, 그러한 일치점들은 다음과 같은 면에서 명백히 드러난다. 즉, 결정에 있어서의 프레이밍(framing) 효과, 결정과정에 있어서의 맥락(context)이 가지는 중요성, 그리고 인간 행위의 '거시적 기초(macrofoundations)'라고(사견에는 그다지 좋은 표현은 아니지만) 일컬어 지는 것 등이 그것이다.

이러한 유사성으로 인하여 폴 데이빗슨은 케인즈를 최초의 행동경제학자로 평가하고 사이먼 또한 케인즈를 '제한적 합리성(bounded rationality)'이라는 개념의 아버지라고 주장하고 있다. 그러나 신행동경제학은 과거 사이먼이 말하였 듯이 '수단만 다른 신고전학파 모형 구축의 일환'이며 따라서 포스트 케인지언이 이를 경계하여야만 한다는 강한 의구심도 존재한다. 조지 애컬로프(George Akerlof)가 2001년 노벨상 수상 연설에서 시사하였던 '행동거시경제학(behavioural macroeconomics)'이라는 것은 공허한 약속으로 보인다. 애컬로프와 쉴러의 유명한 저서 《동물적 본능》(animal spirits)'에서는, 본원적불확실성이 존재하는 상황하에서의 합리적인 행동이 널리 행하여진다는 케인즈의 생각을 오해하고 있을 뿐만 아니라, 투자나, 투자와 저축의 관계에 대하여서도 거의 아무것도 말하고 있지 않다(이 모든 문제에 대하여서는 King 2013b 참조).

폴 드 그라우어(Paul de Grauwe 2012)는 '행동거시경제학'의 장단점에 대하여 그의 얇은 저술에서 정리하고 있다. 폴 드 그라우어는 인식론 및 존재론적 근거에 의하여 '합리적 기대'라는 가정을 명시적으로 부인하고 있다. 경제주체는 인지적 능력의 한계가 있고, 현실세계는 효용 극대화를 위하여서는 너무 복잡하기 때문에 '경험칙'을 사용할 수 밖에 없다. 그는 '대표적 경제주체'라는 개념을 포기하고 '리카르도의 등가정리'를 부정하면서 재정정책의 유효성을 주장한다. 폴 드 그라우어는 '물가안정 목표제(inflation targeting)'가 금융정책이 수행할 수 있는 유일한 기능이라는 주류 경제학적 주장을 비판하면서 중앙은행은 어느 정도의 산출의 안정화에도 책임을 져야 한다고 주장하고, 또한 자산가격 상승에 대하여도 금융당국이 신경을 써야만 한다고 주장하고 있다. 그에 의하면 '행동적 경기순환(behavioural business cycle)'은 내생적(endogenous)이고, 화폐는 중립적이 아니며 '필립스곡선'은 수직적이지도 않다. 이러한 많은 점에서 포스트 케인지언은 동의할 수 있는 것이다.

하지만 '행동거시경제학'의 약점도 분명하다. 폴 드 그라우어는 표준적인 'DSGE 모형', 특히 그 모형의 근저에 있는 RARE라는 '미시적 기초'에 대하여 강하게 비판적이지만 그는 주류 뉴케인지언 모형과 기본적으로 같은 표준인 3가지 방정식을 이용한 모형을 계속 사용하고 있다. 이 모형상에서는 만약 가격이 완전히 신축적일 경우에는 표준적인 뉴고전학파적 모형과 동일한 결과를 가져온다. 결국 뉴고전학파나 뉴케인지언과 마찬가지로 폴 드 그라우어의 경제는 기묘한 종류의 자본주의 경제이다. 그 안에서는 노동자도 자본가도 없고, 이윤도 임금도 없고, 고용도 실업도 없다(물론 '비자발적 실업'의 존재는 '산출갭'이라는 개념 속에 아마도 암묵적으로 존재할 수는 있다). 또한 폴 드 그라우어의 '공급 쇼크(supply shocks)'는 생산성의 성장에 있어서의 예상하지 못한 변동에만 한정되어 있는데, 이는 그의 모형에는 분배에 대한 대립이나 '임금 압박 인플레이션', 원재료 가격 변동을 위한 여지는 없기 때문이다. 그는 '금융화', 채무의 성장, 소득과 부의 불평등의 증대, 혹은 세계적인 불균형에 대하여 서는 아무 말도 하지 않고 있기에, 그의 모형에 의거하는 경우 유로존내에 계속되는 위기에 어떻게 대응할 수 있는지를 이해하기는 어렵다.

그럼에도 불구하고 포스트 케인지언이 행동경제학의 몇 가지 측면을 수용할 수 있다고 생각되어지는데, 단, 그러한 것들을 비판적 자세를 가지고 신중하게 선정하여야만 한다. 이로 인하여 포스트 케인지언의 거시경제학에서는 항상 골칫거리였던 투자함수에 대하여 보다 현실적인 정식화가 가능해질지도 모르고, 또한 행동경제학내에서의 금융에 대한 연구는 민스키 학파들의 주제 중 금융 이노베이션과 탈 금융규제에 관한 연구에 도움이 될 수도 있다. 또한 조지 카트나(George Katona 1980)의 저술을 재발견하는 시도도 존재한다. 그의 소비자 행동에 대한 생각은 소비 함수를 보다 정확히 규정(specification)할 수 있게 하고 이를 통하여 포스트 케인지언적 거시경제 모형에서 중요한 한 부분인 소비에 대하여 보다 현실적인 이론화를 수립하는 바에 도움이 될 수 있다.

복잡성 경제학이 시사하는 바에 대하여서는 논란의 여지가 크다. 우선, '복잡성(complexity)'이라고 하는 것은 두 가지 다른 의미로 쓰일 수 있다는 점을 유의하여야만 한다. 질적으로는 보는 경우, 예를 들면 쿠어트 로스차일드가 채용한 것 같은 '복잡성'은 '다원론적'인 생각에 일조를 하기 때문에 포스트 케인지언에 있어서는 아무런 문제가 없다. 또한, '내생적 통화' 이론을 주장하는 베이슬 무어(Basil Moore)와 기타의 사람들이 연구한 바처럼, 계량적으로 보았을 때도 이 '복잡성'이론은 주류경제학 방식의 '균형 모형'에 반대하여 '복잡성 역학(complex dynamics)(과거 '혼돈이론(chaos theory)'이라 불리던 것)'의 사용을 요구하는 논의로서 이어지고 있다. 하지만 무어의 해석에 의하자면, 이러한 '복잡성이론'을 응용하는 경우 우리가 제2장에서 논의한 포스트 케인지언의 세가지 분파 모두가 사용하고 있는 소위 '균형'이라는 개념에 의존하고 있는 '소득-지출 모형'이 무력화 될 수 있다. 이러한 점은 모두 폴 데이빗슨이 가지고 있었던 '비(非)에르고드성'에 관한 생각과 공통된 점이 있지만, 그럼에도 불구하고 데이빗슨은 항상 균형적 분석을 광범위하게 시도하여 왔던 것이다. 이러한 복잡성 경제학은 또한 칼도와 로빈슨이 강조한 '경로의존성' 주장, 그리고 '균형과 역사성'간의 구별을 반영한다고 여겨질 수도 있지만, 도출된 결론들은 서로 상이하다.

무어에 따르면 결정적인 문제는 케인지언적 '승수'가 '화폐의 내생성(endogenous money)'과 모순된다는 점이다. 그런데, 이 '승수'는 포스트 케인지언내의 세 개의 분파 모두에 있어서 중심이 되는 '소득-지출 모형'에서 유래한 것으로, (만일 무어가 맞다면) 그 자체가 부정 되어야만 할 위기에 처하여 있는 것이다. 또한 무어에 따르자면 '재정승수'나 '대외무역승수'등도 부정되어야 하기 때문에, 정책적인 측면에서도 커다란 수정이 불가피한 것이다. 투자-저축 관계를 포기하는 것은 분석에 있어서 거대한 구멍을 만드는 것에 해당하기 때문에, 포스트 케인지언 중에는 기꺼이 이러한 사실을 수용할 수 있는 사람은 많지 않다. 반면 우리가 제6장에서 보아온 것처럼 많은 포스트 케인지언들은 '복잡 체계'를 분석하는 컴퓨터 시뮬레이션 모형을 사용하여 주기적 성장모형을 연구하여 왔다. 보다 광범위한 문제에 대하여서는 아직 충분한 연구가 이루어 지지 않았다. 복잡성-포스트 케인지언(complexity-Post Keynesian) 거시 경제 모형이 완성된다면 그것은 어떠한 형태를 가질 것인가? 그것은 원자론적 경제주체에 대한 가정에서 출발하는 모형화에 의존하고 있기 때문에, 구성된 모형은 일종의 '장난감경제(toy economy)'에 불과할 수 밖에 없다. 그렇다면 그것이 여전히 거시경제학인 것에는 변함이 없을까. 포스트 케인지언에 의한 '원자론적 경제주체 기반' 모형화에 대한 방법론적 함의에 대한 체계적인 분석은 아직까지는 거의 없고, 따라서 향후 미래에 이러한 '복잡계 경제학'과 포스트 케인지언 간의 관계가 어떤 것이 될 것인지는 지금으로서는 알 수 없다.

마지막으로 오스트리아경제학파의 경제학자들과 포스트 케인지언 사이에는 정치적 견해와 방법론 상에 있어서 첨예한 대립이 있다. 오스트리아경제학파는 국가를 문제를 야기시키는 일부로 생각하고, 해결책을 제시하는 주체는 아니라고 보고 있으며 포스트 케인지언의 상당수가 채택하고 있는 폭넓은 사회민주주의적인 입장에는 전혀 공감하지 않고 있다. 이들의 '방법론적 개인주의(methodological individualism)'와 '주관주의(subjectivism)'는 대부분의 포스트 케인지언의 입장과는 너무도 상이한데, 오스트리아경제학파는 때로는 거시경제 이론화의 정당성을 부정하기도 한다.

그러나 공통점 역시 존재하는데, 그것은 '일반 균형이론'이나 신고전학파적인 이론체계 전반에 대하여 모두 공통적으로 반대의 입장을 표명하고 있으며, '본원적 불확실성'과 역사적 시간이 가지는 중요한 역할에 대한 긍정이 그것이다. 이는 '확실성등가 효용(certainty-equivalent utility)'과 이윤 최대화 모형을 명확하게 거부하고, 반대로 기업가의 창조적인 의사결정을 중시하는 것을 의미한다. 조지 셰클(George Shackle 1955)은 이러한 질문들에 대한 연구를 진행하였으며, 두 가지 전통 사이를 연결하는 가교를 형성하였다고 볼 수 있다. 그리고 자발적 경제 진화라는 '창발성(emergent properties)'을 강조하는 오스트리아경제학파의 주장은 주류경제학적인 '미시적 기초' 메타포의 배후에 숨어있는 '미시적 환원'의 원리와는 화합하기 어려운 것이며, 반면 포스트 케인지언과의 많은 공통점을 시사하고 있다.

그러나 오스트리아경제학파의 거시경제 이론의 측면에서는 양 조류의 차이가 극명하게 드러난다. 투자와 저축의 관계는 그들의 분석의 중심에 있기는 하지만, '시장이자율'과 '자연이자율'의 차이에 중점을 둔 빅셀 방식으로 취급되고 있다(Horwitz 2000). 1980년대 오스트리아경제학파의 이론가 제럴드 오드리스콜(Gerald O'Driscoll)과 마리오 리조(Mario Rizzo)가 신고전학파와의 싸움에서 폴 데이빗슨을 자기편으로 끌어들이려 하였을 때 데이빗슨이 거부하였던 것은 그다지 놀라운 일이 아니다. 데이빗슨에 의하자면, 오스트리아경제학파는 케인즈가 거부하였던 케인즈이전의 고전학파경제학 상의 세가지 주요 공리 모두를 수용하고 있다: 화폐의 중립성[역주 109], '조대체성(gross substitution)', (논란의 여지가 있지만) '에르고드성(ergodicity)'이 그것들이다(King 2002, pp. 230-33). 이러한 길지 않은 기간 중의 상호 소통을 전후하여 그 이후로는 포스트 케인지언과 오스트리아경제학파는 서로간에 상호 화합할 수 없는 것처럼 보여지는 차이에 대하여서는 그저 단순히 서로를 무시하는 것으로 대응하여 왔다.

9.6. '다원주의'에 대한 재고찰

나는 과연 비주류 경제학이 통합적인 성격을 가지는 하나의 단일한 지적 프로젝트로서 존재하였는지, 그래서 교조주의 주류 경제학에 심각한 도전장을 던질 가능성이 있는지의 여부에 관한 다소 논쟁적인 주제에 대하여 언급하면서 이 장을 시작하였다. 이에 나는 에드워드 풀브룩(Edward Fullbrook)이 발전시킨 다소 덜 극단적인 입장에 대하여 시지하는 것으로서 이 장을 마치려

[역주 109] 하지만 후예들의 견해와는 달리, 오스트리아 경제학파의 창시자인 칼 맹거(Carl Menger)나 비저(Frederich von Wieser)는 화폐의 중립성을 강하게 부정하고 있다. 맹거의 견해를 알기 위하여서는 다음 논문의 숙독이 필수적이다. Menger, Carl. (2002/1909) 'Money' Leland B. Yeager and Monika Streissler (tr.), in Michael Latzer and W. Stefan (eds.) (2002), *Carl Menger and the Evolution of Payments Systems From Barter to Electronic Money*, Edward Elgar.

고 한다. 그는 《Post-Autistic Economics Review》라고 하는, 현재는 개명하여 《Real-World Economics Review》로 알려져 있는, 그 자신이 동료들과 함께 2011년 설립한 《The World Economics Association》*이 발행하는 e-저널의 편집자이다. 풀브룩의 주장에 의하면, 비신고전학파 경제학자들이 마침내 자신들의 견해를 보호하기 위하여 결집되고 있다고 하는데, 이는 소위 뉴정치경제학(New Political Economy)의 10개의 공유 원칙에 기반하고 있다. 뉴정치경제학은 그들이 모두 거부하는 구 정치경제학(Old Political Economy)과는 차별화된다.

이들 10개 원칙을 정리하자면 다음과 같다. (1) '다원론'을 위한 필요성이 존재하며, (2) 많은 경제 현상의 기저에 있는 '존재론(ontology)'은 형식적인 모형화 및 수학적인 연역과는 친화적이지 않으며, (3) 경제분석은 형식적 모형에 기초하는 것이 아니라 현실에 기반하여야 하며, (4) '균형'을 중시하기보다는 '불균형'에 대한 분석이 필요하며 (5) 시장적 청산보다는 오히려 비시장적 청산이 중요하고, (6) 개인의 선호가 안정적이라는 가정과 합리적 극대화 행동에 대한 가정을 부정하며 (7) '창발성(emergent properties)'이 존재하기 때문에 미시적 환원은 불가능하고 또한 '미시적 기초'라는 메타포는 적용할 수 없으며, (8) '비(非)에르고드성'이 중요하고 (9) 경제라는 것은 지구라는 큰 장소의 부분 집합일 뿐이고, 그 반대는 아니며, (10) 실증적(positive) 명제와 규범적인 명제 간에 명확한 경계선을 설정하는 것은 불가능하다는 것이다. 이들 원칙들은 이미 20세기 초 자연과학에서 일어난 '다원론자 혁명(pluralist revolution)'에서 충분히 인정되었던 바이지만, 경제학에서는 수용되지 않고 있다고 풀브룩은 이야기한다. 그러나 이들 원칙은 포스트 케인지언과 이 장에서

---

* www.worldeconomicsassociation.org

논의한 여타 비주류 경제학 조류들의 대부분(전부는 아니더라도)과의 사이에 장기적으로 협력을 모색하기 위한 공식을 제공할 것으로 생각된다.

10. 마지막 질문들

포스트 케인지언 경제학에 미래는 있는 것인가? 그렇다면 그 미래는 어떤 것일까? 나는 2000년에 접어들었던 시점에서 이러한 질문을 제기한 바 있었다(King 2002, pp. 255-60). 나는 네 가지 가능성을 검토할 필요가 있다고 제안하였다. 첫 번째로, 포스트 케인지언 경제학이 경제학과로부터 대학내의 다른 사회과학 부문이나 대학 외의 연구기관으로의 이행될 가능성이다. 둘째, 포스트 케인지언은 자신들이 주장하여 온 이론적 입장이나 정책 제안이 받아들여지도록 하는 과정에서 자연스럽게 주류 경제학 내로 흡수될 가능성이 있다. 셋째, 포스트 케인지언은 비주류 경제학이라는 보다 광의의 조류에 편입되는 가능성인데, 이러한 과정은 일부 옵서버가 이야기 하였듯이 이미 진행 중이다. 마지막으로 이들은 간신히 연명하는 소수파로 명맥을 이어나갈 가능성이 있다. 그런데 나는 이 네 번째가 중기적인 전망으로서는 가장 가능성이 높다고 예측하였으며, 적어도 지금까지는 이 점에서는 내 생각이 틀리지 않았다고 결론지었다.

어떻게 보면 오늘날 포스트 케인지언들은, 최소한 영어권에 있어서는 일종의 사면초가적인 느낌을 강하게 가지고 있다. 프레드 리는 그의 연구를 통하여, 영국의 연구 평가 기관인《Research Assessment Exercise》가 비주류 경제학의 거의 전 분야에 있어서 자행한 악행에 대하여 서술하고 있으며, 호주의 경우에는《The Cambridge Journal of Economics》을 제외한 모든 비주류 경제학 논문 저널들을 "A*"와 "A" 평가로부터 배제시켜 버렸는데, 그로 인하여 비교적 소수의 포스트 케인지언은 생존 자체가 더욱 더 야심적인 목표가 되어 버렸다. 캐나다와 미국에서는 그만큼 노골적이지는 않지만 아마도 장기적으로는 마찬가지로 서서히 그러한 편견이 작용할 것이다. 또한 이들 나라에서는 대학 관리자가 가진 권력의 증대가 학문의 자유를 침해하고 있으며, 그나마 남아있는 경제학에 있어서의 '다원론'적 접근 방식에 심각한 위협을 주고 있다. 유럽의 몇몇 나라에서도 포스트 케인지언 경제학은 그들과는 무관한 타인들 간의 지적인 전쟁이나, 혹은 경영권 전쟁에 휘말려 들고 있다.

그러나 경제학이라는 학문 세계 자체에서는 사태는 더욱 악화되고 있는 것으로 보인다. 인류학, 경제 지리학, 심리학, 정치학, 사회학에는 단일하고 배타적인 일원적인 주류라는 것은 존재하지 않는다(Backhouse and Fontaine 2010). 또한 엘가 출판사가 발행하는 '상급입문' 시리즈에서 보여지는 바처럼, 국제정치경제학 분야에서도 패러다임적 성격을 가지는 이론들이 다양하게 제시되어 있기에 놀라울 정도이다(Cohen 2014). 왜 경제학만이 배타적이고 일원론적인 주류에 의하여 지배되는 사회과학인가. 그러한 것을 치유하기 위하여서는 어떤 방법을 취하여만 하는가.

나는 지난 수 년 동안 이러한 질문에 대하여 계속 자문해왔지만 아직도 답이 있다고는 확신하지 못한다(실제로 위의 두 번째 질문에 대한 답은 없을지도 모른다). 물리학에 대한 동경이 거의 확실하게 첫 번째 질문에 대한 대답이다. 진정한 과학은 방정식에 의하여 이루어진다는 것이 주류 경제학자들의 믿음이며, 거시경제학에 있어서는 그들의 믿음은 소위 '동태확률일반균형(*dynamic stochastic general equilibrium* ; DSGE)'모형으로 구현되어 있다. 그들의 견해에 따르면, 포스트 케인지언 이론은 '과학적' 경제학이 단순히 아닌 것이다. 또한 정책적이며 정치적 차원의 이유도 존재한다. 제 8장에서 본 것처럼 매우 강력한 권력을 가진 기득권의 이해는, '자본자산가격결정모형(CAPM; *Capital Asset Pricing Model*)'과 '효율적시장가설(*efficient markets hypothesis*)'을 잘 악용하여 금융 규제를 대폭 약화시키고(적어도 단기적으로는) 그로 인하여 자신들의 이윤을 대폭 증대시켜 왔다. 그리고 '규제적포획(*regulatory capture*)'이라는 악질적인 현상은 산업 규제 당국뿐만 아니라 중앙은행에도 해당한다. 헤지 펀드 운영자, 주류 경제학자, 중앙은행 관료 등 모든 관련 당사자들은 화폐나 금융정책에 대한 반대 의견을 제시하는 경우 그것은 '타당한 경제학이 아니다'라는 식으로 폄하하는 입장을 고수하고 있다.

이러한 상황에서는 포스트 케인지언들은 그들의 이주 전략에 대하여 심사 숙고할 필요가 있을지도 모른다. 그들은 다른 사회과학과의 연계를 다지는 것과 동시에 여타 다른 학문 분야에서 연구하고 있는 학자들과 현재 보다 훨씬 더 공동 연구를 모색하는 것이 바람직하다. 이미 공공정책, 국제정치경제학, 정치학, 사회학과에서 연구를 하고 있는 학자들도 있고, 혹은 심지어 비지니스 스쿨에서 자리를 잡고 있는 사람도 있다. 하지만 이러한 '다학제성'을 추구하는 것은 그에 상응하는 비용을 수반하는데, 이에는 서로간의 상이한 학문적 배경, 패러다임의 차이, 서로 상이한 학문적 원칙을 가지고 있음으로 인하여 사용되는 이론적 언어 상의 차이 등에 기인하는 소통 상의 문제가 그것이다. 따라서 현명한 대체 방안이 필요하다.

한가지 방법은 팀 쏜톤(*Tim Thornton* 2013)이 제창한 바로서, 그것은 시드니 대학교에서 수 십 년 동안 지속되어온 '정치경제학과'의 성공적인 경험에서 기반하는 것이다(Butler et al. 2009). 쏜톤은 경제학은 사회과학이라는 날개가 필요하다는 판단하게 사회과학 단과대학 가운데 '정치경제학'이라는 독립된 학문 분야를 설립하도록 독려하고 있다. 포스트 케인지언은 그러한 학문 분야에서의 대표적 위치를 점하고 있기에 당연히 이러한 제안에 만족스럽게 느낄 것이다. 만일 그렇지 못할 경우 그들은 스스로를 재생산할 다른 방법을 찾아야 할 것이다. 특히, 주류 경제학 커리큘럼 내에서 포스트 케인지언에 관한 과목을 중심 과목 중의 하나로 편입시키는 것이다(캐나다에 있어서 매우 건설적이고 명쾌한 사례 연구에 대하여서는 Lavoie 2013을 참조). 그 과정에서 그들은 '경제학에서의 다원화를 위한 국제연합(*International Confederation of Associations for Pluralism in Economics*)'*과 상호 교류하며 많은 도움을 얻게 될 것이다.

너무 비관적인 어조로 책을 끝내는 것은 잘못이다. 학생 자신들은 주류 경제학의 현재와 같은 모습에 모두 만족하는 것은 아니다. '포스트 자폐적 경제학 운동(*the Post-Autistic Economics movement*)'을 촉발한 프랑스 학생들이 이전에 표출하였던 불만을 반영하여(Fullbrook 2003), 2013년 후반 맨체스터 대학에서는 《포스트 크래시 경제학 협회(the Post-Crash Economics Society)》를 설립하여 그들 자신에 부과된 지나치게 협소한 경제학 교과 과목 상의 개혁을 요구하는 캠페인을 개시하였다. 2014년 중반까지는 호주에서 우루과이까지 19개국의 42개 대학 경제학 관련 단체들이 모여서 이론적, 방법론적, 다학제적, 그리고 '다원론'적 접근 방법을 경제학 커리큘럼의 핵심에 도입할 것을 요구하는 ISIPE(*International Student Initiative for Pluralism in Economics*)를 설립하였고 그 운동이 유지되고 있다.**

이러한 학생운동은, 학생 신분 자체가 일시적인 것이기에 따라서 그 성격 상 단명하기 쉽다. 그러나 본서의 집필 시점(2014년 12월)에 있어서는 ISIPE가 비주류 경제학 경제학의 장래와, 그리고 이러한 비주류 경제학의 중요한 구성 요소로서의 포스트 케인지언 경제학에 진정한 희망을 제공하고 있다고 생각된다.

---

* www.icape.org

** www.isipe.net

참고문헌

2장

Akerlof, G. and R. Shiller. 2009. *Animal Spirits: How Human Psychology Drives the Economy, and Why It Matters for Global Capitalism*, Princeton, NJ: Princeton University Press.

Chick, V. 1983. *Macroeconomics after Keynes*, Oxford: Philip Allan.

Davidson, P. 1972. *Money and the Real World*, London: Macmillan.

Davidson, P. 2009. *The Keynes Solution: The Path to Global Economic Prosperity*, Basingstoke: Palgrave Macmillan.

Davidson, P. 2011. *Post Keynesian Macroeconomic Theory: A Foundation for Successful Economic Policies for the Twenty-first Century*, second edn, Cheltenham, UK and Northampton, MA, USA: Edward Elgar.

Gabor, D. 2014. "The political economy of repo markets", Mimeo, University of Western England, Bristol.

Hayes, M.G. 2006. *The Economics of Keynes: A New Guide to the General Theory*, Cheltenham, UK and Northampton, MA, USA: Edward Elgar.

Hein, E. 2014. *Distribution and Growth after Keynes: A Post Keynesian Guide*, Cheltenham, UK and Northampton, MA, USA: Edward Elgar.

Hein, E. and E. Stockhammer(eds). 2011. *A Modern Guide to Keynesian Macroeconomics and Economic Policies*, Cheltenham, UK and Northampton, MA, USA: Edward Elgar.

Kaldor, N. 1970. "The new monetarism", *Lloyds Bank Review*, 97, 1-18, reprinted in N. Kaldor(1978), *Further Essays in Applied Economics*, London: Duckworth, pp. 1-21.

Kaldor, N. 1982. *The Scourge of Monetarism*, Oxford: Oxford University Press.

Kalecki, M. 1943. "Political aspects of full employment", *Political Quarterly*, 14(4), October-December, 322-31, reprinted in J. Osiatýnski(ed.)(1990), *Collect-*

Kalecki, M. 1954. *Theory of Economic Dynamics. An Essay on Cyclical and Long-Run Changes in Capitalist Economy*, London: Allen and Unwin, reprinted in J. Osiatýnski(ed.)(1991), *Collected Works of Michał Kalecki. Volume 2. Capitalism, Economic Dynamics*, Oxford: Clarendon Press, pp. 205-348.

Keynes, J.M. 1936. *The General Theory of Employment, Interest and Money*, London: Macmillan.

Keynes, J.M. 1937. "The general theory of employment", *Quarterly Journal of Economics*, 51(2), February, 209-23.

King, J.E. 2013. "Whatever happened to the crucial reform?", in R. Bellofiore, E. Karwowski and J. Toporowski(eds), *Economic Crisis and Political Economy: Volume 2 of Essays in Honour of Tadeusz Kowalik*, Basingstoke: Palgrave Macmillan, pp. 29-41.

Meade, J.E. 1975. "The Keynesian revolution", in M. Keynes(ed.), *Essays on John Maynard Keynes*, Cambridge: Cambridge University Press, pp. 82-8.

Minsky, H.P. 1986. *Stabilizing an Unstable Economy*, New Haven, CT: Yale University Press, second edition 2008, New York: McGraw-Hill.

Minsky, H.P. 1987. "Securitization", Policy Note 2008/2, Levy Economics Institute of Bard College, Annadale-on-Hudson, NY.

Perlman, R. 1969. *Labor Theory*, New York: Wiley.

Rotheim, R. 1981. "Keynes's monetary theory of value(1933)", *Journal of Post Keynesian Economics*, 3(4), Summer, 568-85.

Sawyer, M. 1985. *The Economics of Michał Kalecki*, Basingstoke: Macmillan.

Schneider, M.P. 2010. "Keynesian income determination diagrams", in M. Blaug and P. Lloyd(eds), *Famous Figures and Diagrams in Economics*, Cheltenham, UK and Northampton, MA, USA: Edward Elgar, pp. 337-47.

Steindl, J. 1990. *Economic Papers 1941-88*, Basingstoke: Macmillan.

Thirlwall, A.P. 1993. "The renaissance of Keynesian economics", *Banca Nazionale del*

Lavoro Quarterly Review, 186, September, 327-37.

Toporowski, J. 2013. *Michał Kalecki. Volume 1, Rendezvous in Cambridge, 1899-1939, Basingstoke*: Palgrave Macmillan.

Wickens, M. 2008. *Macroeconomic Theory: A Dynamic General Equilibrium Approach*, Princeton, NJ: Princeton University Press.

3장

Altzinger, W., A. Guger, P. Mooslechner and E. Nowotny(eds). 2014. *Economics as a Multi-paradigmatic Science: In Honour of Kurt W. Rothschild*(1914-2010), Vienna: Oesterreichische Nationalbank(this is an electronic book, available at http://epub.wu.at/4305).

Arestis, P. 1992. *The Post-Keynesian Approach to Economics*, Aldershot, UK and Brookfield, VT, USA: Edward Elgar.

Arestis, P. 2009. "New Consensus macroeconomics and Keynesian critique", in E. Hein, T. Niechoj and E. Stockhammer(eds), *Macroeconomic Policies on Shaky Foundations: Whither Mainstream Economics?*, Marburg: Metropolis, pp. 165-85.

Chick, V. 1992. *On Money, Method and Keynes: Selected Essays*, Aldershot, UK and Brookfield, VT, USA: Edward Elgar.

Cornwall, W. 2012. "New Keynesian economics", in J.E. King(ed.), *The Elgar Companion to Post Keynesian Economics*, second edn, Cheltenham, UK and Northampton, MA, USA: Edward Elgar, pp. 425-9.

Davidson, P. 1972. *Money and the Real World*, London: Macmillan.

Davidson, P. 1982-83. "Rational expectations: a fallacious foundation for studying crucial decision-making processes", *Journal of Post Keynesian Economics*, 5(2), Winter, 182-96.

Davidson, P. 2011. *Post Keynesian Macroeconomic Theory, Second Edition: A Foundation for Successful Economic Policies for the Twenty-first Century*, Cheltenham, UK and Northampton, MA, USA: Edward Elgar.

Dullien, S. 2011. "The New Consensus from a traditional Keynesian and Post-Keynesian perspective: a worthwhile foundation for research, or just a waste of time?", *Economie Appliquée*, 44(1), 173-200.

Eichner, A.S. and J.A. Kregel. 1975. "An essay on Post Keynesian theory: a new paradigm in economics", *Journal of Economic Literature*, 13(4), December, 1293-314.

Forder, J. 2014. *Macroeconomics and the Phillips Curve Myth*, Oxford: Oxford University Press.

Friedman, M. 1968. "The role of monetary policy", *American Economic Review*, 58(1), March, 1-17.

Harcourt, G.C. 1972. *Some Cambridge Controversies in the Theory of Capital*, Cambridge: Cambridge University Press.

Heilbroner, R.L. and W. Milberg. 1995. *The Crisis of Vision in Modern Economic Thought*, Cambridge: Cambridge University Press.

Hicks, J.R. 1932. *The Theory of Wages*, London: Macmillan, second edition 1963.

Kaldor, N. 1956. "Alternative theories of distribution", *Review of Economic Studies*, 23(2), 83-100.

Kaldor, N. 1982. *The Scourge of Monetarism*, Oxford: Oxford University Press.

Keynes, J.M. 1936. *The General Theory of Employment, Interest and Money*, London: Macmillan.

King, J.E. 2002. *A History of Post Keynesian Economics since 1936*, Cheltenham, UK and Northampton, MA, USA: Edward Elgar.

King, J.E. 2009. *Nicholas Kaldor*, Basingstoke: Palgrave Macmillan.

Klein, L.R. 1947. *The Keynesian Revolution*, London: Macmillan.

Kuhn, T. 1962. *Structure of Scientific Revolutions*, Chicago, IL: University of Chicago Press.

Minsky, H.P. 1975. *John Maynard Keynes*, New York: Columbia University Press.

Moore, B.J. 1988. *Horizontalists and Verticalists: The Macroeconomics of Credit Money*, Cambridge: Cambridge University Press.

Pacella, A. and G. Tortorella Esposito. 2012. "Italy", in J.E. King(ed.), *The Elgar Companion to Post Keynesian Economics*, second edn, Cheltenham, UK and Northampton, MA, USA: Edward Elgar, pp. 320-24.

Palley, T.I. 2008. "After the bust: the outlook for macroeconomics and macroeconomic policy", Mimeo, Economics for Democratic and Open Societies, Washington, DC, December.

Robinson, J. 1956. *The Accumulation of Capital*, London: Macmillan.

Robinson, J. 1972. "The second crisis of economic theory", *American Economic Review*, Papers and Proceedings, 62(2), May, 1-10.

Rogers, C. 2006. "Doing without money: a critical assessment of Woodford's analysis", *Cambridge Journal of Economics*, 30(2), March, 293-306.

Rogers, C. 2013. "The scientific illusion of New Keynesian monetary theory", in G.C. Harcourt and P. Kriesler(eds), *The Oxford Handbook of Post-Keynesian Economics, Volume 1: Theory and Origins*, Oxford: Oxford University Press, pp. 167-87.

Rothschild, K.W.(ed.). 1971. *Power in Economics*, Harmondsworth: Penguin.

Samuelson, P.A. and R.M. Solow. 1960. "Analytical aspects of anti-inflation policy", *American Economic Review*, 50(2), Papers and Proceedings, May, 177-94.

Sraffa, P. 1960. *Production of Commodities by Means of Commodities*, Cambridge: Cambridge University Press.

Steindl, J. 1937. "The trade cycle", trans. J.E. King, *Review of Political Economy*(2008), 20(3), July, 341-8.

Steindl, J. 1952. *Maturity and Stagnation in American Capitalism*, Oxford: Blackwell, second edition 1976, New York: Monthly Review Press.

Stiglitz, J.E. 2010. *Free Fall: America, Free Markets, and the Sinking of the World Economy*, revised edn, New York: Norton.

Vercelli, A. 1991. *Methodological Foundations of Macroeconomics: Keynes and Lucas*, Cambridge: Cambridge University Press.

Weintraub, S. 1978. *Capitalism's Inflation and Unemployment Crisis: Beyond Monetarism and Keynesianism*, Reading, MA: Addison-Wesley.

Woodford, M. 2003. *Interest and Prices: Foundations of a Theory of Monetary Policy*, Princeton, NJ: Princeton University Press.

4장

Birks, S. 2014. *Rethinking Economics: From Analogies to the Real World*, Dordrecht: Springer.

Brown, A. 2012. "Critical realism", in J.E. King(ed.), *The Elgar Companion to Post Keynesian Economics*, second edn, Cheltenham, UK and Northampton, MA, USA: Edward Elgar, pp. 121-6.

Carabelli, A.M. 1988. *On Keynes's Method*, London: Macmillan.

Chick, V. 1998. "On the importance of knowing one's place: the role of formalism in economics", *Economic Journal*, 108(451), November, 1859-69.

Crotty, J. 2013. "The realism of assumptions does matter: why Keynes-Minsky theory must replace efficient market theory as the guide to financial regulation policy", in M.H. Wolfson and G.A. Epstein(eds), *The Handbook of the Political Economy of Financial Crises*, Oxford: Oxford University Press, pp. 133-58.

Dow, S.C. 1996. *The Methodology of Macroeconomic Thought*, Cheltenham, UK and Brookfield, VT, USA: Edward Elgar.

Dow, S.C. 2014. "Consistency in pluralism and microfoundations", Mimeo, University of Stirling.

Downward, P. 2012. "Econometrics", in J.E. King(ed.), *The Elgar Companion to Post Keynesian Economics*, second edn, Cheltenham, UK and Northampton, MA, USA: Edward Elgar, pp. 132-8.

Fontana, G. and B. Gerarrd. 2006. "The future of Post Keynesian economics", *Banca Nazionale del Lavoro Quarterly Review*, 59(236), 49-80.

Friedman, M. 1953. "The methodology of positive economics", in M. Friedman, *Essays in Positive Economics*, Chicago, IL: Chicago University Press, pp. 3-43.

Fullbrook, E.(ed.). 2009. *Ontology and Economics: Tony Lawson and his Critics*, London and New York: Routledge.

Hein, E. 2012. *The Macroeconomics of Finance-dominated Capitalism-and Its Crisis*, Cheltenham, UK and Northampton, MA, USA: Edward Elgar.

Hodgson, G.M. and H. Rothman. 1999. "The editors and authors of economics journals: a case of institutional oligopoly", *Economic Journal*, 109(453), February, F165-F186.

Jefferson, T. and J.E. King. 2011. "Michał Kalecki and critical realism", *Cambridge Journal of Economics*, 35(5), September, 957-72.

Jespersen, J. 2009. *Macroeconomic Methodology: A Post Keynesian Perspective*, Cheltenham, UK and Northampton, MA, USA: Edward Elgar.

Kalecki, M. 1935. "A macro-dynamic theory of business cycles", *Econometrica*, 3(3), July, 327-44, reprinted in J. Osiatýnski(ed.), *Collected Works of Michał Kalecki. Volume 1. Capitalism, Business Cycles and Full Employment*, Oxford: Clarendon Press, 1990, pp. 120-38.

Keynes, J.M. 1921. *A Treatise on Probability*, London: Macmillan; reprinted in *The Collected Writings of John Maynard Keynes*(1973), Vol. VIII, London: Macmillan, 1973.

Keynes, J.M. 1951. *Essays in Biography*, second edn, London: Rupert Hart-Davis.

King, J.E. 2012. *The Microfoundations Delusion: Metaphor and Dogma in the History of Macroeconomics*, Cheltenham, UK and Northampton, MA, USA: Edward Elgar.

King, J.E. 2015. "United States of America", in V. Barnett(ed.), *Routledge Handbook of the History of Global Economic Thought*, London and New York: Routledge, pp. 113-29.

Klein, L.R. 2006. "Paul Samuelson as a 'Keynesian' economist", in M. Szenberg,

L. Ramrattan and A.A. Gottesman(eds), *Samuelsonian Economics and the Twenty-first Century*, Oxford: Oxford University Press, pp. 165-77.

Kriesler, P. 1996. "Microfoundations: a Kaleckian perspective", in J.E. King(ed.), *An Alternative Macroeconomic Theory: The Kaleckian Model and Post-Keynesian Economics*, Boston, MA, Dordrecht and London: Kluwer, pp. 55-72.

Lavoie, M. 2014. *Post-Keynesian Economics: New Foundations*, Cheltenham, UK and Northampton, MA, USA: Edward Elgar.

Lawson, T. 1997. *Economics and Reality*, London and New York: Routledge.

Lawson, T. 2003. *Reorienting Economics*, London and New York: Routledge.

Lawson, T. 2013. "What is the 'school' called neoclassical economics?", *Cambridge Journal of Economics*, 37(5), September, 947-83.

O'Donnell, R.M. 1989. *Keynes: Philosophy, Economics and Politics. The Philosophical Foundations of Keynes's Thought and their Influence on his Economics and Politics*, London: Macmillan.

O'Donnell, R.M. 2014-15. "A critique of the ergodic/non-ergodic approach to uncertainty", *Journal of Post Keynesian Economics*, 37(2), Winter, 187-209.

Rothschild, K.W. 2006. "Economics past and present. An interview with Kurt W. Rothchild", *EAEPE Newsletter*, 36, July-August, 11-14.

Wren-Lewis, S. 2007. "Are there dangers in the microfoundations consensus?", in P. Arestis(ed.), *Is There a New Consensus in Macroeconomics?*, Basingstoke: Palgrave Macmillan, pp. 43-60.

5장

Andrews, P.W.S. 1949. *Manufacturing Business*, London: Macmillan.

Berle, A.A. Jr and G.C. Means. 1932. *The Modern Corporation and Private Property*, New York: Macmillan.

Coutts, K. and N. Norman. 2013. "Post-Keynesian approaches to industrial pricing:

a survey and critique", in G.C. Harcourt and P. Kriesler(eds), *The Oxford Handbook of Post-Keynesian Economics, Volume* 1: *Theory and Origins*, Oxford: Oxford University Press, pp. 443-66.

Danby, C. 2012. "Gender", in J.E. King(ed.), *The Elgar Companion to Post Keynesian Economics*, second edn, Cheltenham, UK and Northampton, MA, USA: Edward Elgar, pp. 250-54.

Eichner, A.S. 1975. *The Megacorp and Oligopoly: Micro Foundations of Macro Dynamics*, Cambridge: Cambridge University Press.

Eichner, A.S. 1987. *The Macrodynamics of Advanced Market Economies*, Armonk, NY: M.E. Sharpe.

Friedman, G. 2014. "Workers without employers: shadow corporations and the rise of the gig economy", *Review of Keynesian Economics*, 2(2), Summer, 171-88.

Galbraith, J.K. 1958. *The Affluent Society*, Boston, MA: Houghton Mifflin.

Galbraith, J.K. 1967. *The New Industrial State*, Boston, MA: Houghton Mifflin.

Glyn, A. 2006. *Capitalism Unleashed: Finance, Globalization, and Welfare*, Oxford: Oxford University Press.

Harcourt, G.C. and P. Kenyon. 1976. "Pricing and the investment decision", *Kyklos*, 29(3), 449-77.

Hein, E. 2012. *The Macroeconomics of Finance-dominated Capitalism-and Its Crisis*, Cheltenham, UK and Northampton, MA, USA: Edward Elgar.

Hirsch, F. 1977. *Social Limits to Growth*, London: Routledge & Kegan Paul.

Jo, T.-H. 2012. "Welfare economics", in J.E. King(ed.), *The Elgar Companion to Post Keynesian Economics*, second edn, Cheltenham, UK and Northampton, MA, USA: Edward Elgar, pp. 593-8.

Jo, T.-H. and Z. Todorova(eds). 2015. *Advancing the Frontiers of Heterodox Economics: Essays in Honor of Frederic Sterling Lee*, London and New York: Routledge.

Kalecki, M. 1937. "The principle of increasing risk", *Economica*, n.s., 4(16), November, 440-47.

Kalecki, M. 1971. "Class struggle and the distribution of national income", *Kyklos*, 24(1), 1-9.

Keynes, J.M. 1930. "Economic possibilities for our grandchildren", reprinted in L. Pecchi and G. Piga(eds)(2008), *Revisiting Keynes: Economic Possibilities for our Grandchildren*, Cambridge, MA: MIT Press, pp. 17-26.

Keynes, J.M. 1936. *The General Theory of Employment, Interest and Money*, London: Macmillan.

King, J.E. 1995a. *Conversations with Post Keynesians*, Basingstoke: Macmillan.

King, J.E. 1995b. "Outside the mainstream: Josef Steindl's Economic Papers 1941-88", *Cambridge Journal of Economics*, 19(3), June, 463-75.

King, J.E. 2001. "Labour and unemployment", in R.P.F. Holt and S. Pressman(eds), *A New Guide to Post Keynesian Economics*, London and New York: Routledge, pp. 65-78.

Lavoie, M. 2014. *Post-Keynesian Economics: New Foundations*, Cheltenham, UK and Northampton, MA, USA: Edward Elgar.

Lee, F.S. 1998. *Post Keynesian Price Theory*, Cambridge: Cambridge University Press.

Lee, F.S. 2013. "Post-Keynesian price theory: from pricing to market governance to the economy as a whole", in G.C. Harcourt and P. Kriesler(eds), *The Oxford Handbook of Post-Keynesian Economics, Volume 1: Theory and Origins*, Oxford: Oxford University Press, pp. 467-84.

Robinson, J. 1937. "The economic system in a socialist state", reprinted in E. Homberger, W. Janeways and S. Scharma(eds)(1970), *Ninety Years of the "Cambridge Review"*, London: Jonathan Cape, pp. 50-54.

Robinson, J. 1969. "Preface to the second edition" of J. Robinson, *The Economics of Imperfect Competition*, London: Macmillan, pp. v-xii(first published in 1933).

Rothschild, K.W. 1945. "Wages and risk-bearing", *Oxford Bulletin of Statistics*, 7(11-12), September, 193-8.

Simon, H.A. 1991. *Models of My Life*, New York: Basic Books.

Skidelsky, R. and E. Skidelsky. 2012. *How Much Is Enough? The Love of Money and the Case for the Good Life*, London: Allen Lane.

Slater, G. and D. Spencer. 2014. "Workplace relations, unemployment and finance-dominated capitalism", *Review of Keynesian Economics*, 2(2), Summer, 134-46.

Stiglitz, J.E. 1987. "The causes and consequences of the dependence of quality upon price", *Journal of Economic Literature*, 25(1), March, 1-48.

Stiglitz, J.E. 2008. "Towards a general theory of consumerism: reflections on Keynes's *Economic Possibilities for our Grandchildren*", in L. Pecchi and G. Piga(eds), *Revisiting Keynes: Economic Possibilities for our Grandchildren*, Cambridge, MA: MIT Press, pp. 41-85.

Sylos-Labini, P. 1961. *Oligopoly and Technical Progress*, Cambridge, MA: Harvard University Press.

Szego, A. 1991. "The logic of a shortage economy: a critique of Kornai from a Kaleckian macroeconomic perspective", *Journal of Post Keynesian Economics*, 13(3), Spring, 328-36.

Wood, A. 1975. *A Theory of Profits*, Cambridge: Cambridge University Press.

6장

Ball, L. 2014. "Long-term damage from the Great Recession in OECD countries", *European Journal of Economics and Economic Policies: Intervention*, 11(2), 149-60.

Blankenburg, S. and G. Palma. 2012. "Economic development", in J.E. King(ed.), *The Elgar Companion to Post Keynesian Economics*, second edn, Cheltenham, UK and Northampton, MA, USA: Edward Elgar, pp. 138-43.

Blatt, J. 1983. *Dynamic Economic Systems: A Post Keynesian Approach*, Armonk, NY: M.E. Sharpe.

Blecker, R. 2013. "Long-run growth in open economies: export-led cumulative causation or a balance-of-payments constraint?", in G.C. Harcourt and P. Kriesler(eds), *The Oxford Handbook of Post-Keynesian Economics, Volume 1: Theory and Origins*, Oxford: Oxford University Press, pp. 390-414.

Chang, H.-J. 2002. *Kicking Away the Ladder: Development Strategy in Historical Perspective*, London: Anthem Press.

Cornwall, J. and W. Cornwall. 2001. *Capitalist Development in the Twentieth Century: An Evolutionary Keynesian Analysis*, Cambridge: Cambridge University Press.

Dobb, M.H. 1973. *Theories of Value and Distribution since Adam Smith: Ideology and Economic Theory*, Cambridge: Cambridge University Press.

Domar, E.D. 1957. *Essays in the Theory of Economic Growth*, Oxford: Oxford University Press.

Dow, J.C.R. 1964. *The Management of the British Economy 1945-60*, Cambridge: Cambridge University Press.

Dutt, A.K. 2002. "Thirlwall's law and uneven development", *Journal of Post Keynesian Economics*, 24(3), Spring, 367-90.

Harcourt, G.C. 1972. *Some Cambridge Controversies in the Theory of Capital*, Cambridge: Cambridge University Press.

Harcourt, G.C. 2006. *The Structure of Post-Keynesian Economics: The Core Contributions of the Pioneers*, Cambridge: Cambridge University Press.

Harrod, R. 1936. *The Trade Cycle*, Oxford: Clarendon Press.

Harrod, R.F. 1939. "An essay in dynamic theory", *Economic Journal*, 49(193), March, 14-33.

Harvey, J.T. 2012. "Exchange rates", in J.E. King(ed.), *The Elgar Companion to Post Keynesian Economics*, second edn, Cheltenham, UK and Northampton, MA, USA: Edward Elgar, pp. 185-9.

Kaldor, N. 1956. "Alternative theories of distribution", *Review of Economic Studies*,

23(2), 83-100.

Kaldor, N. 1957. "A model of economic growth", *Economic Journal*, 67(268), December, 591-624.

Kaldor, N. 1960. "Capitalist evolution in the light of Keynesian economics", in N. Kaldor, *Essays on Economic Stability and Growth*, London: Duckworth, pp. 242-58.

Kaldor, N. 1966. *Causes of the Slow Rate of Economic Growth of the United Kingdom: An Inaugural Lecture*, Cambridge: Cambridge University Press.

Kaldor, N. and J. Mirrlees. 1962. "A new model of economic growth", *Review of Economic Studies*, 29(3), June, 174-92.

Kalecki, M. 1960. "Unemployment in underdeveloped countries", *Indian Journal of Labour Economics*, 3(2), July, 59-61, reprinted in J. Osiatynski(ed.)(1993), *The Collected Works of Michał Kalecki. Volume 5: Developing Economies*, Oxford: Clarendon Press, pp. 3-5.

Kalecki, M. 1971. *Selected Essays on the Dynamics of the Capitalist Economy*, Cambridge: Cambridge University Press.

Keen, S. 2012. "Growth theory", in J.E. King(ed.), *The Elgar Companion to Post Keynesian Economics*, second edn, Cheltenham, UK and Northampton, MA, USA: Edward Elgar, pp. 271-7.

Keen, S. 2013. "A monetary Minsky model of the Great Moderation and the Great Recession", *Journal of Economic Behavior and Organization*, 86, February, 221-35.

Kriesler, P. 2013. "Post Keynesian perspectives on economic development and growth", in G.C. Harcourt and P. Kriesler(eds), *The Oxford Handbook of Post-Keynesian Economics, Volume 1: Theory and Origins*, Oxford: Oxford University Press, pp. 539-55.

Marglin, S. and J. Schor(eds). 1990. *The Golden Age of Capitalism: Reinterpreting the Postwar Experience*, Oxford: Clarendon Press.

McCombie, J.S.L. and A.P. Thirlwall. 1994. *Economic Growth and the Balance-of-*

payments Constraint, Basingstoke: Macmillan.

Milberg, W. 1994. "Is absolute advantage passé? Towards a Post Keynesian/Marxian theory of international trade", in M. Glick(ed.), *Competition, Technology and Money: Classical and Post-Keynesian Perspectives*, Aldershot, UK and Brookfield, VT, USA: Edward Elgar, pp. 220-36.

Nell, E.J. 1998. *The General Theory of Transformational Growth*, Cambridge: Cambridge University Press.

Pasinetti, L.L. 1993. *Structural Economic Dynamics*, Cambridge: Cambridge University Press.

Pasinetti, L.L. 2007. *Keynes and the Cambridge Keynesians: A "Revolution in Economics" to be Accomplished*, Cambridge: Cambridge University Press.

Pigou, A.C. 1936. "Mr J.M. Keynes's general theory of employment, interest and money", *Economica* n.s., May, 115-32.

Robinson, J. 1956. *The Accumulation of Capital*, London: Macmillan.

Robinson, J. 1962. *Essays in the Theory of Economic Growth*, London: Macmillan.

Sardoni, C. 2013. "Marx and the Post-Keynesians", in G.C. Harcourt and P. Kriesler(eds), *The Oxford Handbook of Post-Keynesian Economics, Volume 2: Critiques and Methodology*, Oxford: Oxford University Press, pp. 231-44.

Setterfield, M. 2013. "Endogenous growth: a Kaldorian approach", in G.C. Harcourt and P. Kriesler(eds), *The Oxford Handbook of Post-Keynesian Economics, Volume 1: Theory and Origins*, Oxford: Oxford University Press, pp. 231-56.

Stallings, B. and R. Studart. 2005. *Finance for Development: Latin America in Comparative Perspective*, Washington, DC: Brookings Institution Press.

Stiglitz, J.E. 2006. *Making Globalization Work*, New York: Norton.

Thirlwall, A.P. 2013. *Economic Growth in an Open Developing Economy: The Role of Structure and Demand*, Cheltenham, UK and Northampton, MA, USA: Edward Elgar.

Vera, L.A. 2006. "The balance of payments constrained growth model; a North-South approach", *Journal of Post Keynesian Economics*, 29(1), Fall, 367-90.

7장

Arestis, P. 2013. "Economic theory and policy: a coherent post-Keynesian approach", *European Journal of Economics and Economic Policies*: *Intervention*, 10(2), 243-55.

Aspromourgos, T. 2014. "Keynes, Lerner, and the question of public debt", *History of Political Economy*, 46(3), Fall, 409-33.

Balogh, T. 1982. *The Irrelevance of Conventional Economics*, London: Weidenfeld & Nicolson.

Burger, P. 2003. *Sustainable Fiscal Policy and Economic Stability*: *Theory and Practice*, Cheltenham, UK and Northampton, MA, USA: Edward Elgar.

Culham, J. and J.E. King. 2013. "*Horizontalists and Verticalists* after 25 years", *Review of Keynesian Economics*, 1(4), 391-405.

D'Arista, J. and K. Erturk. 2013. "Global imbalances and the international monetary system: problems and proposals", in M.H. Wolfson and G.A. Epstein(eds), *The Handbook of the Political Economy of Financial Crises*, Oxford: Oxford University Press, pp. 230-47.

Davidson, P. 2009. *The Keynes Solution*: *The Path to Global Economic Prosperity*, Basingstoke: Palgrave Macmillan.

Dow, J.C.R. 1964. *The Management of the British Economy* 1945-60, Cambridge: Cambridge University Press.

Fontana, G. and M. Sawyer. 2013. "Post-Keynesian and Kaleckian thoughts on ecological macroeconomics", *European Journal of Economics and Economic Policies*: *Intervention*, 10(2), 256-67.

Godley, W. and M. Lavoie. 2007. *Monetary Economics*: *An Integrated Approach to Credit, Money, Income, Production and Wealth*, Basingstoke: Palgrave

Macmillan.

Grahl, J. and P. Lysandrou. 2003. "Sand in the wheels or spanner in the works? The Tobin tax and global finance", *Cambridge Journal of Economics*, 27(4), July, 597-621.

Hart, N. 2011. "Macroeconomic policy and Abba Lerner's system of functional finance", *Economic Papers*, 30(2), June, 208-17.

Hermann, U. 2014. "Bundesbank: Löhne müssen steigen!"("Bundesbank: real wages must rise"), *Die Tageszeitung*(Berlin), 22 July, p. 5.

Holt, R.P.F., S. Pressman and C. Spash(eds). 2009. *Post Keynesian and Ecological Economics: Confronting Environmental Issues*, Cheltenham, UK and Northampton, MA, USA: Edward Elgar.

Kaldor, N. 1964. "Prospects of a wages policy for Australia", *Economic Record*, 40(90), June, 145-55.

Kaldor, N. 1982. *The Scourge of Monetarism*, Oxford: Oxford University Press.

Keynes, J.M. 1936. *The General Theory of Employment, Interest and Money*, London: Macmillan.

Lerner, A.P. 1943. "Functional finance and the federal debt", *Social Research*, 10(1), February, 38-51.

Lerner, A.P. 1944. *The Economics of Control: Principles of Welfare Economics*, New York: Macmillan.

Minsky, H.P. 1982. *Can "It" Happen Again? Essays on Instability and Finance*, Armonk, NY: M.E. Sharpe.

Minsky, H.P. 2008. *Stabilizing an Unstable Economy*, second edn, New York: McGraw-Hill.

Palley, T. 2004. "Asset based reserve requirements: reasserting domestic monetary control in an era of financial innovation and instability", *Review of Political Economy*, 16(1), January, 43-53.

Perry, N. 2013. "Environmental economics and policy", in G.C. Harcourt and P. Kriesler(eds), *The Oxford Handbook of Post-Keynesian Economics, Vol-*

ume 2: *Critiques and Methodology*, Oxford: Oxford University Press, pp. 391-411.

Pigou, A.C. 1937. *Socialism versus Capitalism*, London: Macmillan.

Pixley, J., S. Whimster and S. Wilson. 2013. "Central bank independence: a social economic and democratic critique", *Economic and Labour Relations Review*, 24(1), March, 32-50.

Pollin, R., H. Garrett-Peltier, J. Heintz and B. Hendricks. 2014. *Green Growth: A U.S. Program for Controlling Climate Change and Expanding Employment Opportunities*, Amherst, MA: Center for American Progress.

Pressman, S. 2014. "Keynes, family allowances, and Keynesian economic policy", *Review of Keynesian Economics*, 2(4), 508-26.

Sawyer, M.C. 2003. "Employer of last resort: could it deliver full employment and price stability?" *Journal of Economic Issues*, 37(4), December, 881-907.

Skidelsky, R. 2009. *Keynes: The Return of the Master*, London: Allen Lane.

Stockhammer, E. and O. Onaran. 2013. "Wage-led growth: theory, evidence, policy", *Review of Keynesian Economics*, 1(4), Winter, 61-78.

Tcherneva, P.R. 2012. "Permanent on-the-spot job creation-the missing Keynes plan for full employment and economic transformation", *Review of Social Economy*, 70(1), March, 57-80.

Tinbergen, J. 1956. *Economic Policy: Principles and Design*, Amsterdam: North-Holland.

Ussher, L.J. 2009. "Global imbalances and the key currency regime: the case for a commodity reserve currency", *Review of Political Economy*, 21(3), July, 403-21.

Victor, P.A. 2008. *Managing Without Growth: Slower by Design, Not Disaster*, Cheltenham, UK and Northampton, MA, USA: Edward Elgar.

Wallich, H.C. and E.R. Weintraub. 1971. "A tax-based incomes policy", *Journal of Economic Issues*, 5(2), June, 1-19.

Wray, L.R. 1998. *Understanding Modern Money: The Key to Full Employment and*

Price Stability, Cheltenham, UK and Lyme, NH, USA: Edward Elgar.

Wray, L.R. 2006. "To fix or float: theoretical and pragmatic considerations", in L.-P. Rochon and S. Rossi(eds), *Monetary and Exchange Rate Systems: A Global View of Financial Crises*, Cheltenham, UK and Northampton, MA, USA: Edward Elgar, pp. 210-31.

Wray, L.R. 2014. "From the state theory of money to modern money theory: an alternative to economic orthodoxy", Working Paper No. 792, Levy Economics Institute of Bard College, Annandale-on-Hudson, NY.

8장

Arestis, P. 1986. "Post Keynesian economic policies: the case of Sweden", *Journal of Economic Issues*, 20(3), September, 709-23.

Arestis, P. and M. Sawyer. 2008. "A critical consideration of the foundations of monetary policy in the new consensus macroeconomic framework", *Cambridge Journal of Economics*, 32(5), September, 761-79.

Barba, A. and M. Pivetti. 2009. "Rising household debt: its causes and macroeconomic implications-a long-period analysis", *Cambridge Journal of Economics*, 33(1), January, 113-27.

Barberis, N. and. R. Thaler. 2003. "A survey of behavioral finance", in G.M. Constantindes, M. Harris and R.M. Stulz(eds), *Handbook of the Economics of Finance: Volume 1B: Financial Markets and Asset Pricing*, Amsterdam: Elsevier, pp. 1053-123.

Buiter, W.H. 2010. "The limits to fiscal stimulus", *Oxford Review of Economic Policy*, 26(1), Spring, 48-70.

Dallery, T. 2009. "Post-Keynesian theory of the firm under financialization", *Review of Radical Political Economics*, 41(4), Fall, 492-515.

Davidson, P. 2002. "Globalization", *Journal of Post Keynesian Economics*, 24(3), Spring, 475-92.

Davidson, P. 2008. "Is the current financial distress caused by the subprime mortgage crisis a Minsky moment? Or is it the result of attempting to securitize illiquid noncommercial mortgage loans?", *Journal of Post Keynesian Economics*, 30(4), Summer, 669-76.

Davidson, P. 2009. *The Keynes Solution: The Path to Global Economic Prosperity*, Basingstoke: Palgrave Macmillan.

Gabor, D. 2014. "The political economy of repo markets", Mimeo, University of Western England, Bristol.

Hein, E. 2012. *The Macroeconomics of Finance-dominated Capitalism-and Its Crisis*, Cheltenham, UK and Northampton, MA, USA: Edward Elgar.

Hein, E. and T. van Treeck. 2010. "Financialisation in Post-Keynesian models of distribution and growth-a systematic review", in M. Setterfield(ed.), *Handbook of Alternative Theories of Economic Growth*, Cheltenham, UK and Northampton, MA, USA: Edward Elgar, pp. 277-92.

Howard, M.C. and J.E. King. 2008. *The Rise of Neoliberalism in Advanced Capitalism: A Materialist Analysis*, Basingstoke: Palgrave Macmillan.

Jarsulic, M. 2013. "The origins of the US financial crisis of 2013", in M.H. Wolfson and G.A. Epstein(eds), *The Handbook of the Political Economy of Financial Crises*, Oxford: Oxford University Press, pp. 21-46.

Kapeller, J. and B. Schütz. 2014. "Debt, boom, bust: a theory of Minsky-Veblen cycles", *Journal of Post Keynesian Economics*, 36(4), Summer, 781-814.

King, J.E. 2010. "Reflections on the global financial crisis", in S. Kates(ed.), *Macroeconomic Theory and Its Failings: Alternative Perspectives on the World Financial Crisis*, Cheltenham, UK and Northampton, MA, USA: Edward Elgar, pp. 143-58.

King, J.E. 2011. "Four theses on the global financial crisis", in S. Kates(ed.), *The Global Financial Crisis: What Have We Learned?*, Cheltenham, UK and Northampton, MA, USA: Edward Elgar, pp. 126-37.

King, J.E. 2015. "A Post Keynesian critique of Swabian housewife logic", in A. Bitzenis, N. Karagiannis and J. Marangos(eds), *Europe in Crisis*, Basingstoke: Palgrave Macmillan, pp. 29-43.

Koo, R. 2008. *The Holy Grail of Macroeconomics: Lessons from Japan's Great Recession*, Hoboken, NJ: John Wiley.

Koo, R. 2013. "Balance sheet recession as the 'other half' of macroeconomics", *European Journal of Economics and Economic Policies: Intervention*, 10(2), 136-57.

Lazonick, W. 2013. "From innovation to financialization: how shareholder value ideology is destroying the US economy", in M.H. Wolfson and G.A. Epstein(eds), *The Handbook of the Political Economy of Financial Crises*, Oxford: Oxford University Press, pp. 491-511.

LiPuma, E. and B. Lee. 2004. *Financial Derivatives and the Globalisation of Risk*, Durham, NC: Duke University Press.

Minsky, H.P. 1987. "Securitization", Policy Note 2008/2, Levy Economics Institute of Bard College, Annadale-on-Hudson, NY.

Minsky, H.P. 1988. "Back from the brink", *Challenge*, 31(1), January-February, 22-8.

Mirowski, P. 2013. *Never Let a Serious Crisis Go to Waste: How Neoliberalism Survived the Financial Meltdown*, London and New York: Verso.

Onaran, Ö. and G. Galanis. 2012. *Is Aggregate Demand Wage-led or Profit-led? National and Global Effects*, Geneva: International Labour Organization, Conditions of Work and Employment Series No. 40.

Palley, T. 2013. "Monetary policy and central banking after the crisis", in M.H. Wolfson and G.A. Epstein(eds), *The Handbook of the Political Economy of Financial Crises*, Oxford: Oxford University Press, pp. 624-43.

Philo, G. 2010. "It's time to tax the rich", *Guardian Weekly*, 20 August, p. 18.

Pigou, A.C. 1918. "A special levy to discharge war debt", *Economic Journal*, 28(110), June, 135-56.

Silver, D. 2013. "Deregulation and the new financial architecture", in M.H. Wolfson and G.A. Epstein(eds), *The Handbook of the Political Economy of Financial Crises*, Oxford: Oxford University Press, pp. 430-46.

Stockhammer, E. 2013. "Financialization and the global economy", in M.H. Wolfson and G.A. Epstein(eds), *The Handbook of the Political Economy of Financial Crises*, Oxford: Oxford University Press, pp. 512-25.

Tobin, J. 1987. "On the efficiency of the financial system", in J. Tobin, *Policies for Prosperity: Essays in a Keynesian Mode*, Brighton: Wheatsheaf, pp. 282-96.

Truger, A. 2013. "Austerity in the euro area: the sad state of economic policy in Germany and the EU", *European Journal of Economics and Economic Policies: Intervention*, 10(2), 158-74.

Turner, A. 2009. *The Turner Review: A Regulatory Response to the Global Banking Crisis*, London: Financial Services Authority.

Tymoigne, É. 2010. "The US mortgage crisis: subprime or systemic?", in G.N. Gregoriou(ed.), *Banking Crisis*, London: Taylor and Francis.

Urschitz, J. 2010. "Das hilflose Zappeln im Schuldennetz"("Wriggling helplessly in the web of debt"), *Die Presse*(Vienna), leading article, 5 May, available at http://diepresse.co./meinung/kommentare/leitartikel/563097/print.do(accessed 6 May 2010).

Watts, M. and T. Sharpe. 2013. "Immutable laws of debt dynamics", *Journal of Post Keynesian Economics*, 36(1), Fall, 59-84.

Whyman, P. 2006. "Post-Keynesianism, socialisation of investment and Swedish wage-earner funds", *Cambridge Journal of Economics*, 30(1), February, 49-68.

Wickens, M. 2008. *Macroeconomic Theory: A Dynamic General Equilibrium Approach*, Princeton, NJ: Princeton University Press.

Wolfson, M.H. 2013. "An institutional theory of financial crises", in M.H. Wolfson and G.A. Epstein(eds), *The Handbook of the Political Economy of Financial Crises*, Oxford: Oxford University Press, pp. 172-90.

Wood, E. Meiskins. 2003. *Empire of Capital*, London: Verso.

Wray, L.R. 2009. "The rise and fall of money manager capitalism: a Minskian approach", *Cambridge Journal of Economics*, 33(4), July, 807-28.

Wray, L.R. 2013. "A Minskyan road to financial reform", in M.H. Wolfson and G.A. Epstein(eds), *The Handbook of the Political Economy of Financial Crises*, Oxford: Oxford University Press, pp. 696-710.

9장

Akerlof, G. and R. Shiller. 2009. *Animal Spirits: How Human Psychology Drives the Economy, and Why It Matters for Global Capitalism*, Princeton, NJ: Princeton University Press.

Austen, S. and T. Jefferson. 2010. "Feminist and post-Keynesian economics: challenges and opportunities", *Cambridge Journal of Economics*, 34(6), November, 1109-22.

Courvisanos, J. 1996. *Investment Cycles in Capitalist Economies: A Kaleckian Behavioural Contribution*, Cheltenham, UK and Brookfield, VT, USA: Edward Elgar.

Davis, J.B. 2008. "The turn in recent economics and the return of orthodoxy", *Cambridge Journal of Economics*, 32(3), May, 349-66.

De Grauwe, P. 2012. *Lectures on Behavioral Macroeconomics*, Princeton, NJ: Princeton University Press.

Dopfer, K. and J. Potts. 2008. *The General Theory of Economic Evolution*, London and New York: Routledge.

Hamouda, O.F. and G.C. Harcourt. 1988. "Post Keynesianism: from criticism to coherence", *Bulletin of Economic Research*, 40(1), January, 1-33.

Hart, N. and P. Kriesler. 2014. "Keynes, Kalecki, Sraffa: coherence?", Mimeo, University of New South Wales.

Horwitz, S. 2000. *Microfoundations and Macroeconomics: An Austrian Perspective*, London and New York: Routledge.

Jefferson, T. and J.E. King. 2010-2011. "Can Post Keynesians make better use of behavioral economics?", *Journal of Post Keynesian Economics*, 33(2), Winter, 211-34.

Katona, G. 1980. *Essays on Behavioral Economics*, Ann Arbor, MI: Institute for Social Research, University of Michigan.

King, J.E. 2002. *A History of Post Keynesian Economics since 1936*, Cheltenham, UK and Northampton, MA, USA: Edward Elgar.

King, J.E. 2013a. "Post Keynesians and others", in F.S. Lee and M. Lavoie(eds), *In Defense of Post-Keynesian and Heterodox Economics: Response to Their Critics*, London and New York: Routledge, pp. 1-17.

King, J.E. 2013b. "Should post-Keynesians make a behavioural turn?", *European Journal of Economics and Economic Policies: Intervention*, 10(2), 231-42.

Kurz, H. 2013. "Sraffa, Keynes, and Post-Keynesianism", in G.C. Harcourt and P. Kriesler(eds), *The Oxford Handbook of Post-Keynesian Economics, Volume 1: Theory and Origins*, Oxford: Oxford University Press, pp. 51-73.

Lavoie, M. and M. Seccareccia. 2013. "Editorial to the special issue", *European Journal of Economics and Economic Policies: Intervention*, 10(1), 8-11.

Lee, F.S. 2009. *A History of Heterodox Economics: Challenging the Mainstream in the Twentieth Century*, London and New York: Routledge.

Lee, F.S. 2013. "Heterodox economics and its critics", in F.S. Lee and M. Lavoie(eds), *In Defense of Post-Keynesian and Heterodox Economics: Response to Their Critics*, London and New York: Routledge, pp. 104-32.

Moore, B.J. 2006. *Shaking the Invisible Hand: Complexity, Endogenous Money and Exogenous Interest Rates*, Basingstoke: Palgrave Macmillan.

Nelson, J. 2003. "Once more with feeling: feminist economics and the ontological question", *Feminist Economics*, 9(1), 109-18.

Perry, N. 2013. "Environmental economics and policy", in G.C. Harcourt and P. Kriesler(eds), *The Oxford Handbook of Post-Keynesian Economics*,

Volume 2: *Critiques and Methodology*, Oxford: Oxford University Press, pp. 391-411.

Rosenberg, P. 2014. "New Paradigm Economics versus Old Paradigm Economics. Interview with Edward Fullbrook", *Real-World Economics Review*, 66, 13 January, 131-43, available at http://rwer.paecon.net/PAEReview/issue66/Fulbrook66.pdf(accessed 22 December 2014).

Rotheim, R. 1981. "Keynes's monetary theory of value(1933)", *Journal of Post Keynesian Economics*, 3(4), Summer, 568-85.

Rutherford, M. 2011. *The Institutionalist Movement in American Economics*, 1918-1947, *Cambridge*: *Cambridge University Press*.

Sardoni, C. 1997. "Keynes and Marx", in G.C. Harcourt and P. Riach(eds), *A "Second Edition" of the General Theory, Volume* 2, London: Routledge, pp. 261-83.

Shackle, G.L.S. 1955. *Uncertainty in Economics and Other Reflections*, Cambridge: Cambridge University Press.

Van Staveren, I. 2010. "Post-Keynesianism meets feminist economics", *Cambridge Journal of Economics*, 34(6), November, 1123-44.

10장

Backhouse, R.E. and P. Fontaine(eds). 2010. *The History of the Social Sciences since* 1945, Cambridge: Cambridge University Press.

Butler, G., E. Jones and F. Stilwell(eds). 2009. *Political Economy Now! The Struggle for Alternative Economics at the University of Sydney*, Sydney: Darlington Press.

Cohen, B.J. 2014. *Advanced Introduction to International Political Economy*, Cheltenham, UK and Northampton, MA, USA: Edward Elgar.

Fullbrook, E.(ed.). 2003. *The Crisis in Economics: The Post-autistic Economics Movement: The First* 600 *Days*, London: Routledge.

King, J.E. 2002. *A History of Post Keynesian Economics since* 1936, Cheltenham, UK and Northampton, MA, USA: Edward Elgar.

Lavoie, M. 2013. "Teaching post-Keynesian economics in a mainstream department", in J. Jespersen(ed.), *Teaching Post Keynesian Economics*, Cheltenham, UK and Northampton, MA, USA: Edward Elgar, pp. 12-33.

Lee, F.S. 2009. *A History of Heterodox Economics: Challenging the Mainstream in the Twentieth Century*, London and New York: Routledge.

Thornton, T. 2013. "The narrowing of the Australian university economics curriculum: an analysis of the problem and a proposed solution", *Economic Record*, 89(S1), June, 106-14.

역자 참고문헌

Aspromourgos, Tony (2018) 'Keynes, Public Debt and the Complex of Interest Rates,' *Journal of the History of Economic Thought*, Vol 40, Issue 4

Blecker, Robert A. & Setterfield, Mark (2019) *Heterodox Macroeconomics: Models of Demand, Distribution and Growth*, Edward Elgar

Bourdieu, Pierre

(1979) 'Symbolic Power,' *Critique of Anthropology* 1979 4: 77

(1984) *Distinction: A Social Critique of the Judgement of Taste*, Harvard University Press. (구별짓기, 피에르 부르디외 저, 최종철 역, 새물결, 2005년)

Boyer Robert (2002) *Regulation Theory: The State of the Art*, Routledge. 수정 보완판의 번역서: 로베르 부아예(2017) 자본주의 정치경제학 조절 이론 매뉴얼 - 기초과 발전. 서익진, 서환주 역. 한울아카데미

Boyer, Robert & Orléan, Andre (1992) 'How do conventions evolve,' *Journal of Evolutionary Economics* (1992) 2:165 - 177

Cartelier, Jean (2018), *Money, Markets and Capital*, Routledge

Christian, Müller - Kademann (2019) *Uncertainty and Economics - A Paradigmatic Perspective*, Routledge.

Cohen, Avi J. & Harcourt, G. C. (2003) 'Retrospectives: Whatever Happened to the Cambridge Capital Theory Controversies?' *Journal of Economic Perspectives* - Volume 17, Number 1 - Winter 2003

Crocco, Marco (2002), 'The concept of degrees of uncertainty in Keynes, Shackle, and Davidson,' *Nova Economia*, Economics Department, Universidade Federal de Minas Gerais (Brazil), vol. 12(2).

David, P. (1985) 'Clio and the economics of QWERTY.' *American Economic Review* 75: 332 - 337).

Dequech, David

(1999), 'Expectations and Confidence under Uncertainty,' *Journal of Post*

Keynesian Economics, Vol. 21, No. 3.

(2003), 'Conventional and unconventional behavior under uncertainty,' Journal of Post Keynesian Economics, Vol. 26, No. 1 145.

Dow, Sheila C.

(2005) Axioms and Babylonian thought: a reply, *Journal of Post Keynesian Economics* 2005, Vol. 27, No. 3. p387).

(2012) Babylonian Mode of Thought, in J.E. King(ed.), (2003) *The Elgar Companion to Post Keynesian Economics*, Edward Elgar.

Dupuy, Jean-Pierre (1989) 'Common Knowledge, Common Sense,' *Theory and Decision* 27(1989) 37-62

Fama, Eugene F. & French, Kenneth R. (2004) 'The Capital Asset Pricing Model: Theory and Evidence,' *Journal of Economic Perspectives* Vol. 18, No. 3, Summer 2004.

Fama, Eugene F. (1991). 'Efficient Capital Markets: II,' *The Journal of Finance*, Vol. 46, No. 5, pp. 1575-1617, December

Fan-Hung (1939) 'Keynes and Marx on the Theory of Capital Accumulation, Money and Interest,' *The Review of Economic Studies*, Vol. 7, No. 1

Felipe, Jesus & McCombie, John S. L. (2013) *The Aggregate Production Function and The Measurement of Technical Change*, Edward Elgar

Harrod, R.F. (1939) 'An Essay in Dynamic Theory,' *The Economic Journal*, Vol. 49, No. 193 (Mar., 1939), pp. 14-33

Hayes, Mark G.

(2018) The Liquidity of Money, *Cambridge Journal of Economics* 2018.

(2019) *John Maynard Keynes - The Art of Choosing the Right Model*, Polity (케인즈 경제학을 찾아서 - 주류 경제학이 가르치지 않는 케인즈 경제학 입문, 마크 헤이스 저, 현 동균 번역 및 해설, 한울 2021)

Hirschman, Albert O. (1958) *The Strategy of Economic Development*, Yale University Press

Ingham, Geoffrey (2004): *The Nature of Money*, Polity (돈의 본성, 제프리 잉햄 저, 홍

기빈 역. 삼천리 2011)

Jefferson, Therese & King, J. E. (2010) 'Can Post Keynesians make better use of behavioral economics?' *Journal of Post Keynesian Economics*, 33:2, 211 – 234

Kalecki, M

(1937) 'The Principle of Increasing Risk,' *Economica*, New Series, Vol. 4, No. 16 (Nov.,1937)

(1954) *Theory of Economic Dynamics – An Essay on Cyclical and Long – Run Changes in Capitalist Economy*, Routledge.

(1971) *Selected Essays in the Dynamics of the Capitalist Economy*, Cambridge: Cambridge University Press.

Keynes, John Maynard

(1921), A Treatise on Probability, Macmillan and Co.

(1936), *The General Theory of Employment, Interest and Money* (3ed.). Cambridge University Press

(2012) *The Collected Writings of John Maynard Keynes* (Volume 10): Essays in Biography, Elizabeth Johnson and Donald Moggridge (eds.), Cambridge University Press

King, John E, (2005) *The Elgar Companion to Post Keynesian Economics*, Edward Elgar

Kiyotaki Nobuhiro & Wright, Randall

(1989), 'On money as a medium of exchange,' *Journal of Political Economy*, vol. 97, n° 4, pp. 927 – 954.

(1991) 'A Contribution to the Pure Theory of Money,' *Journal of Economic Theory*, vol. 53, no. 2, 1991, pp. 215 – 35.

Lainé, Michael (2014) 'Animal spirits and habitus Towards a convergence between Keynes and Bourdieu?' In Asimina Christoforou and Michael Lainé (eds), *Re – Thinking Economics: Exploring the work of Pierre Bourdieu*, Routledge

Laum, Bernhard Laum (1954/55) Über Ursprung und Frühgeschichte des Begriffes "Kapital", FinanzArchiv / Public Finance Analysis, New Series, Bd. 15, H. 1(1954/55)

Lavoie, Marc

 (2006), *Introduction to Post-Keynesian Economics*, Palgrave Macmillan. (포스트 케인스학파 경제학 입문 - 대안적 경제이론, 마크 라부와 지음, 김정훈 역, 후마니타스 2009/2016)

 (2014) *Post-Keynesian Economics: New Foundations*, Edward Elgar.

Lerner, Abba P. (1952) *The economics of control*, Macmillan

Menger, Carl (2002/1909) 'Money' Leland B. Yeager and Monika Streissler (tr.), in Michael Latzer and W. Stefan (eds.) (2002), *Carl Menger and the Evolution of Payments Systems From Barter to Electronic Money*, Edward Elgar

Minsky, Hyman (2008), *John Maynard Keynes* (케인스 혁명 다시 읽기, 하이먼 민스키 저/신희영 역, 후마니타스, 2014)

O'Donnell, R. M.

 (1989), *Keynes: Philosophy, Economics and Politics: The Philosophical Foundations of Keynes's Thought and their Influence on his Economics and Politics*, Palgrave Macmillan.

 (2006), 'An overview of probability, expectations, uncertainty and rationality in Keynes's conceptual framework,' *Review of Political Economy*, 2:3, 253-266.

Ogler Tim & Rugman John (2004) *The Real Cost of Capital: A Business Field Guide to Better Financial Decisions*, Financial Times Press

Orléan, André (1988) 'Money and Mimetic Speculation,' in Paul Dumouchel (ed.) (1988) *Violence and Truth - On the Work of René Girard*, Stanford University Press

Peacock, Mark (2013) *Introducing Money*, Routledge

Rogers, Colin (1989) *Money, Interest and Capital - A Study in The Foundations of Monetary Theory*, Cambridge University Press.

Runde, J. (1991), 'Keynesian Uncertainty and Stability of Beliefs.' *Review of Political Economy*, v.3.

Schotter, Andrew (1981) *The economic theory of social institutions*, Cambridge University Press

Scitovsky, Tibor (1954) 'Two Concepts of External Economies,' *Journal of Political Economy*, Vol. 63, No. 5 (Oct.,1955)

Smithin, John (1996) *Macroeconomic Policy and the Future of Capitalism*, Edward Elgar.

Sraffa, P. (1960), *Production of Commodities by Means of Commodities: Prelude to a Critique of Economic Theory*, Cambridge: Cambridge University Press

Stockhammer, Engelbert (2013) 'Why have wage shares fallen? A panel analysis of the determination of functional income distribution, International Labour Office,' *International Labour Organization*, Geneva,

Wicksell, K. (1935/1901) *Lectures in Political Economy*, vols. 1 and u, translated by E. Claasen and L. Robbins, London: Routledge.

Wolfson, M. H. (1996), 'A Post Keynesian theory of credit rationing,' *Journal of Post Keynesian Economics*, 18(3), Spring, 443 - 70.

Wray, Randall (2015), *Modern Money Theory: A Primer on Macroeconomics for Sovereign Monetary Systems* (균형재정론은 틀렸다 - 화폐의 비밀과 현대화폐이론, L. 랜덜 레이 저/홍기빈 역, 책담 2018).

Young, A. (1928) 'Increasing returns and economic progress.' *Economic Journal* 38: 527 - 542.

박만섭, 포스트 케인지언 내생화폐이론, 아키넷 2020.

찾아보기

인명(한국어, 페이지)

갈레니야니 83, 220
갈브레이스 84, 117, 133, 222-223
고들리 174, 185
구드윈 160
그라우어 230-231
그라지아니 83
넬 149, 228
넬슨 228
노만 118
다우, 쉴라 98-101, 227
다우, 크리스토퍼 174
대처 69, 162, 165, 208
데이빗슨 9, 25, 41-43, 45, 53-54, 71-72, 84, 97-98, 162, 180, 199, 230, 233, 235
데카르트 98
도마 139, 143
라부와 21, 121, 131, 133, 174
라비니 121
러너 14, 171-173
레닌 217
레이 9, 14, 22, 181
레이건 69
레이놀즈 136
렌-루이스 109
로빈슨 9, 14, 39, 116, 160
로스만 102
로스차일드 85, 101, 232
로오슨 100-101, 104-105
로트카-우오루테라 160
루카스 9, 14, 26, 71, 75
룩셈부르크 49

리, 벤자민 192
리조 235
리카르도 9, 36, 41, 61, 71, 170, 207, 217, 231
리푸마 192
리, 프레드 86, 123, 216, 223, 239
마르크스 9, 19, 28, 35-36, 87-88, 139, 149, 152, 162, 165, 192, 215-219
마샬 9, 26, 137, 222
마오쩌둥 162
매도프 51
맨큐 9, 26
메르켈 171-172
무어 9, 69, 232-233
미드 34
민스 50, 117, 224
민스키 9, 14-15, 22, 25, 28, 50-56, 75, 84, 110, 119, 160, 162, 173-174, 176, 186-191, 199, 204, 206, 209, 232
밀 9, 61
밀버그 136
바란 32, 91, 114, 124, 217
바스카 100-101
비남 117
버도른 147-148, 153, 184
베블런 19, 133, 222
보울딩 104
뵈터 206
부르디외 19, 133
빅셀 9, 61-62, 87-88, 234
빅터 184
사이먼 108, 116, 230
새뮤얼슨 9, 25, 67, 90, 155

세 9, 36, 40, 61, 64-65, 79, 146, 164, 193, 213, 218, 221
세터필드 159
셰클 234
소이어 9, 25, 46, 136
솔로우 64-65, 67, 81, 89-91, 141, 144
쉴러 57-58, 230
슈타인들 55, 84-85, 123-124, 217
슘페터 53, 124, 149, 219, 226
스라파 9, 14, 28, 65, 81, 83, 90, 132, 215, 217, 220-221
스위지 124, 217
스테베른 228
스톡해머 9, 197
스티글리츠 9, 25, 75, 127, 157, 162
썰월 9, 25, 31-33, 40-41, 68, 130, 150-151, 153, 155, 158
쏜톤 241
아이히너 84, 104, 121, 223
애컬로프 57-58, 230
앤드루스 121
에지워스 97
오드리스콜 235
오스튼 227-228
왈라스 9, 70, 75, 77, 79, 115, 125, 127
왈리치 176, 223
우드 9, 77-78, 80, 121, 212
우드포드 9, 77-78, 80
울프슨 201
웨인트롭 83-84, 130, 162, 174, 176, 223
위켄스 31, 34
유클리드 98, 113-114
저슬릭 209
제퍼슨 227-228
조태희 136
칙 9, 41, 68, 106, 241
카트나 232

칼도 9, 14, 46, 66-69, 81-83, 144-146, 148-149, 152-153, 157, 160, 162, 175, 182, 233
칼레츠키 9, 14-15, 25, 46-50, 54-56, 64, 85, 101, 106, 110-111, 119-121, 124, 139, 152, 159, 162, 178, 204, 217, 220, 226
케네 84, 104, 117, 133, 217, 222
케논 121
콘월 159
쿠, 리처드 204
쿠어츠 64, 221
쿠츠 9, 118
쿤 63
크레겔 84
크로티 94-95
크루그만 26, 157, 162
클라인 63, 109
클라크 163
키요타키 25, 78
킨, 스티브 160
테일러 9, 76-77
토빈 71, 181, 185, 194-195
팀버겐 161, 182
파레토 128, 136
파마 112
파시네티 9, 83, 149, 220
파틴킨 61
페이만 113
펠리 201
펠트만 139
폰 미제스 28, 216
폰지 51, 80, 167, 188, 199, 206
풀브룩 235-236
프레비시 154
프레스맨 223
프리드먼 67-68, 70-71, 95, 164

프리드먼, 제럴드 129
프리시 109
플랑크 96, 98
피구 61, 136, 139, 163, 207
피셔 9, 167
픽슬리 165
하이에크 9, 28, 216
하인 9, 25, 46, 64, 104, 175, 221
하코트 9, 121
해로드 27, 82, 139 – 143, 145 – 147, 150, 160
헤이스 9, 20 – 21, 41
호지슨 102
홉스 127
휠렌 223
힉스 9, 25, 61, 74, 84
힐퍼딩 217

주제(한국어, 페이지)

AK모형 146
CAPM 94, 112, 193, 240
DSGE 모형 79-80, 231
FIRE 191, 195, 208
GFC 187, 190-191, 194-195, 197-202, 205, 207-209, 211-213
ICU 180
ISIPE 242
Journal of Economic Issues 223
Journal of Post Keynesian Economics 29, 38, 58-59, 84-85, 114, 123, 189, 224
MSD 183
NINJA 주택융자 199
RARE 53, 71, 107, 231
Real-World Economics Review 236
SFC모형 174
가속도원리 149, 160
개방적 체계 26, 99,100, 104
거시건전성 166
거시적 기초 230
건전재정 49, 171
게임이론 116-117, 215, 225
경제적 규제 163
경기침체주의자 52
경로의존성 42, 66, 147, 152, 158-159, 221, 223, 225, 233
경영자혁명 117
경제학에서의 다원화를 위한 국제연합 241
경험칙 40, 116, 132, 230-231
고용안정 목표정책 203
고전학파 9, 14, 26, 37-38, 42, 45, 55, 61-64, 67-72, 74-77, 79-83, 89, 98, 101, 104, 108, 126, 129-130, 132-133, 136-137, 142-146, 156-157, 160, 163-166, 169, 187, 193, 198, 202-203, 215, 217, 221-222, 230-231, 234-236
고전학파적 이분법 37, 42, 67-69, 72, 75, 164, 187
공공사업진흥국 176
공급 쇼크 231
공동결정제도 209
과소소비주의자 49
과시적 소비 133
과학적 실재론 228
관리환율 158
교역조건 175
교차가격탄력성 132
교환방정식 37-38
구성의 오류 79, 108-110, 125
구 정치경제학 236
구제금융 202
구조변화 149, 158
구조적 경제동학의 다부문 분석 149
구조전환성장모형 149
구조주의 154
구조주의자 154
구축 63, 95, 103, 121, 170, 228, 230, 276
국민국가 212-213
국제수지균형제약 성장률 150
국제수지균형제약 성장모형 150, 152
국제청산동맹 45, 180
국제통화기금 147, 181, 212
군사케인즈주의 49
규모의 경제 66, 91, 119, 122, 147, 149, 157
규제적포획 240
근린궁핍화정책 179
근본적 효율성 195
근본주의 케인지언 3, 25, 41, 48, 84, 220
글래스-스티걸법 200
글로벌 사우스 154
글로벌화 128, 130, 197-198, 213
금융불안정성가설 25, 50, 188, 190, 200
금융 프론티어 122
금융자유화 156, 158

금융적 문화 192
금융주도 성장체제 191
금융화 28, 117, 123, 130, 159, 182, 191‒192, 195‒197, 199, 201, 208‒209, 211, 232
기그 경제 129
기능적 재정 171, 173, 202
기대 16‒17, 34‒36, 39, 42‒44, 48, 53‒54, 57‒59, 64, 67, 70‒72, 76‒77, 94, 107, 112, 116, 140, 167, 187‒188, 193‒194, 197‒199, 221, 226, 228‒229, 231
기대상태 187, 198
기본적 재화 132
기술적 효율성 194
기술진보 함수 145
기업의 이해관계자 이론 124, 129
기회 비용 136
긴축재정에 반대하는 경제학자들 201
남-북모형 154
내생성 65, 148, 153, 164, 228, 233
내생적 27, 37, 51, 64‒65, 68‒69, 76, 82, 131, 134, 136, 144‒147, 164, 168, 231‒232
내재가치 194
내재가치 평가효율성 194
노동 예비군(산업예비군) 165
노동의 수요곡선 45
노동 참여율 147
노력협정 127
녹색투자 184
누적성 216, 221
누적적 인과성 42, 65‒66, 158, 201, 223, 225
뉴고전학파 경제학 26, 70‒71, 75
뉴딜 176, 199‒200, 223
뉴신고전학파종합 9, 26, 76‒77, 79, 81, 98, 108, 165‒166, 187, 198, 202‒203, 215
뉴정치경제학 236
뉴케인지언 9, 14, 25‒26, 61, 72‒75, 78, 97, 127, 157, 162, 169, 189, 224, 231

다원론 16, 18, 26, 85, 93, 96, 98, 101‒103, 215, 227, 232, 236, 240, 242
다원론자 236
다원론적 16, 18, 85, 93, 98, 215, 227, 232
다학제성 241
다학제적 16, 18, 67, 130, 177, 222, 242
단기 분석 159
단기적 129, 134, 148, 159, 179, 195, 208, 220, 240
단순상품생산 35‒36, 217
단조성 64, 127, 141, 221
단조적 221
대공황 53, 172, 174, 198, 202, 211‒212, 224
대부자금 61‒62, 88, 164, 170
대부자금설 62, 88, 164, 170
대불황 147, 159, 202, 208, 211
대외무역승수 150, 233
대차대조표 유발 불황 204
대출자의 위험 54, 119
대평온 143
대표적 경제주체 50, 54, 71, 77, 107, 231
도구주의 88, 90, 95
도덕적 해이 54, 189, 202, 210
독점자본 217
동물적 본능 39‒40, 57‒58, 64, 114, 116, 230
동질적 기대 94
동태확률일반균형 9, 79, 107, 167, 186, 223, 240
동학적 규모의 경제 147, 149
동학적 외부 규모의 경제 157
디레버리징 199, 205
디플레이션 27, 41, 74‒75, 83, 151, 166‒167, 177, 179‒180
루이스 모형 153
리카르도의 등가정리 41, 169‒171

찾아보기 277

마르크스주의 46, 52, 85, 124, 127, 130, 149, 216–218
마르크스주의자 52, 127, 217–218
마찰 31, 33, 78
마크업 118, 120–121, 123–124
만족도 131
만족화 116
말기조건 80
맨체스터 체제 137
면도날 141–142, 147
모딜리아니-밀러의 정리 119
모방 18, 50, 59, 126, 133, 135, 213
무임 승차 193–194
무차별성 133
물가안정 목표제 203, 231
물신화 192
미국산 198, 212
미세조정 168, 173
미시적 기초 26, 53, 70, 77, 79, 93, 96, 107–108, 111, 123, 125, 231, 234, 236
미시적 환원 108–109, 225, 234, 236
미학적 102–103
민스키 모먼트 28, 199
민스키 부채동학 160
바빌론적 논리 98, 101, 113–114, 227
방법론적 개인주의 131, 234
배중율 98
비도른의 법칙 147–148, 153, 184
보유효과 134
보증성장률 140–141
복잡계 경제학 234
복잡성 28, 101, 117, 215–216, 225, 230, 232–233
복잡성이론 28, 215–216, 232
복잡성-포스트 케인지언 거시 경제 모형 233
본원적불확실성 114, 230
부외금융 209

부유세 207
부의 효과 197, 199
부채주도형 197
부채주도형축적체제 197
불완전성 32–33, 45, 72, 74, 78
불완전주의 45, 73, 224
불확실성 16–18, 18, 35, 39–40, 42, 50, 54–55, 57–59, 62, 71–72, 77, 94, 98–99, 114–116, 131–132, 183, 187, 189, 211, 221, 228, 230, 234
브레튼 우즈 151, 179–180, 192, 200, 211
비가속적 인플레이션 실업률 148
비교우위 156–157
비교우위론 156
비기본적 재화 132
비독립성 133
비(非)에르고드적 42, 72
비용압박 인플레이션 174
비자발적 실업 32, 44, 71, 74, 79, 125–126, 143, 156, 183, 231
비주류경제학협회 86
비판적 실재론 100–101
비 폰지 게임 80, 167
뻐꾸기 경제학 81
사생아 케인지언 82
사용자 비용 139
사전편찬식선호체계 133
사회적 동반자 176
사회적 에이전트 136
사회적 한계피해비용 183
산출갭 76, 80, 161, 231
산출물 가격 인플레이션 166
상부구조-하부 구조 219
상징 권력 191
상품화폐 68
새뮤얼슨-스톨퍼 정리 155
생산성 교섭 175

생태경제학 28, 215-216, 227, 229
생태경제학자 229
섀도우 뱅킹 52, 190
섀도우뱅킹시장 200
선호의 연속성 133
설명적 환원 108
성장 체제 159, 178, 197, 221
세계 금융위기 165, 169, 187
세의 법칙 40, 61, 64-65, 79, 146, 164, 193, 213, 218, 221
세제기반 소득정책 176, 223
소규모 상품 생산 35
소득정책 39, 41, 45, 84, 161, 165, 174-177, 223
소득-지출 모형 32, 34, 47, 218, 233
소외 15, 191-192
솔로우-스완 성장 모형 64, 89, 141, 144
쇠락의 시대 159
수력 케인지언주의 32, 218
수요독점 45
수직론자 69
수출주도 누적적 인과관계 152
수평론자 69
순환적 흐름 32, 217
슈바벤 주부의 논리 171-172, 203
스라피언 216, 220-221
스톡 9, 53, 139-141, 145-146, 148, 152, 174, 185-186, 197, 205-206, 274
스톡 플로우 일관 모형 174, 185
스톱-고 주기 151
승수 32, 37, 82, 84, 105, 150, 160, 233, 277
시장지배력 115, 118, 182, 228
시카고학파 164
신고전학파 9, 26, 45, 55, 61, 63-64, 74, 76-77, 79-83, 98, 101, 104, 108, 126, 129-130, 132-133, 136-137, 142-146, 156-157, 160, 165-166, 187, 193, 198, 202-203, 215, 222, 230, 234-236
신고전학파종합 9, 26, 63, 76-77, 79, 81-83, 98, 108, 165-166, 187, 198, 202-203, 215
신고전학파-케인지언 종합 63
신산업국가 117
신성장이론 146
신용부도 스와프 210
신용할당 38, 51, 55, 73, 119, 148, 167, 183, 188-189
신용화폐 68, 168-169
신자유주의 28, 118, 128, 163, 176-177, 192, 198-199, 209, 211, 213
신중상주의 180, 208
신중성의 원칙 210
신행동경제학 230
실물적 경기변동이론 80, 187
실제성장률 139-143, 147
실증 경제학 방법론 95
실증적 80, 97, 222, 236
실증주의 95
실현문제 218, 279
썰월의 법칙 150-151
양날의 칼 153
양적완화 169
에르고드성 42, 53, 72, 75, 97, 114, 221, 233, 235-236
역행추론 100
연방준비이사회 76, 189, 198, 200-201
연식 모형 145
예금보험 202
오스트리아경제학파 215-216, 230, 234-235
올드케인지언 25, 29, 31, 61, 63-64, 66, 71, 77, 98, 141, 169, 194
완전보험효율성 194
완전한 금융시장 75

외부성 91, 127
외생적 37, 69, 82, 112 – 113, 144, 147, 149, 221
욕구의 성장 133
욕구의 종속성 132
워싱턴 컨센서스 157 – 158, 181
월가의 시각 50, 190
유동성선호 35, 62, 221
유동성선호이론 221
유럽중앙은행 208
유로존 31, 105, 170, 173, 203, 205, 208, 232
유연성 42, 74 – 75
유전의 원리 134
유치산업 보호 157
유통속도 37, 68 – 70
유효수요 16, 32, 40, 42 – 46, 49, 61, 64, 67, 73 – 75, 79 – 81, 83, 110, 123, 125, 128, 130, 133, 152, 159, 170, 178, 183, 193, 213, 221, 224, 226
유효수요원리 16, 40, 42, 45 – 46, 61, 64, 67, 73, 75, 81, 128, 130, 193, 221, 224, 226
윤리적 102 – 103, 168
이노베이션 148 – 149, 164, 183, 187, 190, 199 – 200, 226, 232
이력성 66, 147 – 148, 158
이원론적 98
이윤률 저하 경향 219
이윤분배제도 209
이윤주도 110, 178 – 179
이윤주도 성장체제 110, 178 – 179
이해관계자 자본주의 195
인간의 논리 99
인식론적 환원 108
인지적 포획 201
일물 일가의 법칙 127
일반균형이론 70 – 71, 79, 88, 90, 223
임금주도 178 – 179, 207, 221

임금주도 성장체제 178 – 179 221
임노동자기금 209
자금관리자 자본주의 52, 190 – 191, 199
자기 가격 탄력성 132
자본과세 207
자본노동비율 141, 144
자본논쟁 65, 88 – 91, 142, 163, 220
자본론 139, 217 – 219
자본에 대한 수익 불변 146
자본의 순환과정 35, 218
자본의 한계생산물 141
자본의 한계효율 140, 221
자본의 한계효율 곡선 221
자본자산가격결정모형 13, 94, 112, 193, 240
자산기반준비금 제도 210
자산담보부 상업어음 200
자연상태 116 – 117
자연성장률 140, 142, 153
자연실업률 148
자연이자율 61 – 62, 79, 87 – 88, 164, 234
자유시장 근본주의 199
잠재적 산출 147
장기 분석 159
장기적 위치 220
장기적 27, 57, 66, 73, 84, 123, 129, 134, 143, 148, 152, 154 – 155, 195, 208, 220, 237, 239
장난감경제 233
재규제 180, 209
재생산 표식 139
재정승수 233
재정의 지속 가능성 206
재정 자동안정화 장치 53, 174
저금리 정책 168, 202 – 203
적응 70 – 71
절대우위 157
절약의 역설 109

절차적 합리성 131-132
정보재정거래효율성 194
제1성장 법칙 148
제2성장 법칙 157
제3성장 법칙 157
제도주의 28, 85, 102, 104, 115, 117, 127, 130, 133-134, 149, 215-216, 222-226
제도주의자 102, 104, 127, 133, 222-226
제한적 106, 126, 130-131, 153, 203, 230
제한적 합리성 126, 230
조대체성 42, 133, 235
조합주의국가 175
존재론 26, 93, 96, 108, 227, 231, 236
존재론적 환원 108
주관주의 234
주기적 비합리적기대 280
주주가치 195
주주가치 극대화 195
중심-주변부 모형 154
증권화 190, 200, 209
지구온난화 183
지위재(혹은 위치재) 134
진화 19, 28, 78, 85, 99-100, 102, 109, 115, 149, 159, 215-216, 222, 225-226, 234
진화경제학 19, 28, 85, 100, 102, 109, 115, 149, 215-216, 222, 225-226
진화경제학자 109, 225-226
진화론적 케인즈 주의 225
진화론적 케인지언 159
진화적 100, 102
차입자의 위험 54, 119
창발성 109, 225, 234, 236
초승수 84
총공급함수 43-44, 146
최대성장률 142, 147, 153
최후고용자 176
최후대출자 208

축장 35-36
칼레츠키언 25, 46, 85, 162, 204, 217, 220, 226
케인즈혁명 63
케인지언 승수 160
케임브리지 자본논쟁 65, 142
큰 정부 53, 174, 206, 222-223
탈금융화 192, 208, 211
테일러 준칙 76-77
테크노스트럭처 117
토빈세(稅) 181
통상적 논리 99
통합금융감독기구 194
통화주의 9, 14, 25, 67-71, 77, 148, 164-165, 193
통화주의자 14, 67-69, 71, 77, 148, 193
투기적 금융 51, 188
투자의 불가분성 91
퍼지 수학 99
페미니스트 28, 85, 215-216, 227-229
페미니스트경제학 28, 216, 227, 229
편입 110, 116, 127, 165, 177, 228, 239, 241
폐쇄적 체계 98, 220
포드주의 191
포스트 자폐적 경제학 운동 242
포스트 크래시 경제학 협회 242
포식자-피식자 모형 160, 225
폰지 금융 206, 188
프레이밍 효과 230
플로우 53, 174, 185-186, 205, 279
필립스곡선 66-67, 76, 231
하방경직성 75
하츠 4호 계획 179
하향인과성 108-111, 125, 134
한계감축비용 183
한계자본계수 140-141, 146
합리적기대 70

합리적 선택모형 77
행동거시경제학 230 - 231
행동경제학 28, 115, 134, 215 - 216, 230, 232
행동적 경기순환 231
행복의 패러독스 134
헤지금융 51, 188
현대통화이론 14, 181
현실감 115, 228
호혜적 선물교환 127
혼돈이론 232
화폐수량설 36 - 37, 68, 82
화폐순환이론 83
화폐의 중립성 37, 42, 67, 72, 193, 235
화폐적 생산경제 217
확률론 17 - 18, 39, 58, 94, 99, 114
확신도 17 - 18, 168
확실성 등가 116
확실성등가 효용 234
확장프론티어 122
황금시대(자본주의 황금시대) 33, 143, 157, 159, 175, 191, 195
효율임금 73, 127
효율임금이론 73
효율적시장가설 112, 119, 193, 240
후건긍정의 오류 193
후생경제학 27, 127, 135 - 138
후생경제학의 근본 정리 127

인명(영어)

갈레니야니	Pierangelo Garegnani	스티글리츠	Joseph Stiglitz
갈브레이스	John Kenneth Galbraith	썰월	A. P. Thirlwall
고들리	Wynne Godley	쏜톤	Tim Thornton
구드윈	Richard Goodwin	아이히너	Alfred Eichner
그라우어	Paul de Grauwe	애컬로프	George Akerlof
그라지아니	Augusto Graziani	앤드루스	Philip Andrews
넬	Edward Nell	에지워스	Francis Ysidro Edgeworth
넬슨	Julie Nelson	오드리스콜	Gerald O'Driscoll
노만	Neville Norman	오스튼	Siobhan Austen
다우, 쉴라	Sheila Dow	왈리치	Henry C. Wallich
다우, 크리스토퍼	Christopher Dow	우드, 아드리안	Adrian Wood
대처	Margaret Thatcher	우드, 엘렌	Ellen Meiskins Wood
데이빗슨	Paul Davidson	우드포드	Michael Woodford
데카르트	René Descartes	우오루테라	Vito Volterra
도마	Evsey Domar	울프슨	Martin Wolfson
라부와	Marc Lavoie	웨인트롭	Sidney Weintraub
라비니	Paolo Sylos-Labini	위켄스	Michael Wickens
러너	Abba Lerner	유클리드	Euclid
레닌	Vladimir Lenin	저슬릭	Marc Jarsulic
레이	Randall Wray	제퍼슨	Therese Jefferson
레이건	Ronald Reagan	조태희	Tae-Hee Jo
레이놀즈	Peter Reynolds	칙, 빅토리아	Victoria Chick
렌-루이스	Simon Wren-Lewis	카트나	George Katona
로빈슨	Joan Robinson	칼도	Nicholas Kaldor
로스만	Harry Rothman	칼레츠키	Michal Kalecki
로스차일드	Kurt Rothschild	케네	François Quesnay
로오슨	Tony Lawson	케논	Peter Kenyon
로트카	Alfred J. Lotka	콘월	John Cornwall and Wendy Cornwall
루카스	Robert Lucas	쿠, 리처드	Richard Koo
룩셈부르크	Rosa Luxemburg	쿠어츠	Heinz Kurz
리, 벤자민	Benjamin Lee	쿠츠	Ken Coutts
리, 프레드	Fred Lee	쿤, 토마스	Thomas Kuhn
리조	Mario Rizzo	크레겔	Jan Kregel
리카르도	David Ricardo	크로티	James Crotty
리푸마	Edward LiPuma	크루그만	Paul Krugman
마르크스	Karl Marx	클라인	Lawrence Klein

마샬	Alfred Marshall	클라크	J. B. Clark
마오쩌둥	Mao Zedong	키요타키	Nobuhiro Kiyotaki
매도프	Bernie Madoff	킨, 스티브	Steve Keen
맨큐	Gregory Mankiw	테일러	John B. Taylor
메르켈	Angela Merkel	토빈	James Tobin
무어	Basil Moore	틴버겐	Jan Tinbergen
미드	James Meade	파레토	Vilfredo Pareto
민스	Gardiner Means	파마	Eugene F. Fama
민스키	Hyman Minsky	파시네티	Luigi Pasinetti
밀	John Stuart Mill	파틴킨	Don Patinkin
밀버그	William Milberg	페이만	Richard Phillips Feynman
바란	Paul Baran	펠리	Thomas Palley
바스카	Roy Bhaskar	펠트만	G. A. Feldman
왈라스	Léon Walras	폰 미제스	Ludwig Heinrich Edler von Mises
버냄	James Burnham	폰지	Charles Ponzi
버도른	P. J. Verdoorn	풀브룩	Edward Fullbrook
베블런	Thorstein Veblen	프레비시	Raul Prebisch
보울딩	Kenneth Boulding	프레스맨	Steve Pressman
봬터	Willem Buiter	프리드만, 밀튼	Milton Friedman
부르디외	Pierre Bourdieu	프리드먼, 제럴드	Gerald Friedman
빅셀	Knut Wicksell	프리시	Ragnar Frisch
빅터	Peter Victor	플랑크	Max Planck
사이먼	Herbert Simon	피구	A.C. Pigou
새뮤얼슨	Paul Samuelson	피셔	Irving Fisher
세	Jean-Baptiste Say	픽슬리	J., S. Whimster Pixley
세터필드	Mark Setterfield	하이에크	Friedrich Hayek
셰클	George Shackle	하인	Eckhard Hein
소이어	Malcolm Sawyer	하코트	Geoff Harcourt
솔로우	Robert Solow	해로드	Roy Harrod
쉴러	Robert J. Shiller	헤이스	Mark Hayes
슈타인들	Josef Steindl	호지슨	Geoffrey M Hodgson
슘페터	Joseph Schumpeter	홉스	Thomas Hobbes
스라파	Piero Sraffa	휠렌	Charles Whalen
스위지	Paul Sweezy	힉스	J. R. Hicks
스테베른	Irene van Staveren	힐퍼딩	Rudolf Hilferding
스톡해머	Engelbert Stockhammer		

주제어(한글-영어) 및 연관어

한국어	영어	연관항목
AK모형	AK Model	
CAPM	Capital Asset Pricing Model	
DSGE 모형	Dynamic Stochastic General Equilibrium	
FIRE	Finance, Insurance and Real Estate	
GFC	Global Financial Crisis	
ICU	International Clearing Union	
ISIPE	International Student Initiative for Pluralism in Economics	
MAC	Marginal Abatement Cost	
MSD	Marginal Social Damage	
NINJA 주택융자	NINJA Mortgagees(No Income, No Jobs, No Assets)	
RARE	Representative Agents with Rational Expectations	
SFC모형	Stock-Flow Consistent Modelling	
가속도원리	Accelerator	
개방적 체계	Open System	
거시건전성	Macroprudential	
거시적 기초	Macrofoundations	미시적기초
건전재정	Sound Finance	
게임이론	Game Theory	
경계적 규제	Vigilant Regulation	
경기침체주의자	Stagnationist	
경로의존성	Path Dependence	
경제학에서의 다원화를 위한 국제연합	International Confederation of Associations for Pluralism in Economics	
경험칙	Rules of Thumb	
고용안정 목표정책	Employment Targeting	
고전학파	Classical Economics	
고전학파적 이분법	Classical Dichotomy	
공공사업진흥국	The Works Progress Administration	
공급 쇼크	Supply Shocks	
공동결정제도	Co-Determination System	
과소소비주의자	Underconsumptionist	
과시적 소비	Conspicuous Consumption	

과학적 실재론	Scientific Realism	
경영자혁명	Managerial Revolution	
관리환율	Managed Exchange Rates	
교역조건	Terms of Trade	
교차가격탄력성	Cross-Price Elasticities	
교환방정식	Equation of Exchange	
구 정치경제학	Old Political Economy	
구성의 오류	The Fallacy of Composition	
구제금융	Bail-Out	
구조변화	Structural Change	
구조적 경제동학의 다부문 분석	Multi-Sectoral Analysis of Structural Economic Dynamics	
구조전환성장모형	Transformational Growth Model	
구조주의자	Structuralist	
구축	Crowding Out	
국민국가	Nation State	
국제수지균형제약 성장률	Balance of Payments-Constrained Growth Rate	
국제수지균형제약 성장모형	Balance of Payments-Constrained Growth Model	
국제청산동맹	International Clearing Union	ICU
국제통화기금	International Monetary Fund	
군사케인즈주의	Military Keynesianism	
규모의 경제	Economies of Scale	통합적 규모의 경제
규제적포획	Regulatory Capture	인지적 포획
근린궁핍화정책	Beggar-My-Neighbor Policies	
근본적 효율성	Fundamental Efficiency	
본원적불확실성	Fundamental Uncertainty	
근본주의 케인지언	Fundamentalist Keynesian	
글래스-스티걸법	Glass-Steagall Act	
글로벌 사우스	Global South	
글로벌화	Globalization	
금융불안정성가설	Financial Instability Hypothesis	
금융 프론티어	Finance Frontier	
금융자유화	Financial Liberalization	
금융적문화	Culture of Finance	

금융주도 성장체제	Finance-Led Growth Regime	이윤주도 성장체제, 임금주도 성장체제
금융지배 축적체제	Finance-Dominated Accumulation Regime	
금융화	Financialization	
기그 경제	Gig Economy	
기능적 재정	Functional Finance	
기대	Expectation	
기대상태	The State of Expectation	
기본적 재화	Basic Goods	비기본적 재화
기술적 효율성	Technical Efficiency	
기술진보 함수	Technical Progress Function	
기업의 이해관계자 이론	Stakeholder Theory of theFirm	
기회 비용	Opportunity Cost	
긴축재정에 반대하는 경제학자들	Economists Against Austerity	
남-북모형	North-South Model	
내생성	Endogeneity	
내생적	Endogenous	
내재가치	Fundamental Value	
내재가치 평가효율성	Fundamental Valuation Efficiency	
노동 예비군(산업예비군)	Reserve Army	
노동 참여율	Labour Force Participation Rates	
노동의 수요곡선	Labour Demand Curve	
노력협정	Effort Bargain	
녹색투자	Green Investment	
누적성	Accumulation	
누적적 인과성	Cumulative Causation	
뉴딜	New Deal	
다원론	Pluralism	
다원론자 혁명	Pluralist Revolution	
다원론적	Pluralistic	
다학제성	Multi-Disciplinarity	
다학제적	Multi-Disciplinary	
단기 분석	Short-Period Analysis	

단기	Short-Run	
단순상품생산	Simple Commodity Production	
단조성	Monotonicity	
단조적	Monotonic	
대공황	Great Depression	
대평온	Great Moderation	
대부자금	Loanable Funds	
대부자금설	Loanable Fund Theory	
대불황	The Great Recession	
대외무역승수	Foreign Trade Multiplier	
대차대조표 유발 불황	Balance Sheet Recession	
대출자의 위험	Lenders' Risk	
대표적 경제주체	Representative Agent	
도구주의	Instrumentalism	
도덕적 해이	Moral Hazard	
독점자본	Monopoly Capital	
동물적 본능	Animal Spirits	
동질적 기대	Homogeneous Expectations	
동태확률일반균형	Dynamic Stochastic General Equilibrium ; DSGE	
동학적 규모의 경제	Dynamic Economies of Scale	규모의 경제
동학적 외부 규모의 경제	Dynamic External Economies of Scale	
디레버리징	De-Leveraging	
디플레이션	Deflation	
루이스 모형	Lewis Model	
리카르도의 등가정리	Ricardian Equivalence	
마르크스주의	Marxism	
마르크스주의자	Marxist	
마찰	Friction	
마크업	Mark-Up	
만족도	Satisfaction	
만족화	Satisficing	
말기조건	Transversality Condition	
맨체스터 체제	Manchester System	
면도날	Knife-Edge	

모딜리아니-밀러의 정리	Modigliani-Miller Theorem	
모방	Emulation	
무임 승차	Free-Riding	
무차별성	Indifference	
물가안정 목표제	Inflation Targeting	
물신화	Fetishism	
미국산	Made in the USA	
미세조정	Fine-Tuning	
미시적 기초	Microfoundations	거시적 기초
미시적 환원	Micro-Reduction	
미학적	Esthetic	
민스키 부채동학	Minskyian Debt Dynamics	
민스키 모먼트	Minsky Moment	
바빌론적 논리	Babylonian Logic(Method)	
방법론적 개인주의	Methodological Individualism	
배중율	The Principle of the Excluded Middle	
버도른의 법칙	Verdoorn's Law	
복잡성	Complexity	
복잡성-포스트 케인지언 거시 경제 모형	Complexity-Post Keynesian Macroeconomic Model	
복잡계 경제학	Complexity Economics	
복잡성이론	Complexity Theory	
부외금융	Off-Balance Sheet Finance	
부유세	Wealth Tax	
부의 효과	Wealth Effect	
부채주도형	Debt-Led, Debt-Burdened	
부채주도형축적체제	Debt-Led, Accumulation Regime	금융지배 축적체제
불로자산소득자	Rentier	
불완전성	Imperfection	
불완전주의	Imperfectionism	
불확실성	Uncertainty	
브레튼 우즈	The Bretton Woods System	
비 폰지 게임	Non-Ponzi Game	
비가속적 인플레이션 실업률	Non-Accelerating Inflation Rate of Unemployment	NAIRU
비교우위	Comparative Advantage	절대우위

비교우위론	Theory of Comparative Advantage	
비기본적 재화	Non-Basic Goods	
비독립성	Non-Independence	
비(非)에르고드적	Non-Ergodic	
비용압박 인플레이션	Cost Inflation	
비자발적 실업	Involuntary Unemployment	
비주류경제학협회	Association for Heterodox Economics	
비판적 실재론	Critical Realism	
비합리적기대	Irrational Expectations	
뻐꾸기 경제학	Cuckoo Economics	
사생아 케인지언	Bastard Keynesianism	
사용자 비용	User Cost	
사전편찬식선호체계	Lexicographic Preference	
사회적 에이전트	Social Agent	
사회적 동반자	Social Partners	
사회적 한계피해비용	Marginal Social Damage; Msd	
산출갭	Output Gap	
산출물 가격 인플레이션	Output Price Inflation	
상부구조-하부 구조	Base and Superstructure	
상징 권력	Symbolic Power	
상품화폐	Commodity Money	신용화폐
뉴고전학파 경제학	New Classical Economics	
뉴케인지언	New Keynesian	
새뮤얼슨-스톨퍼 정리	Samuelson-Stolper Theorem	
뉴신고전학파종합	The New Neoclassical Synthesis	
뉴정치경제학	New Political Economy	
생산성 교섭	Productivity Bargaining	
생태경제학	Ecological Economics	
생태경제학자	Ecological Economist	
섀도우 뱅킹	Shadow Banking	
섀도우뱅킹시장	Shadow Market	
선호의 연속성	Continuity of Preferences	
설명적 환원	Explanatory Reduction	

성장 체제	Growth Regime	
세계 금융위기	Global Financial Crisis	GFC
세의 법칙	Say's Law	
세제기반 소득정책	Tax-Based Incomes Policy; TIP	
소규모 상품 생산	Petty Commodity Production	
소득-지출 모형	The Income-Expenditure Model	
소득정책	Incomes Policy	
소외	Alienation	
보유효과	Endowment Effect	
솔로우-스완 성장 모형	Solow-Swan Growth Model	
쇠락의 시대	The Age of Decline	
수력 케인지언주의	Hydraulic Keynesianism	
수요독점	Monopsony	
수직론자	Verticalist	수평론자
수출주도 누적적 인과관계	Export-Led Cumulative Causation	
수평론자	Horizontalist	수직론자
순환적 흐름	Circular Flow	
슈바벤 주부의 논리	Swabian Housewife Logic	
스라피언	Sraffian	
스톡	Stock	
스톡 플로우 일관 모형	Stock-Flow Consistent Modelling,	SFC
스톱-고 주기	Stop-Go Cycle	
승수	Multiplier	
시장이자율	Market Rate of Interest	
시장지배력	Market Power	
시카고학파	The Chicago School	
신고전학파	Neoclassical Economics	
신고전학파-케인지언 종합	Neoclassical-Keynesian Synthesis	
신고전학파종합	Neoclassical Synthesis	
신산업국가	The New Industrial State	
신성장이론	New Growth Theory	
신용부도 스와프	Credit Default Swaps	

신용할당	Credit Rationing	
신용화폐	Credit Money	상품화폐
신자유주의	Neo-Mercantilist	
신중상주의	Neo-Mercantilism	
신중성의 원칙	Prudential Principle	
신행동경제학	The New Behavioural Economics	
실물적 경기변동이론	Real Business Cycle; RBC	
실제성장률	Actual Growth Rate	
실증 경제학 방법론	Methodology of Positive Economics	
실증적	Positive	
실증주의	Positivism	
실현문제	Realisation Problem	
썰월의 법칙	Thirlwall's Law	
양날의 칼	Double-Edged Sword	
양적완화	Quantitative Easing ;QE	
에르고드성	Ergodicity	
역행추론	Retroduction	
연방준비이사회	Federal Reserve Board	
연식 모형	Vintage Model	
저금리 정책	Cheap Money Policy	
오스트리아경제학파	Austrian Economics	
올드케인지언	Old Keynesian	
완전보험효율성	Full Insurance Efficiency	
완전한 금융시장	Complete Financial Markets	
외부성	Externality	
외생적	Exogenous	내생적
욕구의 성장	Growth of Needs	
욕구의 종속성	Subordination of Needs	
워싱턴 컨센서스	Washington Consensus	
월가의 시각	Wall Street Vision	
유동성선호	Liquidity Preference	
유동성선호이론	Liquidity Preference Theory	
유럽중앙은행	The European Central Bank	
유로존	Eurozone	
유연성	Flexibility	

유전의 원리	The Principle of Heredity	
유치산업 보호	Infant Industry Protection	
유통속도	Velocity	
유효수요	Effective Demand	
유효수요원리	The Principle of Effective Demand	
윤리적	Ethical	
예금보험	Bank Deposit Guarantees	
인지적 포획	Cognitive Capture	규제적포획
이노베이션	Innovation	
이력성	Hysteresis	
이원론적	Dualistic	
이윤률 저하 경향	The Trend of the Falling Rate of Profit	
이윤주도	Profit-Led	
이윤주도 성장체제	Profit-Led Growth Regime	임금주도 성장체제
이윤분배제도	Profit-Sharing Schemes	
이해관계자 자본주의	Stakeholder Capitalism	자금관리자 자본주의, 주주자본주의
인간의 논리	Human Logic	
인식론적 환원	Epistemological Reduction	
일물 일가의 법칙	The Law of the Single Price	
일반균형이론	General Equilibrium Theory	
임금주도	Wage-Led	
임금인플레이션	Wage Inflation	
임금주도 성장체제	Wage-Led Growth Regime	이윤주도성장체제
임노동자기금	Wage-Earner Funds	
자금관리자 자본주의	Money Manager Capitalism	이해관계자 자본주의, 주주자본주의
자기 가격 탄력성	Own-Price Elasticities	
자본과세	Capital Levy	
자본노동비율	Capital-Labour Ratio	
자본논쟁	Capital Controversy	케임브리지 자본논쟁
자본론	Capital	
자본에 대한 수익 불변	Constant Returns to Capital	
자본의 순환과정	The Capitalist Circulation Process	
자본의 한계생산물	The Marginal Product of Capital	

자본의 한계효율	Marginal Efficiency of Capital	
자본의 한계효율 곡선	Marginal Efficiency of Capital Schedule	
자본자산가격결정 모형	Capital Asset Pricing Model	
자산기반준비금 제도	Asset-Based Reserve Requirements	
자산담보부 상업어음	Asset-Backed Commercial Paper	
자연이자율	Natural Rate of Interest	
자연상태	The State of Nature	
자연성장률	Natural or Maximum Possible Rate	
자연실업률	Natural Rate of Unemployment.	
자유시장 근본주의	Free Market Fundamentalism	
잠재적 산출	Potential Output	
장기 분석	Long-Period Analysis	
장기적 위치	Long-Period Positions	
장기적	Long Term	
장난감경제	Toy Economy	
재규제	Re-Regulation	
재생산 표식 (확대재생산)	The Model of(Expanded) Reproduction	
재정 자동안정화 장치	Built-in Fiscal Stabilizers	
재정승수	Fiscal Multipliers	
재정의 지속 가능성	Fiscal Sustainability	
적응	Adaptation	
보증성장률	Warranted Rate of Growth	
절대우위	Absolute Advantage	비교우위
절약의 역설	Paradox of Thrift	
절차적 합리성	Procedural Rationality	
정보재정거래효율성	Information Arbitrage Efficiency	
제1성장 법칙	The First Growth Law	
제2성장 법칙	The Second Growth Law	
제3성장 법칙	The Third Growth Law	
제도주의	Institutionalism	
제도주의자	Institutionalist	
제한적	Bounded	

제한적 합리성	Bounded Rationality	
조대체성	Gross Substitution	
조합주의국가	Corporatist	
존재론	Ontology	
존재론적 환원	Ontological Reduction	
주관주의	Subjectivism	
주기적 비합리적기대	Cyclically Irrational Expectations	
주주가치	Shareholder Value	
주주 자본주의	Shareholder Capitalism	
중심-주변부 모형	Centre-Periphery Model	
증권화	Securitization	
지구온난화	Global Warming	
지위재	Positional Goods	
진화	Evolution	
진화경제학	Evolutionary Economics	
진화경제학자	Evolutionary Economist	
진화론적 케인즈주의	Evolutionary Keynesianism	
차입자의 위험	Borrowers' Risk	대출자의 위험
창발성	Emergent Properties	
초승수	Super Multiplier	
총공급함수	Aggregate Supply Function	
최대성장률	Maximum Rate of Growth	
최후대출자	Lender of Last Resort	
최후고용자	Employer of Last Resort; ELR	
축장	Hoard	
칼레츠키언	Kaleckian	
케인즈혁명	The Keynesian Revolution	
케인지언 승수	The Keynesian Multiplier	
케임브리지 자본논쟁	Cambridge(Capital) Controversies	
큰 정부	Big Government	
탈금융화	Definancialization	
테일러 준칙	Taylor Rule	
테크노스트럭처	Technostructure	
토빈세(稅)	Tobin Tax	
통상적 논리	Ordinary Logic	

통합금융감독기구	Financial Services Authority ; FSA	
통화주의	Monetarism	
통화주의자	Monetarist	
투기적 금융	Speculative Finance	
투자의 불가분성	Indivisibility	
퍼지 수학	Fuzzy Mathematics	
페미니스트	Feminist	
페미니스트경제학	Feminist Economics	
편입	Embeddedness	
폐쇄적 체계	Closed System	개방적 체계
포드주의	Fordism	
포스트 자폐적 경제학 운동	The Post-Autistic Economics Movement	
포스트 크래시 경제학 협회	The Post-Crash Economics Society	
포식자-피식자 모형	Predator-Prey Model	
폰지 금융	Ponzi Finance	
프레이밍 효과	Framing Effect	
플로우	Flow	
필립스곡선	Philips Curve	
하방경직성	Downward Rigidity	
하츠 4호 계획	Hartz IV Programme	
하향인과성	Downward Causation	
한계감축비용	Marginal Abatement Cost; MAC	
한계자본계수	Incremental(Marginal) Capital-Output Ratio	
합리적기대	Rational Expectation	
합리적 선택모형	Rational Choice Model	
행동거시경제학	Behavioural Macroeconomics	
행동경제학	Behavioral Economics	
행동적 경기순환	Behavioural Business Cycle	
행복의 패러독스	Paradox of Happiness	
헤지금융	Hedge Finance	
현대통화이론	Modern Monetary Theory; MMT	
현실감	Realisticness	
호혜적 선물교환	Mutual Gift Exchange	
혼돈이론	Chaos Theory	

화폐수량설	Quantity Theory of Money	
화폐순환이론	Monetary Circuit Theory	
화폐의 중립성	The Neutrality of Money	
화폐적 생산경제	Monetary Production Economy	
현금화	Monetization	
확률론	A Treatise on Probability	
확실성등가 효용	Certainty-Equivalent Utility	
확장프론티어	Expansion Frontier	
황금시대 (자본주의 황금시대)	Golden Age of Capitalism	
효율임금	Efficiency Wage	
효율적시장가설	Efficient Markets Hypothesis	
후건긍정의 오류	The Fallacy of Affirming the Consequent	
후생경제학	Welfare Economics	
후생경제학의 근본 정리	The Fundamental Theorem of Welfare Economics	

주제어(영어-한국어)

영어	한국어	연관항목
A Treatise on Probability	확률론	
Absolute Advantage	절대우위	
Accelerator	가속도원리	
Accumulation	누적성	
Actual Growth Rate	실제성장률	
Adaptation	적응	
Aggregate Supply Function	총공급함수	
AK Model	AK모형	
Alienation	소외	
Animal Spirits	동물적 본능	
Asset-Backed Commercial Paper	자산담보부 상업어음	
Asset-Based Reserve Requirements	자산기반준비금 제도	
Association for Heterodox Economics	비주류경제학협회	
Austrian Economics	오스트리아경제학파	
Babylonian Logic(Method)	바빌론적 논리	
Bail-Out	구제금융	
Balance of Payments-Constrained Growth Model	국제수지균형제약 성장모형	
Balance of Payments-Constrained Growth Rate	국제수지균형제약 성장률	
Balance Sheet Recession	대차대조표 유발 불황	
Bank Deposit Guarantees	예금보험	
Base and Superstructure	상부구조-하부 구조	
Basic Goods	기본적 재화	비기본적 재화 non-basic goods
Bastard Keynesianism	사생아 케인지언	
Beggar-My-Neighbor Policies	근린궁핍화정책	
Behavioral Economics	행동경제학	
Behavioural Business Cycle	행동적 경기순환	
Behavioural Macroeconomics	행동거시경제학	
Big Government	큰 정부	
Borrowers' Risk	차입자의 위험	Lender's Risk
Bounded	제한적	

Bounded Rationality	제한적 합리성	
Built-in Fiscal Stabilizers	재정 자동안정화 장치	
Cambridge(Capital) Controversies	케임브리지 자본논쟁	
Capital	자본론	
Capital Asset Pricing Model	CAPM	
Capital Asset Pricing Model	자본자산가격결정 모형	
Capital Controversy	자본논쟁	Cambridge (Capital) Controversies
Capital Levy	자본과세	
Capital-Labour Ratio	자본노동비율	
Centre-Periphery Model	중심-주변부 모형	
Certainty-Equivalent Utility	확실성등가 효용	
Chaos Theory	혼돈이론	
Cheap Money	저금리 정책	
Circular Flow	순환적 흐름	
Classical Dichotomy	고전학파적 이분법	
Classical Economics	고전학파	
Closed System	폐쇄적 체계	Open System
Co-Determination System	공동결정제도	
Cognitive Capture	인지적 포획	Regulatory Capture
Commodity Money	상품화폐	Credit Money
Comparative Advantage	비교우위	Absolute Advantage
Complete Financial Markets	완전한 금융시장	
Complexity	복잡성	
Complexity Economics	복잡계 경제학	
Complexity Theory	복잡성이론	
Complexity-Post Keynesian Macroeconomic Model	복잡성-포스트 케인지언 거시 경제 모형	
Conspicuous Consumption	과시적 소비	
Constant Returns to Capital	자본에 대한 수익 불변	
Continuity of Preferences	선호의 연속성	

Corporatist	조합주의국가	
Cost Inflation	비용압박 인플레이션	
Credit Default Swaps	신용부도 스와프	
Credit Money	신용화폐	
Credit Rationing	신용할당	
Critical Realism	비판적 실재론	
Cross-Price Elasticities	교차가격탄력성	
Crowding Out	구축	
Cuckoo Economics	뻐꾸기 경제학	
Culture of Finance	금융적문화	
Cumulative Causation	누적적 인과성	
Cyclically Irrational Expectations	주기적 비합리적기대	
De-Leveraging	디레버리징	
Debt-Led Debt-Burdened Regime	부채주도형	
Debt-Led" or "Finance-Dominated" Accumulation Regime	부채주도형축적체제	
Definancialization	탈금융화	
Deflation	디플레이션	
Double-Edged Sword	양날의 칼	
Downward Causation	하향인과성	
Downward Causation	하향인과성	
Downward Rigidity	하방경직성	
Dualistic	이원론적	
Dynamic Economies of Scale	동학적 규모의 경제	
Dynamic External Economies of Scale	동학적 외부 규모의 경제	
Dynamic Stochastic General Equilibrium	DSGE 모형	
Dynamic Stochastic General Equilibrium ; *DSGE*	동태확률일반균형	
Ecological Economics	생태경제학	
Ecological Economist	생태경제학자	
Economies of Scale	규모의 경제	
Economists Against Austerity	긴축재정에 반대하는 경제학자들	
Effective Demand	유효수요	
Efficiency Wage	효율임금	

Efficient Markets Hypothesis	효율적시장가설
Effort Bargain	노력협정
Embeddedness	편입
Emergent Properties	창발성
Employer of Last Resort: ELR	최후고용자
Employment Targeting	고용안정 목표정책
Emulation	모방
Endogeneity	내생성
Endogenous	내생적
Endowment Effect	보유효과
Epistemological Reduction	인식론적 환원
Equation of Exchange	교환방정식
Ergodicity	에르고드성
Esthetic	미학적
Ethical	윤리적
Eurozone	유로존
Evolution	진화
Evolutionary	진화적
Evolutionary Economics	진화경제학
Evolutionary Economist	진화경제학자
Evolutionary Keynesianism	진화론적 케인즈주의
Exogenous	외생적
Expansion Frontier	확장프론티어
Expectation	기대
Explanatory Reduction	설명적 환원
Export-Led Cumulative Causation	수출주도 누적적 인과관계
Externality	외부성
Federal Reserve Board	연방준비이사회
Feminist	페미니스트
Feminist Economics	페미니스트경제학
Fetishism	물신화
Finance Frontier	금융 프론티어
Finance-Dominated Accumulation Regime	금융지배 축적체제
Finance-Led Growth Regime	금융주도 성장체제

Finance, Insurance and Real Estate	FIRE	
Financial Instability Hypothesis	금융불안정성가설	
Financial Liberalization	금융자유화	
Financial Services Authority ; FSA	통합금융감독기구	
Financialization	금융화	
Fine-Tuning	미세조정	
Fiscal Multipliers	재정승수	
Fiscal Sustainability	재정의 지속 가능성	
Flexibility	유연성	
Flow	플로우	
Fordism	포드주의	
Foreign Trade Multiplier	대외무역승수	
Framing Effect	프레이밍 효과	
Free Market Fundamentalism	자유시장 근본주의	
Free-Riding	무임 승차	
Friction	마찰	
Full Insurance Efficiency	완전보험효율성	
Functional Finance	기능적 재정	
Fundamental Efficiency	근본적 효율성	
Fundamental Uncertainty	본원적불확실성	
Fundamental Valuation Efficiency	내재가치 평가효율성	
Fundamental Values	내재가치	
Fundamentalist Keynesian	근본주의 케인지언	
Fuzzy Mathematics	퍼지 수학	
Game Theory	게임이론	
General Equilibrium Theory	일반균형이론	
Gig Economy	기그 경제	
Glass-Steagall Act	글래스-스티걸법	
Global Financial Crisis	GFC	
Global Financial Crisis	세계 금융위기	GFC
Global South	글로벌 사우스	
Global Warming	지구온난화	
Globalization	글로벌화	
Golden Age of Capitalism	황금시대 (자본주의 황금시대)	
Great Depression	대공황	

Great Moderation	대평온	
Green Investment	녹색투자	
Gross Substitution	조대체성	
Growth of Needs	욕구의 성장	
Growth Regimes	성장 체제	
Hartz IV Programme	하츠 4호 계획	
Hedge Finance	헤지금융	
Hoard	축장	
Homogeneous Expectations	동질적 기대	
Horizontalists	수평론자	
Human Logic	인간의 논리	
Hydraulic Keynesianism	수력 케인지언주의	
Hysteresis	이력성	
Imperfectionism	불완전주의	
Imperfection	불완전성	
Incomes Policy	소득정책	
Incremental(Marginal) Capital-Output Ratio	한계자본계수	
Indifference	무차별성	
Indivisibility	투자의 불가분성	
Infant Industry Protection	유치산업 보호	
Inflation Targeting	물가안정 목표제	
Information Arbitrage Efficiency	정보재정거래효율성	
Innovation	이노베이션	
Institutionalism	제도주의	
Institutionalist	제도주의자	
Instrumentalism	도구주의	
International Clearing Union	ICU	
International Clearing Union	국제청산동맹	ICU
International Confederation of Associations for Pluralism in Economics	경제학에서의 다원화를 위한 국제연합	
International Monetary Fund	국제통화기금	
International Student Initiative for Pluralism in Economics	ISIPE	
Involuntary Unemployment	비자발적 실업	
Irrational Expectations	비합리적기대	
Kaleckian	칼레츠키언	

Knife-Edge	면도날
Labour Demand Curve	노동의 수요곡선
Labour Force Participation Rates	노동 참여율
Lender of Last Resort	최후대출자
Lenders' Risk	대출자의 위험
Lewis Model	루이스 모형
Lexicographic Preference	사전편찬식선호체계
Liquidity Preference	유동성선호
Liquidity Preference Theory	유동성선호이론
Loanable Fund Theory	대부자금설
Loanable Funds	대부자금
Long-Period Positions	장기적 위치
Long Term	장기적
Long-Period Analysis	장기 분석
Macrofoundations	거시적 기초
Macroprudential	거시건전성
Made in the USA	미국산
Managed Exchange Rates	관리환율
Managerial Revolution	경영자혁명
Manchester System	맨체스터 체제
Marginal Abatement Cost	MAC
Marginal Abatement Cost; MAC	한계감축비용
Marginal Efficiency of Capital	자본의 한계효율
Marginal Efficiency of Capital Schedule	자본의 한계효율 곡선
Marginal Social Damage;	MSD
Marginal Social Damage; Msd	사회적 한계피해비용
Mark-Up	마크업
Market Power	시장지배력
Market Rate of Interest	시장이자율
Marxism	마르크스주의
Marxist	마르크스주의자
Maximum Rate of Growth	최대성장률
Methodological Individualism	방법론적 개인주의
Methodology of Positive Economics)	실증 경제학 방법론
Micro-Reduction	미시적 환원

Microfoundations	미시적 기초	
Military Keynesianism	군사케인즈주의	
Minsky Moment	민스키 모먼트	
Minskyian Debt Dynamics	민스키 부채동학	
Modern Monetary Theory; MMT	현대통화이론	
Modigliani-Miller Theorem	모딜리아니-밀러의 정리	
Monetarism	통화주의	
Monetarist	통화주의자	
Monetary Circuit Theory	화폐순환이론	
Monetary Production Economy	화폐적 생산경제	
Monetization	현금화	
Money Manager Capitalism	자금관리자 자본주의	
Monopoly Capital	독점자본	
Monopsony	수요독점	
Monotonic	단조적	
Monotonicity	단조성	
Moral Hazard	도덕적 해이	
Multi-Disciplinarity	다학제성	
Multi-Disciplinary	다학제적	
Multi-Sectoral Analysis of Structural Economic Dynamics	구조적 경제동학의 다부문 분석	
Multiplier	승수	
Mutual Gift Exchange	호혜적 선물교환	
Nation State	국민국가	
Natural or Maximum Possible Rate	자연성장률	
Natural Rate of Interest	자연이자율	
Natural Rate of Unemployment.	자연실업률	
Neo-Mercantilism	신중상주의	
Neo-Mercantilist	신자유주의	
Neoclassical Economics	신고전학파	
Neoclassical Synthesis	신고전학파종합	
Neoclassical-Keynesian Synthesis	신고전학파-케인지언 종합	
New Classical Economics	뉴고전학파 경제학	

New Deal	뉴딜	
New Growth Theory	신성장이론	
New Keynesian	뉴케인지언	
New Political Economy	뉴정치경제학	
NINJA Mortgagees("No Income, No Jobs, No Assets)	NINJA 주택융자	
Non-Accelerating Inflation Rate of Unemployment	비가속적 인플레이션 실업률	NAIRU
Non-Basic Goods	비기본적 재화	
Non-Ergodic	비(非)에르고드적	
Non-Independence	비독립성	
Non-Ponzi Game	비 폰지 게임	
North-South Model	남-북모형	
Off-Balance Sheet Finance	부외금융	
Old Keynesian	올드케인지언	
Old Political Economy	구 정치경제학	
Ontological Reduction	존재론적 환원	
Ontology	존재론	
Open System	개방적 체계	
Opportunity Cost	기회 비용	
Ordinary Logic	통상적 논리	
Output Gap	산출갭	
Output Price Inflation	산출물 가격 인플레이션	
Own-Price Elasticities	자기 가격 탄력성	
Paradox of Happiness	행복의 패러독스	
Paradox of Thrift	절약의 역설	
Path Dependence	경로의존성	
Petty Commodity Production	소규모 상품 생산	
Philips Curve	필립스곡선	
Pluralism	다원론	
Pluralist Revolution	다원론자 혁명	
Pluralistic	다원론적	
Ponzi Finance	폰지 금융	
Positional Goods	지위재	
Positive	실증적	
Positivism	실증주의	

English	한국어
Potential Output	잠재적 산출
Predator-Prey Model	포식자-피식자 모형
Procedural Rationality	절차적 합리성
Productivity Bargaining	생산성 교섭
Profit-Led	이윤주도
Profit-Led Growth Rate	이윤주도 성장체제
Profit-Sharing Schemes	이윤분배제도
Prudential Principle	신중성의 원칙
Quantitative Easing ;QE	양적완화
Quantity Theory of Money	화폐수량설
Rational Choice Model	합리적 선택모형
Rational Expectation	합리적기대
Re-Regulation	재규제
Real Business Cycle; RBC	실물적 경기변동이론
Realisation Problem	실현문제
Realisticness	현실감
Regulatory Capture	규제적포획
Rentier	불로자산소득자
Representative Agent	대표적 경제주체
Representative Agents with Rational Expectations	RARE
Reserve Army	노동 예비군 (산업예비군)
Retroduction	역행추론
Ricardian Equivalence	리카르도의 등가정리
Rules of Thumb	경험칙
Samuelson-Stolper Theorem	새뮤얼슨-스톨퍼 정리
Satisfaction	만족도
Satisficing	만족화
Say's Law	세의 법칙
Scientific Realism	과학적 실재론
Securitization	증권화
Shadow Banking	섀도우 뱅킹
Shadow Market	섀도우뱅킹시장
Shareholder Value	주주가치
Short-Period Analysis	단기 분석

Short-Run	단기	
Simple Commodity Production	단순상품생산	
Social Agent	사회적 에이전트	
Social Partners	사회적 동반자	
Solow-Swan Growth Model	솔로우-스완 성장 모형	
Sound Finance	건전재정	
Speculative Finance	투기적 금융	
Sraffian	스라피언	
Stagnationist	경기침체주의자	
Stakeholder Capitalism	이해관계자 자본주의	
Stakeholder Theory of The Firm	기업의 이해관계자 이론	
Stock	스톡	
Stock-Flow Consistent Modelling	SFC모형	
Stock-Flow Consistent Modelling,	스톡 플로우 일관 모형	SFC
Stop-Go Cycle	스톱-고 주기	
Structural Change	구조변화	
Structuralist	구조주의자	
Subjectivism	주관주의	
Subordination of Needs	욕구의 종속성	
Super Multiplier	초승수	
Supply Shocks	공급 쇼크	
Swabian Housewife Logic	슈바벤 주부의 논리	
Symbolic Power	상징 권력	
Tax-Based Incomes Policy; TIP	세제기반 소득정책	
Taylor Rule	테일러 준칙	
Technical Efficiency	기술적 효율성	
Technical Progress Function	기술진보 함수	
Technostructure	테크노스트럭처	
Terms of Trade	교역조건	
The Age of Decline	쇠락의 시대	
The Bretton Woods System	브레튼 우즈	
The Capitalist Circulation Process	자본의 순환과정	
The Chicago School	시카고학파	

The European Central Bank	유럽중앙은행	
The Fallacy of Affirming The Consequent	후건긍정의 오류	
The Fallacy of Composition	구성의 오류	
The First Growth Law	제1성장 법칙	
The Fundamental Theorem of Welfare Economics	후생경제학의 근본 정리	
The Great Recession	대불황	
The Income-Expenditure Models	소득-지출 모형	
The Keynesian Multiplier	케인지언 승수	
The Keynesian Revolution	케인즈혁명	
The Law of The Single Price	일물 일가의 법칙	
The Marginal Product of Capital	자본의 한계생산물	
The Model of(Expanded) Reproduction	재생산 표식 (확대재생산)	
The Neutrality of Money	화폐의 중립성	
The New Behavioural Economics	신행동경제학	
The New Industrial State	신산업국가	
The New Neoclassical Synthesis	뉴신고전학파종합	
The Post-Autistic Economics Movement	포스트 자폐적 경제학 운동	
The Post-Crash Economics Society	포스트 크래시 경제학 협회	
The Principle of Effective Demand	유효수요원리	
The Principle of Heredity	유전의 원리	
The Principle of The Excluded Middle	배중율	
The Second Growth Law	제2성장 법칙	
The State of Expectation	기대상태	
The State of Nature	자연상태	
The Third Growth Law	제3성장 법칙	
The Trend of The Falling Rate of Profit	이윤률 저하 경향	
The Works Progress Administration	공공사업진흥국	
Theory of Comparative Advantage	비교우위론	
Thirlwall's Law	썰월의 법칙	
Tobin Tax	토빈세(稅)	
Toy Economy	장난감경제	
Transformational Growth Model	구조전환성장모형	

Transversality Condition	말기조건	
Uncertainty	불확실성	
Underconsumptionist	과소소비주의자	
User Cost	사용자 비용	
Velocity	유통속도	
Verdoorn's Law	버도른의 법칙	
Verticalists	수직론자	
Vigilant Regulation	경계적 규제	
Vintage Model	연식 모형	
Wage Inflation	임금인플레이션	
Wage-Earner Funds	임노동자기금	
Wage-Led	임금주도	
Wage-Led Growth Regime	임금주도 성장체제	
Wall Street Vision	월가의 시각	
Warranted Rate of Growth	보증성장률	
Washington Consensus	워싱턴 컨센서스	
Wealth Effect	부의 효과	
Wealth Tax	부유세	
Welfare Economics	후생경제학	

포스트 케인지언 경제학에의 초대

초판 1쇄 발행 | 2022년 5월 6일

지은이 | 존 킹 (John King)
옮긴이 | 현동균, 박해선
편   집 | 배원일, 김민경
발행인 | 김태진
발행처 | 진인진
등   록 | 제25100-2005-000003호
주   소 | 경기도 과천시 별양상가 1로 18 614호(별양동 과천오피스텔)
전   화 | 02-507-3077-8
팩   스 | 02-507-3079
홈페이지 | http://www.zininzin.co.kr
이메일 | pub@zininzin.co.kr

ⓒ 진인진 2022
ISBN 978-89-6347-504-2 93300

* 책값은 표지 뒤에 있습니다.